KB173897

고득점 합격의 지름길

영어

머리말

삶은 불꽃 튀는 경쟁이 끊임없이 이어집니다. 검정고시도 생존경쟁의 한 부분입니다. 저마다 세운 목표를 이루는 과정을 알고 앞으로 나아가면 더욱 쉽고 확실하게 목표에 다다를 수 있습니다.

사회, 한국사, 도덕 과목은 달달 외우면 거의 만점인데, 영어는 뭐가 뭔지 모르겠다며 일찌감치 포기하는 수험생을 보곤 합니다. 수험생 여러분, 영어야말로 일정한 공식이 있는 진정한 암기과목입니다.

물론 영어는 우리말도 아니고 우리글도 아니라서 단어, 문장의 구성, 배열까지 모조리 외우기가 여간 쉽지 않습니다. 그런데 검정고시 기출문제를 가만히 들여다보면 공식처럼 늘 나오는 문제 유형이 눈에 띕니다.

이러한 유형에 완벽히 적응하여 고득점을 올릴 수 있도록 하는 것이 이 책의 출간 목적이기도 합니다.

고득점 합격을 위한 이 책의 특징은 다음과 같습니다.

첫째, 최근 기출문제를 완벽하게 분석하여 구성한 최신간입니다.

둘째, 시험에 자주 출제되는 유형을 문법, 독해, 생활영어, 단어·숙어로 나누어 쉽고 친숙하게 영어에 접근하도록 하였습니다.

셋째, 단원마다 중요 개념과 원리를 쉽고 정확하게 이해할 수 있도록 교과 내용을 체계적이고 논리적으로 정리하였습니다.

넷째, 단원별로 기출문제를 분석하여 시험에 나올 가능성이 높은 문제를 엄선·수록하고, 각 문제에는 자세한 해설을 달았습니다. 그리고 문제 해결력·응용력을 길러줄 수 있는 한 단계 더 나아간 수준의 단원 마무리 문제를 제시하였습니다.

이 책은 수험생 여러분의 목표를 쉽고 빠르게 이루도록 하는 길잡이가 되기를 희망합니다.

간절한 열망이 꿈을 이루게 합니다.

\- 편저자 일동

1 시험 과목 및 합격 결정

시험 과목 (6과목)	필수	국어, 수학, 영어, 사회, 과학(5과목)
	선택	도덕, 기술 · 가정, 체육, 음악, 미술 과목 중 1과목
배점 및 문항	문항 수	과목별 25문항(단, 수학 20문항)
	배점	문항당 4점(단, 수학 5점)
합격 결정	고시합격	각 과목을 100점 만점으로 하여 평균 60점(소수점 셋째 자리에서 절사) 이상을 취득한 자를 합격자로 결정(단, 평균이 60점 이상이라 하더라도 결시과목이 있을 경우에는 불합격 처리)
	과목합격	고시성적 60점 이상인 과목에 대하여는 과목합격을 인정하고, 원에 의하여 차회 이후의 고시에 있어서 당해 과목의 고시를 면제하며, 그 면제되는 과목의 성적은 이를 고시성적에 합산함 ※ 과목합격자에게는 신청에 의하여 과목합격증명서 교부

2 응시 자격

① 초등학교 졸업자 및 이와 동등 이상의 학력이 있는 자
② 3년제 고등공민학교 졸업자 및 졸업예정자
③ 초 · 중등교육법 시행령 제29조의 규정에 의하여 학적이 정원외로 관리되는 자
④ 중학교에 준하는 각종 학교의 졸업자 또는 졸업예정자
⑤ 보호소년 등의 처우에 관한 법률 시행령 제69조 제2호에 해당하는 자
※ 졸업예정자라 함은 최종 학년에 재학 중인 자를 말함

응시자격 제한

1. 중학교 또는 초 • 중등교육법시행령 제97조 제1항 제2호의 학교를 졸업한 자 또는 재학 중인 자
   ※ 응시자격은 시험시행일까지 유지하여야 함(공고일 현재 재학 중이 아닌 자여서 적법하게 응시원서를 접수하였다 하더라도, 그 이후 시험일까지 편입학 등으로 재학생의 신분을 획득한 경우에는 응시자격을 박탈함)
2. 공고일 이후 초등학교 졸업자
3. 응시원서 접수마감 익일 이후 제1의 학교에 재학 중 학적이 정원외로 관리되는 자
4. 공고일 기준으로 고시에 관하여 부정행위를 한 자로서 처분일로부터 응시자격 제한 기간이 경과되지 아니한 자

3 제출서류(현장접수)

① 응시원서(소정서식) 1부[접수처에서 교부]

② 동일한 사진(탈모 상반신 3.5cm×4.5cm, 3개월 이내 촬영) 2매

③ 본인의 해당 최종학력증명서 1부

- 졸업(졸업예정)증명서(소정서식)

※ 상급학교 진학여부가 표시된 검정고시용에 한함. 졸업 후 배정받은 상급학교에 진학하지 아니한 자는 미진학사실확인서 추가 제출

- 중학교 재학 중 중퇴자는 제적증명서
- 초등학교 및 중학교 의무교육 대상자 중 정원외 관리대상자는 정원외 관리증명서
- 초등학교 및 중학교 의무교육 대상자 중 면제자는 면제증명서(소정서식)
- 초졸검정고시 합격자는 합격증서 사본(원본지참) 또는 합격증명서
- 평생교육법 제40조에 따른 학력인정 대상자는 학력인정서
- 초·중등교육법 시행령 제96조 제1항 제2호 및 제97조 제1항 제3호에 따른 학력인정 대상자는 학력인정증명서
- 합격과목의 시험 면제를 원하는 자는 과목합격증명서 또는 성적증명서

※ 과목합격자가 응시하는 경우, 학력이 직전 응시원서에 기재된 것과 같은 때에는 과목합격증명서의 제출로써 본인의 해당 최종학력증명서를 갈음함

- 3년제 고등공민학교, 중·고등학교에 준하는 각종학교의 졸업(예정)자는 졸업(예정)증명서
- 3년제 기술학교, 고등기술학교 졸업(예정)자, 3년제 직업훈련원의 수료자는 직전학교 졸업증명서

④ 신분증 : 주민등록증, 외국인등록증, 운전면허증, 대한민국 여권, 청소년증 중 하나

※ 온라인 접수 : 사진 1매, 본인의 해당 최종학력증명서 1부(현장접수와 동일)

시험에 관한 자세한 사항은 한국교육과정평가원 홈페이지(http://www.kice.re.kr)
또는 ARS(043-931-0603) 및 각 시·도 교육청 홈페이지에서 확인하시기 바랍니다.

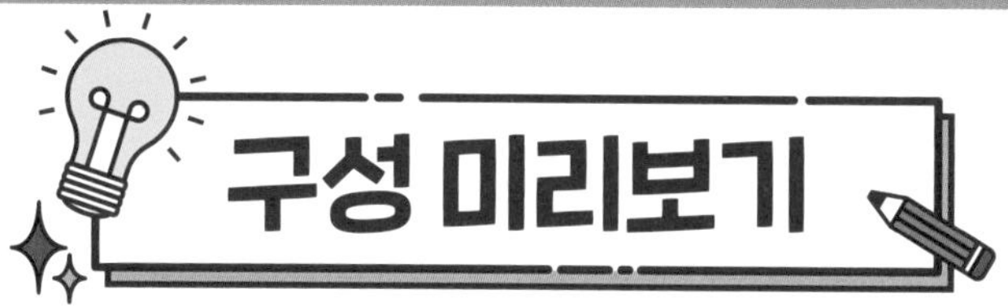

구성 미리보기

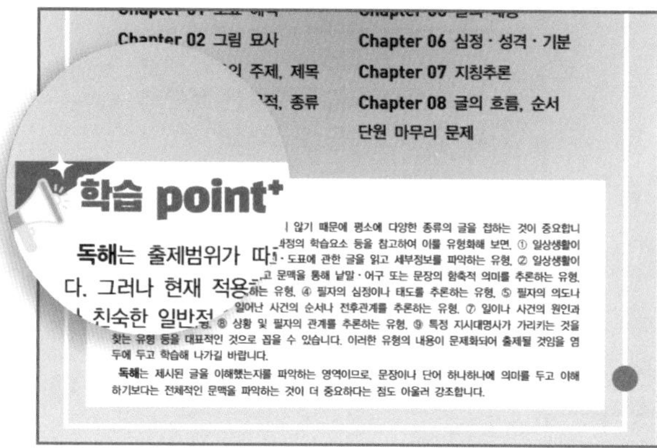

학습 point+

단원별로 출제 유형을 분석하여 좀 더 쉽고 효율적으로 학습할 수 있는 방법을 제시하였어요.

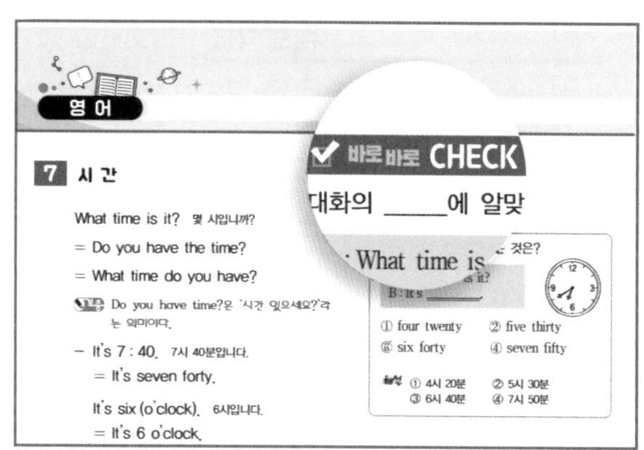

바로 바로 CHECK

핵심 내용을 얼마나 정확히 이해하였는지 스스로 점검해 보며 실력을 확인하는 시간을 가져 보세요.

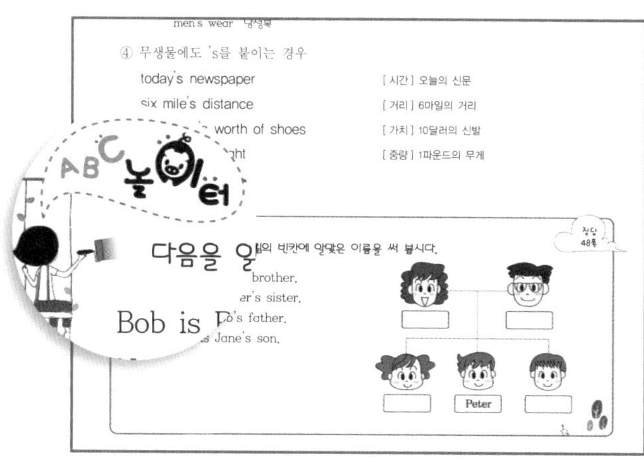

ABC 놀이터

앞에서 배운 내용을 활용한 재미있는 문제를 풀어보면서 점수도 올리고 잠시 쉬어가는 시간을 가져 보세요.

5 관용 표현 중요+

① Thank you for ~ing : ~해서 고맙다
Thank you for teaching me English. 저에게 영어를 가르쳐 주셔서 감사합니다.

② be good at ~ing : ~을 잘하다(= 동사 + well)
He is good at singing. 그는 노래를 잘한다.

③ go ~ing : ~하러 가다
She has gone shopping in the department store. 그녀는 백화점에 쇼핑하러 갔다.

④ on ~ing : ~하자마자(= as soon as + 주어 + 동사)
On seeing the policeman, he ran away. 경찰관을 보자마자, 그는 도망쳤다.

⑤ be busy ~ing : ~하느라 바쁘다
Farmers are busy working in the fields. 농부들은 들판에서 일하느라 바쁘다.

⑥ spend + 시간(돈) ~ing : ~하느라 시간(돈)을 소비하다
I spent a lot of money buying your gift. 나는 너의 선물을 사느라 많은 돈을 썼다.

⑦ look forward to ~ing : ~할 것을 고대하다

중요

기출문제를 바탕으로 교과 내용을 분석하여 자주 출제된 부분에는 중요 표시를 하였어요.

심화학습

시험에 나올 수 있는 중요 이론과 보충 내용을 통해 이해의 깊이를 더해 줄 수 있도록 하였어요.

ⓒ 신문, 잡지명 : the New York Times 뉴욕타임즈지
ⓓ 공공건물 : the White House 백악관, the British Museum 대영 박물관
ⓔ 국민(총칭) : the English 영국인, the Japanese 일본인

심화학습

1) 호격, 가족 관계, 운동 이름 앞
Waiter, ... spoon. 웨이터, 숟가락 좀 가져다주시오. [호격]
... this watch. 삼촌은 나에게 이 시계를 주었다. [가족 관계]
... tennis yesterday. 우리는 어제 테니스를 쳤다. [운동 이름]

2) 명사가 본래 목적으로 쓰일 때
go to school 학교 가다(공부 목적) ⇔ go to the school 학교에 가다(공부 외의 목적)
go to hospital 입원하다 ⇔ go to the hospital 병원에 가다(치료 외의 목적)
go to bed 자러 가다 ⇔ go to the bed 침대에 가다(수면 외의 목적)

3) by + 교통수단
Minsu goes to school by bicycle. 민수는 자전거를 타고 학교에 간다.

탄탄 실력 다지기

실전 예상문제

01 그림을 설명한 문장으로 가장 적절한 것은?
기출

Boram Tom Jane Minho

① Boram is reading a book.
② Tom is walking around.
③ Jane is talking on the phone.
④ Minho is sitting next to Jane.

01
① 보람이 ... 읽고 있다.(×)
→ 보람 ... 전화 통화를 하고 있다.
... 걷고 있다.(×)
② 톰은 ... 일을 하고 있다.
③ ... 전화상에서 말하고 있다.(×)
→ 제인은 책을 읽고 있다.
④ 민호는 제인 옆에 앉아 있다.(○)

실전예상문제

실제 출제된 기출문제와 적중률이 높은 예상문제를 통해 실력을 점검해 보세요.

정답 및 해설

'왜 정답이 아닌지' 상세하게 설명한 해설을 통해 이론 학습에서 놓친 부분을 한 번 더 살펴보세요.

알파벳과 발음

PART I 문 법

기초편

심화편

PART Ⅱ 독 해

PART Ⅲ 생활영어

PART Ⅳ 단어 · 숙어

알파벳과 발음

The Alphabet

알파벳 쓰기

발음 기호

발 음

국어의 로마자 표기법

A a

[에이]

B b

[비이]

C c

[씨이]

D d

[디이]

E e

[이이]

F f

[에프]

G g

[쥐이]

H h

[에이취]

I i

[아이]

J j

[제이]

K k

[케이]

L l

[엘]

monkey 원숭이

M m

[엠]

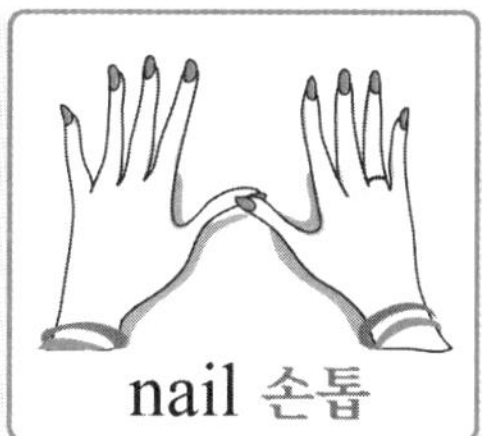
nail 손톱

N n

[엔]

old 늙은

O o

[오우]

piano 피아노

P p

[피이]

question 질문

Q q

[큐우]

robot 로봇

R r

[알]

snake 뱀

S s

[에스]

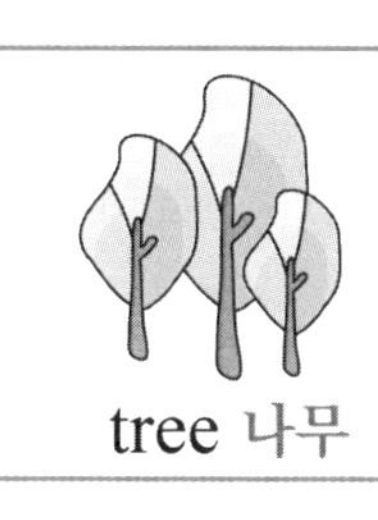
tree 나무

T t

[티이]

uncle 아저씨

U u

[유우]

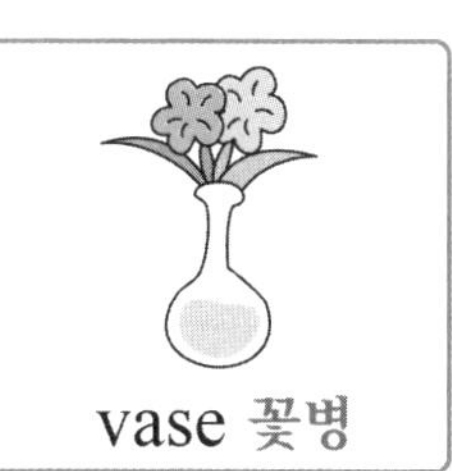
vase 꽃병

V v

[브이]

window 창문

W w

[더블유우]

X-mas 성탄절

X x

[엑스]

young 어린

Y y

[와이]

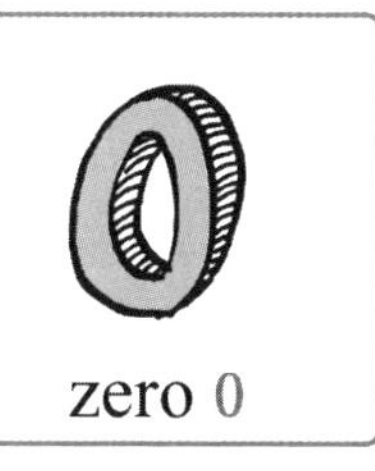
zero 0

Z z

[지이]

A B C D E F G H I J K L M

A B C D E F G H I J K L M

A B C D E F G H I J K L M

A B C D E F G H I J K L M

a b c d e f g h i j k l m

a b c d e f g h i j k l m

a b c d e f g h i j k l m

a b c d e f g h i j k l m

N O P Q R S T U V W X Y Z

N O P Q R S T U V W X Y Z

N O P Q R S T U V W X Y Z

N O P Q R S T U V W X Y Z

n o p q r s t u v w x y z

n o p q r s t u v w x y z

n o p q r s t u v w x y z

n o p q r s t u v w x y z

발음 기호

모 음

단모음

[i]	[e]	[ɑ]	[ə]	[æ]	[ʌ]	[u]	[ɔ]
이	에	아	어	애	어	우	오

장모음

[ɑː]	[əː]	[iː]	[uː]	[ɔː]
아–	어–	이–	우–	오–

이중모음

[ai]	[ei]	[ɔi]	[au]	[ou]	[iə]	[uə]	[ɛə]
아이	에이	오이	아우	오우	이어	우어	에어

자 음

무성음

[p]	[k]	[t]	[f]	[s]	[θ]	[ʃ]	[tʃ]	[h]
프	크	트	프	스	쓰	쉬	취	흐

유성음

[b]	[g]	[d]	[v]	[z]	[ð]	[ʒ]	[ʤ]	[m]
브	그	드	브	즈	드	즈	쥐	므

[n]	[ŋ]	[r]	[l]
느	ㅇ	르	르

보충 반자음 = 반모음
[j] 이 [w] 우

발음 기호에만 나오는 영어

[æ]	[ɛ]	[ə]	[ʌ]	[ɔ]	[ʤ]
애	에	어	어	오	ㅈ, 쥐
[ʃ]	[tʃ]	[ŋ]	[ð]	[θ]	[j]
ㅅ, 쉬	ㅊ, 취	ㅇ(받침)	ㄷ	ㅆ	이

두 글자가 한 개의 발음으로 나는 경우

ch : ㅊ ph : ㅍ sh : ㅅ, 쉬 th : ㅆ, ㄷ

oo : ㅜ ng : ㅇ(받침) ee : ㅣ au : ㅗ ck : ㄱ(받침), 크

보충 로마자 표기법
ya : 야 ye : 예 yo : 요 wa : 와 we : 웨 wi : 위

[ei ; 에이]로 발음되는 경우

[e ; 에]를 세게 소리 내고 [i ; 이]를 가볍게 이어서 [에이]라고 소리 낸다.

cake [keik] 케이크　lake [leik] 호수

[æ ; 애]로 발음되는 경우

[a ; 아]와 [e ; 에]가 합친 소리로 입을 반쯤 열되, 혀를 아래로 붙이고 목구멍으로부터 짧게 [애] 하고 소리 낸다.

apple [ǽpl] 사과　bag [bæg] 가방

[b ; ㅂ]로 발음

양 입술을 가볍게 다물고 입김을 터뜨리지 않고 목젖을 울리면서 내는 소리이다.

book [buk] 책　box [baːks] 상자

[k ; ㅋ]로 발음되는 경우

C는 뒤에 a, o, u와 같은 모음이나 자음이 오면 우리말의 [ㅋ]으로 발음된다.

cat [kæt] 고양이　coat [kout] 외투　clean [kliːn] 깨끗한

[s ; ㅅ]로 발음되는 경우

C자 뒤에 i나 y자 같은 모음이 이어지면 우리말의 [ㅅ]으로 소리 난다.

cider [sáidər] 사이다　city [síti] 도시

[d ; ㄷ]로 발음

입술을 벌리고 혀끝을 입천장에 대고 목젖을 울리면서 [드] 하고 내는 소리이다.

dog [dɔːg] 개　desk [desk] 책상

[e ; 에]로 발음되는 경우

입을 조금 벌리고 짧게 [에] 하고 소리를 낸다.

egg [eg] 계란　　eight [eit] 8

[iː ; 이이]로 발음되는 경우

[iː ; 이이]는 입을 좌우로 벌리고 혀에 약간 힘을 주어 [에]에 다소 가깝게 [이] 하고 발음하며, [i ; 이]는 혀끝을 약간 들고 가볍고 짧게 소리 낸다.

eat [iːt] 먹다　　tree [triː] 나무

[f ; 프]로 발음

F의 낱말 속에서의 발음은 우리말의 [ㅍ]과 비슷하지만 소리 내는 방법이 본질적으로 다르다. 즉, 윗니를 아랫입술에 가볍게 대고 [ㅍ] 하고 내는 소리이다.

fork [fɔːrk] 포크　　fish [fiʃ] 물고기

[g ; ㄱ]로 발음되는 경우

목의 안쪽으로부터 부드럽게 목젖을 울리면서 [그] 하고 내는 소리이다.

girl [gəːrl] 소녀　　glove [glʌv] 장갑

[ʤ ; ㅈ]로 발음되는 경우

[ʤ ; 쥐]는 [d ; 드]와 [ʒ ; 즈]가 합친 소리로 혀끝을 윗니의 잇몸에 댔다가 바로 떼면서 [쥐] 하고 내는 소리이다.

giant [ʤaiənt] 거인　　gym [ʤim] 체육관

[h ; ㅎ]로 발음

입을 약간 벌리고 혀를 아래로 붙이고 입김을 내뿜으면서 [흐] 하고 소리 낸다.

horse [hɔːrs] 말　　house [haus] 집

I
[아이]

[ai ; 아이]로 발음되는 경우

[a ; 아]를 세게 소리 내고 [i ; 이]를 가볍게 이어서 내는 소리이다.

ice [ais] 얼음　　pipe [paip] 파이프

[i ; 이]로 발음되는 경우

혀끝을 약간 들고, 가볍고 짧게 [이] 하고 소리를 낸다.

ink [iŋk] 잉크　　inch [intʃ] 인치

J
[제이]

[ʤ ; ㅈ]로 발음

혀끝을 입천장 앞부분에 넓죽하게 닿도록 하였다가 떼면서 [쥐] 하고 소리 낸다.

jeep [ʤiːp] 지프　　jet [ʤet] 제트기

K
[케이]

[k ; ㅋ]로 발음

혀의 뒷부분을 약간 뒤로 올렸다가 떼면서 [크] 하고 소리 낸다.

Korea [kəríːə] 한국　　key [kiː] 열쇠

L
[엘]

[l ; ㄹ]로 발음

우리말의 [ㄹ]과 비슷하지만 보통 [ㄹ]보다 세게 발음한다. 혀끝을 윗니 뒤의 입천장에 붙이고 입김을 혀의 양 끝으로 빼면서 [르] 하고 내는 소리이다.

lamp [læmp] 램프　　lion [láiən] 사자

M
[엠]

[m ; ㅁ]로 발음

양 입술을 가볍게 다문 채 숨을 코로 내쉬면서 [므] 하고 소리를 낸다.

milk [milk] 우유　　mouse [maus] 쥐

N
[엔]

[n ; ㄴ]로 발음

N은 우리말의 [ㄴ]과 같으며 낱말의 첫머리에 올 때는 M을 발음할 때와 같은 방식으로 [느] 하고 발음한다.

name [neim] 이름　nose [nouz] 코

O
[오우]

O의 여러 가지 발음

O는 [ɔː ; 오오], [ou ; 오우], [a ; 아], [u ; 우] 등 여러 가지 소리로 발음되기 때문에 주의하도록 한다.

orange [ɔ́ːrindʒ] 오렌지　old [ould] 늙은

P
[피이]

[p ; ㅍ]로 발음

양 입술을 가볍게 다물고 입김을 모았다가 갑자가 터뜨리며 [프] 하고 내는 소리이다.

pencil [pénsl] 연필　pig [pig] 돼지

Q
[큐우]

[k ; ㅋ]로 발음

Q는 [k ; ㅋ]로 발음되며, 원칙적으로 반드시 u가 오고 또 다른 모음이 뒤를 이어서 [kwi ; 퀴], [kwe ; 퀘], [kwɔː ; 쿼] 등으로 발음된다.

queen [kwiːn] 여왕　question [kwéstʃən] 질문

R
[알]

[r ; ㄹ]로 발음

R은 우리말의 [ㄹ]에 가까우나 엄격히 따지면 다르다. 즉, 혀끝을 윗니 뿌리 근처에서 약간 미는 것처럼 구부려서 [르] 하고 내는 소리이다.

radio [réidiou] 라디오　red [red] 빨강

S
[에스]

[s ; ㅅ, z ; ㅈ]로 발음

S는 낱말 속에서 [ㅅ] 또는 [ㅈ]로 발음된다. 혀끝을 윗니의 뒤쪽 부분에 가까이 하여 그 사이로 숨을 뿜어내면서 [스, 즈] 하고 내는 소리이다.

rose [rouz] 장미　sun [sʌn] 해

T
[티이]

[t ; ㅌ]로 발음

입술을 약간 벌리고 혀끝을 윗 잇몸에 대었다가 갑자기 [트] 하고 입김을 터뜨리면서 내는 소리이다.

tent [tent] 텐트　teacher [tíːtʃər] 선생님

U
[유우]

U의 여러 가지 발음

U는 모음이기 때문에 [juː ; 유우], [ʌ ; '아'와 '어'의 중간음], [əː ; 어어], [i ; 이] 등 여러 가지 음으로 발음된다.

usually [júːʒuəli] 보통　under [ʌndər] 아래　until [əntíl] ~까지

V
[브이]

[v ; ㅂ]로 발음

V는 우리말의 [ㅂ]과 비슷하게 소리 나지만, 소리 내는 방법이 다르다. 윗니를 아랫입술에 가볍게 대고 그 사이로 [브] 하고 목젖을 울리면서 내는 소리이다.

vase [veis] 꽃병　violin [vaiəlín] 바이올린

[w ; 우]로 발음

W는 입술을 둥글게 하여 앞으로 내밀면서 짧게 [우] 할 때 나는 소리이다.

water [wɔːtər] 물　window [wíndou] 창문

[z ; ㅈ, ks ; 크스]로 발음

X는 낱말 속에서 [즈]로 발음되거나 [크스]로 발음된다.

taxi [tǽksi] 택시　X-ray [éksrei] 엑스선

[j ; 이]로 발음

Y는 낱말 속에서 [야], [예], [요], [유]를 이루는 [이]와 같이 발음된다.

yellow [jélou] 노랑　　yard [jaːrd] 정원

Z

[지이]

[z ; ㅈ]로 발음

우리말의 [ㅈ]을 날카롭게 내는 소리로 혀끝을 잇몸 쪽으로 접근시키고 힘있게 [즈]라고 소리 낸다.

zoo [zuː] 동물원　　zero [zíərou] 0

[tʃ ; ㅊ]로 발음

혀를 입천장 앞부분에 넓죽하게 닿도록 하면서 [치] 하고 소리를 낸다.

chair [tʃɛər] 의자　　child [tʃaild] 아이

[k ; ㅋ]로 발음

Christmas [krisməs] 크리스마스　　school [skuːl] 학교

SH

[ʃ ; 쉬]로 발음

혓바닥을 윗니 뿌리에 깊숙이 올려 붙이면서 목구멍의 좁은 통로로 [쉬] 하고 소리 낸다.

shoes [ʃuːz] 신발　　ship [ʃip] 배

[ð ; 드, θ ; 쓰]로 발음

혀끝을 윗니와 아랫니로 가볍게 물었다가 빼면서 [쓰]와 [드]로 발음한다.

this [ðis] 이것　　father [faːðər] 아버지　　mouth [mauθ] 입

단모음

ㅏ	ㅓ	ㅗ	ㅜ	ㅡ	ㅣ	ㅐ	ㅔ	ㅚ	ㅟ
a	eo	o	u	eu	i	ae	e	oe	wi

이중 모음

ㅑ	ㅕ	ㅛ	ㅠ	ㅒ	ㅖ	ㅘ	ㅙ	ㅝ	ㅞ	ㅢ
ya	yeo	yo	yu	yae	ye	wa	wae	wo	we	ui

자 음

파열음(터지는 소리)

ㄱ	ㄲ	ㅋ	ㄷ	ㄸ	ㅌ	ㅂ	ㅃ	ㅍ
g, k	kk	k	d, t	tt	t	b, p	pp	p

파찰음(붙갈이 소리)

ㅈ	ㅉ	ㅊ
j	jj	ch

마찰음

ㅅ	ㅆ	ㅎ
s	ss	h

비 음

ㄴ	ㅁ	ㅇ
n	m	ng

유음(흐름소리)

ㄹ
r, l

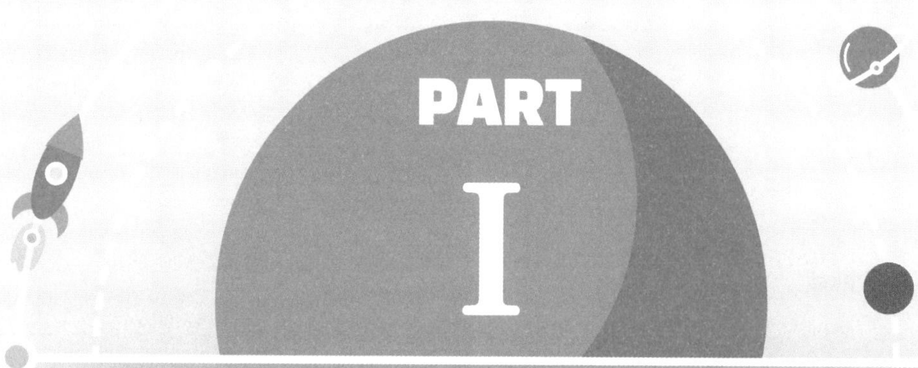

문 법

기초편

학습 point+

문법은 문장을 해석하기 위한 기본구조로서, 문법 그 자체로서의 문제도 소홀히 할 수는 없지만 독해를 위해서라도 문법을 제대로 아는 것이 중요합니다. 이를 위하여 이 책은 기초편에서 기초를 튼튼히 다지게 한 다음, 심화편에서 필수 문법사항들을 체계적으로 정리하여 쉽고 빠르게 이해할 수 있도록 구성하였습니다.

문법에 막연한 두려움이 있는 수험생도 있을 것이지만, 정작 시험에서는 쉽게 정답을 찾아낼 만큼 기본개념에 충실한 문제가 출제되고 있으므로, 주요 문법개념(일반동사 의문문/be동사 의문문/선택의문문/부가의문문/인칭대명사/관계대명사/전치사/to부정사/비교급)을 이해하고 비슷한 유형의 문제를 꾸준하게 풀어본다면 어렵지 않게 원하는 점수를 얻을 수 있을 것입니다.

Chapter

01 Be동사

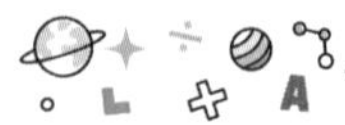

1 I am Mike.

인 칭	수	격	be동사		축약형
			현 재	과 거	
1인칭	단수	I(나)	am	was	I'm
	복수	We(우리)	are	were	We're
2인칭	단수	You(너)	are	were	You're
	복수	You(너희)	are	were	
3인칭	단수	He(그)	is	was	He's
		She(그녀)	is	was	She's
		It(이것)	is	was	It's
	복수	They(그들)	are	were	They're

(1) I am ~.

'나는 ~이다'의 뜻으로 자기 자신의 이름이나 신분, 직업 등을 말할 때 사용한다.

I am Mike. / I'm Mike. 나는 마이크이다.

I am a student. / I'm a student. 나는 학생이다.

(2) You are ~.

'당신은 ~이다'의 뜻으로 상대방의 이름, 직업, 신분, 관계 등을 소개할 때 사용한다.

You are Jane. / You're Jane. 당신은 제인이다.

You are a teacher. / You're a teacher. 당신은 선생님이다.

(3) He (She, It) is ~.

'그(그녀, 그것)는 ~이다'의 뜻으로 주어가 3인칭 단수일 때 is를 쓰며 남자는 he, 여자는 she, 그 외의 것은 it으로 대신한다.

He is (= He's) a doctor. 그는 의사이다.

She is (= She's) Mrs. Smith. 그녀는 스미스 부인이다.

It is (= It's) a book. 그것은 책이다.

Minsu is a student. 민수는 학생이다.

(4) We (You, They) are ~.

'우리는(너희들은, 그들은) ~이다'의 뜻으로 주어가 각 인칭의 복수일 때 are를 쓴다.

We are your friends. 우리는 당신의 친구이다.

You are farmers. 당신들은 농부이다.

They are taxi drivers. 그들은 택시 운전기사이다.

2 I am not Mike.

(1) am, are, is의 부정문

'~는 ~이 아니다'라는 부정문을 만들 때에는 be동사인 am, are, is 뒤에 not을 붙여서 말한다.

I am a teacher. ⇒ I am not a teacher. 나는 선생님이 아니다.

You are not (= aren't) a teacher. 당신은 선생님이 아니다.

He is not (= isn't) a teacher. 그는 선생님이 아니다.

We are not teachers. 우리는 선생님이 아니다.

You are not my teachers. 당신들은 나의 선생님이 아니다.

They are not teachers. 그들은 선생님이 아니다.

(2) am, are, is의 의문문

① '~는 ~입니까?'로 묻는 의문문은 be동사 am, are, is를 주어 앞으로 보내고 문장 끝에는 물음표(?)를 붙인다.

You are a Korean. ⇒ Are you a Korean? 당신은 한국인입니까?

She is an American. ⇒ Is she an American? 그녀는 미국인입니까?

They are your friends. ⇒ Are they your friends? 그들은 너의 친구들이니?

② be동사로 시작하는 의문문의 대답은 Yes, No를 사용한다.

Is he an American? 그는 미국인입니까?
– Yes, he is. / No, he isn't.

Are you a Korean? 당신은 한국인입니까?
– Yes, I am. / No, I am not.

③ 부정의문문에 대한 대답은 Yes, No가 우리말과 서로 반대이다.

Aren't you a student? 당신은 학생이 아닙니까?
– Yes, I am (a student). 아니요, 저는 학생입니다.
No, I'm not (a student). 네, 저는 학생이 아닙니다.

④ 선택의문문 : Are you A or B? 당신은 A입니까, 혹은 B입니까?

Are you an American or a Korean? 당신은 미국인입니까, 한국인입니까?
– I am a Korean. 나는 한국인입니다.

Is he a Chinese or a Japanese? 그는 중국인입니까, 일본인입니까?
– He is a Chinese. 그는 중국인입니다.

※ 다음 빈칸에 '~이다'의 뜻이 되도록 알맞은 말을 써 넣으시오. (1~4)

01 I ______ a student.

02 You ______ a doctor.

03 It ______ my notebook.

04 We ______ friends.

01 I am a student.
나는 학생이다.

02 You are a doctor.
당신은 의사이다.

03 It is my notebook.
그것은 나의 공책이다.

04 We are friends.
우리는 친구이다.

※ 다음 문장을 의문문으로 바꾸어 다시 쓰시오. (5~7)

05 You are a student. ➡ ____________

06 He is a Korean. ➡ ____________

07 They are nurses. ➡ ____________

05 You are a student.
당신은 학생이다.
➡ Are you a student?
당신은 학생입니까?

06 He is a Korean.
그는 한국인이다.
➡ Is he a Korean?
그는 한국인입니까?

07 They are nurses.
그들은 간호사이다.
➡ Are they nurses?
그들은 간호사입니까?

※ 다음 각 문장의 밑줄 친 부분을 괄호 안의 낱말로 바꾸어 다시 쓰시오. (8~10)

08 I am a doctor. (You) ➡ ____________

09 He is Tom. (I) ➡ ____________

10 Is she a teacher? (Mr. Kim) ➡ ____________

08 I am a doctor. 나는 의사이다.
➡ You are a doctor.
당신은 의사이다.

09 He is Tom. 그는 탐이다.
➡ I am Tom. 나는 탐이다.

10 Is she a teacher?
그녀는 선생님입니까?
➡ Is Mr. Kim a teacher?
Mr. Kim은 선생님입니까?

Chapter

02 지시대명사 This, That

1 This is a book.

(1) This (That) is ~.

① 「This is ~.」는 '이것은 ~이다'라는 뜻으로 가까이 있는 사물이나 사람을 가리킨다.

This is a book. 이것은 책이다.

This is Mr. Kim. 이분은 김 선생님이다.

② 「That is ~.」는 '저것은 ~이다'라는 뜻으로 떨어져 있는 사물이나 사람을 가리킨다.

That is a school. 저것은 학교이다.

That is my mother. 저분은 나의 어머니이다.

(2) This (That) is not ~.

'이것(저것)은 ~이 아니다'라는 부정적인 표현이다.

This is a cat. ⇒ This is not a cat. 이것은 고양이가 아니다.

That is a radio. ⇒ That is not a radio. 저것은 라디오가 아니다.

2 Is this a book?

(1) Is this (that) ~?

① '이것(저것)은 ~입니까?'의 뜻으로 「This(That) is~.」에서 is를 앞으로 내보낸다.

This is a book. ⇒ Is this a book? 이것은 책입니까?

That is an egg. ⇒ Is that an egg? 저것은 달걀입니까?

② 「Is this (that)~?」에 대한 대답은 Yes, No를 사용하고, this와 that은 it으로 받는다.

Is this a pencil? 이것은 연필입니까?

– Yes, it is (a pencil). 네, 연필입니다.

No, it is not (a pencil). 아니요, 연필이 아닙니다.

③ 「Isn't this (that)~? 이것(저것)은 ~이 아닙니까?」는 부정의문문으로, 대답은 Yes, No를 사용하고 우리말 뜻과 반대이다.

Isn't this an English book? 이것은 영어책이 아닙니까?
– Yes, it is. 아니요, 그것은 영어책입니다.
No, it isn't. 예, 그것은 영어책이 아닙니다.

(2) Is this (that) A or B?

'이것(저것)은 A입니까, 혹은 B입니까?'의 뜻이다.

Is this a book or an album? 이것은 책입니까, 앨범입니까?
– It's a book. 이것은 책입니다.

Is that a bus or a car? 저것은 버스입니까, 차입니까?
– It's a car. 저것은 차입니다.

(3) What is this (that)?

물건의 이름을 묻는 표현으로 '이것(저것)은 무엇입니까?'의 뜻이다.

What is this? 이것은 무엇입니까?
– It's a rose. 이것은 장미입니다.

What is that? 저것은 무엇입니까?
– It's a cat. 저것은 고양이입니다.

3 These are books.

(1) These (Those) are ~.

'이것들(저것들)은 ~이다'의 뜻으로 '~'의 부분에는 복수명사가 온다.

This is a book. 이것은 책이다. [단수]
These are books. 이것들은 책이다. [복수]

That is a flower. 저것은 꽃이다. [단수]
Those are flowers. 저것들은 꽃이다. [복수]

(2) Are these (those)~?

'이것들(저것들)은 ~입니까?'의 의문문은 복수 be동사 are를 문장의 가장 앞에 놓아 만든다.

These are chairs. ⇒ Are these chairs? 이것들은 의자입니까?

Those are glasses. ⇒ Are those glasses? 저것들은 유리컵입니까?

(3) What are these (those)?

'이것들(저것들)은 무엇입니까?'라는 의미로 쓰인다.

What are these? 이것들은 무엇입니까?
– They are gloves. 이것들은 장갑입니다.

What are those? 저것들은 무엇입니까?
– They are horses. 저것들은 말입니다.

(4) These (Those) are not ~.

「These (Those) are ~.」의 부정문은 are 다음에 not을 넣으면 된다.

These are dolls. ⇒ These are not dolls. 이것들은 인형이 아니다.

Those are my pencils. ⇒ Those are not my pencils. 저것들은 내 연필이 아니다.

연습문제 실력 탄탄 다지기

※ 다음 그림을 보고 문장을 완성하시오. (1~3)

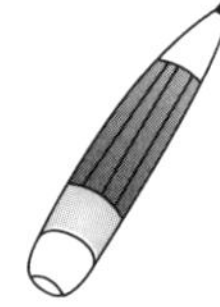

This is not a notebook.
It is ________.

02

That ______ ______ a desk.
It is ________.

01 This is not a notebook. It is a pencil.
이것은 공책이 아니다. 이것은 연필이다.

02 That is not a desk. It is a chair.
저것은 책상이 아니다. 저것은 의자이다.

03 

These are not apples.
They are ________.

03 These are not apples. They are balls.
이것들은 사과가 아니다. 이것들은 공이다.

※ 다음 문장을 부정문으로 바꾸어 다시 쓰시오. (4~7)

04 This is a dog. ➡ ____________________

05 That is an apple. ➡ ____________________

06 It's a desk. ➡ ____________________

07 These are bags. ➡ ____________________

04 This is a dog.
➡ This is not a dog.
이것은 개가 아니다.

05 That is an apple.
➡ That is not an apple.
저것은 사과가 아니다.

06 It's a desk.
➡ It is not a desk.
이것은 책상이 아니다.

07 These are bags.
➡ These are not bags.
이것들은 가방이 아니다.

※ 다음 우리말에 맞도록 빈칸에 알맞은 말을 써 넣으시오. (8~10)

08 _____ _____ your book? (저것은 너의 책이니?)

09 _____ _____ this? (이것은 무엇이니?)

10 _____ _____ my dolls. (저것들은 나의 인형이다.)

08 Is that your book?

09 What is this?

10 Those are my dolls.

Chapter

03 동사

1 I like baseball.

(1) **일반 동사** : be동사를 제외한 동사를 일반 동사라 하는데, 그 수는 무수히 많다. 보통 하나의 동사가 자동사와 타동사로 두루 쓰이는 것이 대부분이다.

① 자동사 : be동사, go 등과 같이 목적어(을, 를, 에게)가 필요 없는 동사

② 타동사 : like, play, have 등과 같이 목적어(을, 를, 에게)가 필요한 동사

She goes to school. 그녀는 학교에 간다. [자동사]

I like baseball. 나는 야구를 좋아한다. [타동사]

(2) **시제의 결정** : 동사는 모습을 변화시켜서 시제(현재, 과거, 미래)를 결정하기도 한다.

① 현재 : 현재시제는 동사의 원래 모습(원형) 그대로 쓰이지만 주어가 3인칭 단수인 경우에는 원형에 -(e)s를 붙여서 나타낸다.

My mother loves me. 나의 엄마는 나를 사랑한다.

She teaches science. 그녀는 과학을 가르친다.

② 과거 : 과거시제는 과거의 일정한 시기에 있어 어떤 사실, 상태 등을 나타낼 경우에 쓴다.

㉠ be동사의 과거형은 am / is ⇒ was, are ⇒ were로 모양이 변하며 '~이었다, ~있었다, ~하였다' 등으로 파악된다.

I am happy now. 나는 지금 행복하다. ⇒ I was happy yesterday. 나는 어제 행복했다.

He is a farmer. 그는 농부이다. ⇒ He was a farmer. 그는 농부였다.

There were many pretty flowers all over the mountain.

온 산에는 많은 예쁜 꽃들이 있었다.

㉡ 일반동사의 과거형 : 주어의 단수, 복수에 상관없이 항상 형태가 같다. 보통 원형에 -(e)d를 붙여 과거형 동사를 만들며, 일정한 규칙 없이 동사의 모양이 변하는 것도 있다.

He opened the door. 그는 문을 열었다.

They lived in Seoul in 2000. 그들은 2000년에 서울에 살았다.

2 I can swim.

(1) can

'~을 할 수 있다'의 의미를 갖는 조동사로서 일반동사의 앞에 위치하여 부가적으로 그 뜻을 자세히 나타내는 역할을 한다. 인칭과 수에 관계없이 언제나 can을 쓴다.

I swim. ⇒ I can swim. 나는 수영을 할 수 있다.

She can run fast. 그녀는 빨리 달릴 수 있다.

They can go with us. 그들은 우리와 함께 갈 수 있다.

(2) can not

'~을 할 수 없다'의 의미로 뒤에는 항상 동사원형을 쓰며, can't로 줄여 쓸 수도 있다.

I can not swim. / I can't swim. 나는 수영을 할 수 없다.

We can not run fast. 우리는 빨리 달릴 수 없다.

(3) be able to + 동사원형

can과 같은 의미로 be는 주어의 인칭과 수에 따라 변한다.

I can swim. / I am able to swim. 나는 수영을 할 수 있다.

She can drive a car. / She is able to drive a car. 그녀는 차를 운전할 수 있다.

They can speck English. / They are able to speck English. 그들은 영어를 할 수 있다.

※ 다음 괄호 안에서 알맞은 것을 고르시오. (1~4)

01 I (play, plays) tennis.

02 He (study, studies) English.

> 01 I play tennis.
> 나는 테니스를 친다.

> 02 He studies English.
> 그는 영어를 공부한다.

03 Amy (like, likes) soccer.

03 Amy likes soccer.
에이미는 축구를 좋아한다.

04 They (go, goes) to school.

04 They go to school.
그들은 학교에 간다.

※ 다음 빈칸에 알맞은 말을 쓰시오. (5~6)

05 He is in Korea now. ➡ He _____ in America last year.

05 He is in Korea now.
그는 지금 한국에 있다.
➡ He was in America last year.
그는 작년에 미국에 있었다.

06 You are tall now. ➡ You _____ short last year.

06 You are tall now.
당신은 지금 키가 크다.
➡ You were short last year.
당신은 작년에 키가 작았다.

※ 다음 괄호 안의 단어를 빈칸에 알맞은 형태로 바꾸어 쓰시오. (7~8)

07 She _____ a picture today. (draw)

07 She draws a picture today.
그녀는 오늘 그림을 그린다.

08 I _____ baseball yesterday. (play)

08 I played baseball yesterday.
나는 어제 야구를 했다.

※ 다음 우리말과 뜻이 같도록 주어진 단어를 알맞은 순서로 배열하시오. (9~10)

09 그녀는 차를 운전할 수 없다.
(car, she, can, a, not, drive, .)
➡ ______________________________

09 She can not drive a car.

10 그들은 밤에 별을 볼 수 있다.
(see, they, at, stars, can, night, .)
➡ ______________________________

10 They can see stars at night.

문 법

심화편

Chapter 01 문 장

01 문장의 필수 요소와 수식어

1 문장의 필수 요소

주어와 주어를 수식하는 수식어를 주부, 동사・목적어・보어와 이것들을 수식하는 수식어를 술부라 한다. 문장은 주부와 술부로 이루어지고 핵심이 되는 주어, 동사, 목적어, 보어를 문장의 4요소라 한다.

(1) 주 어

문장에서 주체가 되는 말로 명사, 대명사, 동명사, 부정사, 명사절이 사용되며 '~은, 는, 이, 가'로 해석된다.

I am a boy. 나는 소년이다.

To become a doctor is very difficult. 의사가 되는 것은 매우 어렵다.

(2) 동 사

술부의 중심말로 주어의 상태나 동작을 설명하고 '~(이)다'로 해석된다. 부정이나 의문을 나타내는 경우에는 조동사까지 포함한다.

I like spring. 나는 봄을 좋아한다.

He can speak English very well. 그는 영어를 잘한다.

(3) 목적어

동사가 타동사일 때 '~을(를)'의 뜻인 목적어를 가지게 된다. 명사, 대명사, 부정사, 동명사, 명사구(절) 등이 사용된다.

She loves him. 그녀는 그를 사랑한다.

He married her. 그는 그녀와 결혼했다.

(4) 보 어

주어의 성질이나 상태를 보충 설명해 주면 주격보어, 목적어의 성질이나 상태를 보충 설명해 주면 목적격보어라 한다. 명사, 형용사, 대명사, 동명사, 부정사, 분사 등이 보어로 사용된다.

He is a student. 그는 학생이다.

Tom felt happy. 탐은 행복을 느꼈다.

2 수식어

문장의 주요소를 꾸며 주는 말로 소유격, 형용사(구), 부사(구) 등이 이에 속한다.

Amy helps her mother in the kitchen. 에이미는 부엌에서 그녀의 엄마를 돕는다.

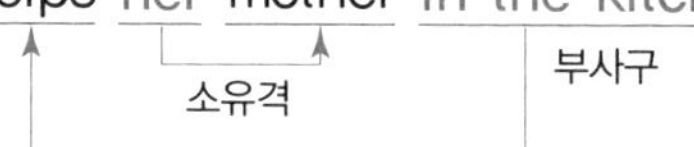

기초학습 단어의 종류(8품사)

단어를 문법적 기능・형태・의미에 따라 분류하는 말을 품사라 한다. 영어에는 명사, 대명사, 동사, 형용사, 부사, 전치사, 감탄사, 접속사 등 8가지가 있다. 어떤 품사가 다른 품사로 바뀌는 일을 품사의 전성이라 하고, 영어에서는 이러한 현상이 많다.

예 watch 동 ~을 보다 명 시계
play 동 놀다 명 연극
clean 동 청소하다 형 깨끗한

02 기본 문형(5가지)

(1) 1형식 : 주어 + 동사(완전자동사)

Birds fly. 새가 난다.
주어 동사

(2) 2형식 : 주어 + 동사(불완전자동사) + 보어

You look very excited. 너는 매우 흥분되어 보인다.
주어 동사 주격보어

보충 feel, taste, smell, sound, look, seem 등의 2형식 동사 다음에는 보어 자리에 형용사가 온다.

(3) 3형식 : 주어 + 동사(완전타동사) + 목적어

He wants a bicycle. 그는 자전거를 원한다.
주어 동사 목적어

(4) 4형식 : 주어 + 수여동사 + 간접목적어(~에게) + 직접목적어(~을/를)

Forests give us fresh air. 숲은 우리에게 신선한 공기를 준다.
주어 동사 간접목적어 직접목적어

보충 수여동사 : '…에게 …을(를) 주다(수여).'라는 의미에서 수여동사라 한다.

(5) 5형식 : 주어 + 동사(불완전타동사) + 목적어 + 목적격보어

She makes me happy. 그녀는 나를 행복하게 만든다.
주어 동사 목적어 목적격보어

기초학습 자동사와 타동사

1) 자동사 : 목적어나 보어의 필요 없이 오로지 동사만으로 주어를 설명할 수 있는 동사

완전자동사	fly, come, go, sleep, sing, swim, start, walk, work, talk, be(am, are, is ; 있다) 등
불완전자동사	be(am, are, is ; 이다), get · become · grow(~이 되다), look, seem, keep, feel 등

2) 타동사 : 반드시 목적어를 필요로 하는 동사

완전타동사	want, buy, close, use, do, think, eat, speak, drink, love, know, read, say 등
불완전타동사	make, call, hear, elect, name, see 등

03 문장의 종류

1 평서문

평서문은 「주어 + 동사」의 어순을 갖고 마침표로 끝나는 문장으로, 긍정문과 부정문이 있다.

긍정문		부정문
I am a dentist. 나는 치과의사이다.		I am not a dentist. 나는 치과의사가 아니다.
She can dance well. 그녀는 춤을 잘 춘다.		She can't dance. 그녀는 춤을 출 수 없다.
They liked baseball. 그들은 야구를 좋아했다.		They didn't like baseball. 그들은 야구를 좋아하지 않았다.

심화학습 4형식 문장을 3형식으로 만들기

1) give, teach, tell, send, lend, show, pay, write, bring ⇒ to
   I gave him the book. 나는 그에게 그 책을 주었다. [4형식]
   = I gave the book to him. [3형식]

2) buy, choose, cook, find, leave, get, make ⇒ for
   He made me a flower. 그는 나에게 꽃을 만들어 주었다. [4형식]
   = He made a flower for me. [3형식]

3) ask, demand, require ⇒ of
   He asked me questions. 그는 나에게 질문을 했다. [4형식]
   = He asked questions of me. [3형식]

2 의문문

의문문은 의문을 나타내는 문장으로 문장 끝에 의문부호(물음표)가 붙는다.

(1) 의문사 없는 의문문 중요⁺ : Yes나 No로 대답하는 의문문

Is this a pen? 이것은 펜입니까? [be동사]

– Yes, it is. / No, it isn't.

Does Susan use a spoon at table?

수잔은 식사 중에 숟가락을 사용합니까? [일반동사]

– Yes, she does. / No, she doesn't.

Will you be busy next Saturday?

다음 토요일에 바쁘십니까? [조동사]

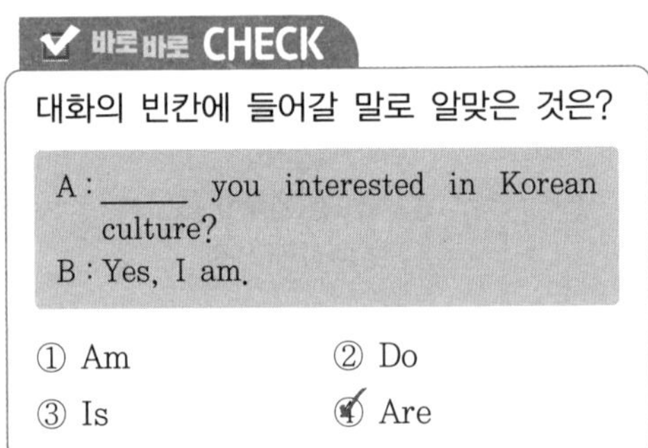

바로바로 CHECK

대화의 빈칸에 들어갈 말로 알맞은 것은?

A : _____ you interested in Korean culture?
B : Yes, I am.

① Am ② Do
③ Is ④ Are

(2) 의문사 있는 의문문 중요⁺ : 의문사 + 동사 + 주어

① 의문대명사 : 원칙적으로는 문장의 맨 앞에 위치하며 yes, no를 사용한 대답이 불가능하다. 단수, 복수 구분 없이 사용된다.

who (주격)	Who knows him? 누가 그를 아니?
whose (소유격)	Whose is this ring? 이 반지는 누구의 것이니?
whom (목적격)	Whom do you love best? 너는 누구를 제일 사랑하니?
what (무엇) which (어느 것)	What is that? 저것은 무엇이니? Which is your book? 어느 것이 네 책이니?

② 의문형용사 : 명사 앞에 쓰여서 그 명사를 수식한다.

what	What color do you like best? 무슨 색을 제일 좋아하니?
which	Which season do you like best? 어느 계절을 가장 좋아하니?
whose	Whose pencil is this? 이것은 누구의 연필이니?

③ 의문부사 : 시간, 장소, 이유, 방법을 물을 때 사용한다.

when (언제)	When do you play baseball? 너는 언제 야구를 하니?
where (어디)	Where do you live now? 너는 지금 어디에 사니?
why (왜)	Why do you like the singer? 너는 왜 그 가수를 좋아하니?
how (어떻게)	How do I get there? 거기에 어떻게 갑니까?

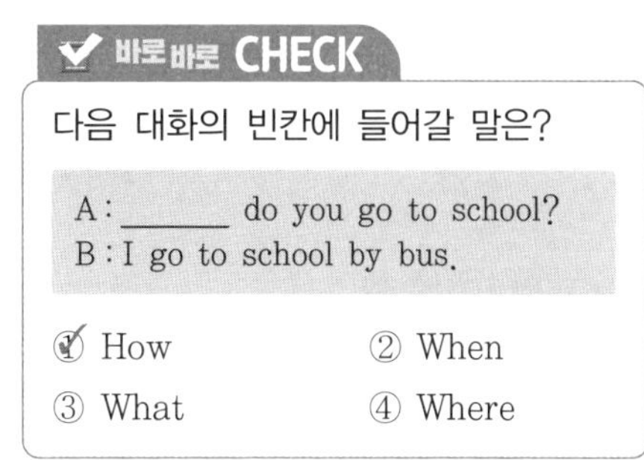
바로바로 CHECK

다음 대화의 빈칸에 들어갈 말은?

A : ______ do you go to school?
B : I go to school by bus.

① How ② When
③ What ④ Where

(3) 선택의문문 중요+

선택의문문은 둘 중에서 하나를 선택하는 의문문으로, Yes나 No로 대답하지 않는다.

Which do you like better, soccer or baseball? 축구와 야구 중 어떤 것을 더 좋아하니?

– Soccer. 축구.

Soccer better. 축구를 더 좋아해.

I like soccer better. 나는 축구를 더 좋아해.

I like soccer better than baseball. 나는 야구보다 축구를 더 좋아해.

(4) 간접의문문

의문사가 이끄는 절이 다른 문장의 종속절이 되면 「의문사 + 주어 + 동사」의 형태가 된다.

① 의문사가 있는 의문문 : 의문사 + 주어 + 동사

㉠ 의문사가 주어인 경우의 간접의문문 : 의문사 + 동사

Who wrote this letter? 이 편지를 누가 썼니? [직접의문문]

⇒ Tell me who wrote this letter. 이 편지를 누가 썼는지 말해 봐. [간접의문문]

(who: 주어(의문사), wrote: 동사)

㉡ 주의할 간접의문문 : 주절의 동사가 think, guess, believe, suppose 등이 올 경우에는 의문사가 문장의 앞에 위치한다.

Do you think? + Who is he? [직접의문문]

⇒ Who do you think he is? 넌 그가 누구라고 생각하니? [간접의문문]

(Who: 의문사, is: 동사)

② 의문사가 없는 의문문 : if(whether) + 주어 + 동사

I don't know. + Is he at home? [직접의문문]

⇒ I don't know if he is at home. 그가 집에 있는지 모르겠어. [간접의문문]
(he: 주어, is: 동사)

(5) 부가의문문

부가의문문은 동의를 구하기 위해 평서문 뒤에 짧게 덧붙인 의문문이다. 질문과는 관계없이 긍정의 내용이면 Yes, 부정의 내용이면 No로 답한다.

① 긍정문 뒤에는 부정의문문, 부정문 뒤에는 긍정의문문을 쓴다.

You have a boyfriend, don't you? 당신은 남자 친구가 있죠, 그렇지 않나요?
(You have a boyfriend: [긍정], don't you: [부정])

You don't have a boyfriend, do you? 당신은 남자 친구가 없죠, 그렇죠?
(You don't have a boyfriend: [부정], do you: [긍정])

② Let's로 시작되는 문장의 부가의문문은 shall we?이다.

Let's go dancing, shall we? 춤추러 가자, 그럴래?

③ 명령문의 부가의문문은 will you?이다.

Don't run in the classroom, will you? 교실에서 뛰지 마, 그래 줄래?

④ 권유문은 won't you?로 받는다.

Have a cup of coffee, won't you? 커피 한잔해, 그러지 않을래?

3 명령문

명령문은 '~해라, ~하시오'라고 명령이나 부탁을 나타내는 문장으로, 보통 주어가 없이 동사원형으로 시작한다.

(1) 직접명령문

You open the door. ⇒ Open the door. 문을 열어라. [긍정명령문]
(You: 주어 생략, Open: 동사원형)

Don't be angry. 화내지 마라. [부정명령문]

(2) 간접명령문 : Let + 목적어 + 동사원형

1인칭, 3인칭에 대한 명령문으로 Let을 쓴다.

Let me tell you about my boyfriend. 내 남자 친구에 대해 말하겠습니다.

Don't let him go there. 그를 거기에 가게 하지 마세요.

보충 Let's + 동사원형 : '~하자'라는 권유의 뜻
Let's go to the zoo. 동물원에 가자.

4 감탄문

감탄문은 강한 감정을 나타내는 문장으로, What 또는 How로 시작하고 문장 끝에 감탄부호(느낌표)를 붙인다.

(1) What + a (an) + 형용사 + 명사 + 주어 + 동사!

She is a very pretty woman. 그녀는 매우 예쁘다. [평서문]

⇒ What a pretty woman she is! 그녀는 정말 예뻐! [감탄문]

(2) How + 형용사 (부사) + 주어 + 동사!

Mike runs very fast. 마이크는 매우 빨리 달린다. [평서문]

⇒ How fast Mike runs! 마이크는 정말 빨리 달려! [감탄문]

탄탄 실력 다지기

실전 예상문제

※ 밑줄 친 부분의 쓰임으로 바른 것을 고르시오. (1~2)

01 Mother gave <u>me</u> a birthday present yesterday.

① 주어 ② 동사
③ 목적어 ④ 보어

02 I <u>walk</u> to school everyday.

① 주어 ② 동사
③ 목적어 ④ 보어

※ 다음 밑줄 친 부분이 문장에서 어떤 역할을 하는지 쓰시오. (3~5)

03 My dream is <u>to be a teacher</u>. ( )

04 <u>What he said</u> is true. ( )

05 I have learned <u>to ski</u>. ( )

01
Mother(주어) gave(동사) me(간접 목적어) a birthday present(직접 목적어) yesterday.
엄마는 어제 나에게 생일 선물을 주었다.

02
I(주어) walk(동사) to school everyday.
나는 매일 학교에 걸어간다.

03
My dream(주어) is(동사) to be a teacher(보어).
나의 꿈은 선생님이 되는 것이다.

04
What he said(주어) is(동사) true(보어).
그가 말했던 것은 진실이다.

05
I(주어) have learned(동사) to ski(목적어).
나는 스키를 배웠다.

ANSWER
01. ③ 02. ② 03. 보어 04. 주어 05. 목적어

※ 다음 각 문장이 몇 형식에 속하는지 쓰시오. (6~7)

06 They read books under the trees. (　　　)

07 I found it too difficult for me. (　　　)

08 다음 우리말을 영어로 옮길 때 알맞은 것은?

나는 그가 영어 공부를 하도록 도와주었다.

① I helped him for study English.
② I helped him studying English.
③ I helped him to study English.
④ I helped him to studying English.

09 두 문장의 뜻이 같아지도록 빈칸에 들어갈 알맞은 말은?

He bought me a rose.
= He bought a rose _____ me.

① of　　② in
③ for　　④ to

06
3형식 문장이다.
They(주어) read(동사) books(목적어) under the trees.
그들은 나무 아래에서 책을 읽는다.

07
5형식 문장이다.
I(주어) found(동사) it(목적어) too difficult(목적격보어) for me.
나는 그것이 나에게 너무 어렵다는 것을 알았다.

08
help를 이용한 5형식 문장이다.
help는 준사역동사로 5형식 문장을 만들 때 목적격보어로 동사원형이나 「to+동사원형」을 쓴다.
I(주어) helped(동사) him(목적어) to study English(목적격보어).

09
4형식의 문장을 3형식으로 변환할 때 동사가 buy일 경우 전치사는 for이다.
He bought me a rose.
= He bought a rose for me.
그는 나에게 장미를 사 주었다.

ANSWER
06. 3형식 07. 5형식 08. ③ 09. ③

10 다음 밑줄 친 부분에 들어갈 말로 알맞은 것은?

> You _______ very hungry.

① see　② like
③ give　④ look

10
2형식 문장 : look + 형용사 ~처럼 보이다
You look very hungry.
너는 매우 배가 고파 보인다.

※ 대화의 빈칸에 들어갈 말로 가장 적절한 것을 고르시오. (11~12)

11 

> A : _______ are you from?
> B : I'm from Canada.

① How　② What
③ When　④ Where

11
A : Where are you from?
당신은 어디 출신입니까?
B : I'm from Canada.
저는 캐나다 출신입니다.
① 어떻게
② 무엇을
③ 언제
④ 어디

12 기출

> A : _______ you tired?
> B : No, I am not.

① Do　② Is
③ Are　④ Does

12
의문사가 없는 의문문의 경우이다.
의문문이므로 「동사 + 주어」의 순이며, 2인칭 주어 You와 짝을 이루는 be동사의 형태는 are가 된다.
A : Are you tired?
당신은 피곤합니까?
B : No, I am not.
아니요, 나는 피곤하지 않아요.

※ 다음 빈칸에 들어갈 말로 적절한 것을 고르시오. (13~16)

13

> _______ do you like better, blue or red?

① How　② Why
③ What　④ Which

13
which는 사람과 사물 둘 다 가리킬 수 있으며, 선택의문문을 만든다.
Which do you like better, blue or red?
파란색과 빨간색 중에 어떤 색을 더 좋아하니?

ANSWER
10. ④　11. ④　12. ③　13. ④

14

Don't open the window, __________?

① shall we ② won't you
③ will you ④ are you

15

Do you know ________________ at the store?

① what he bought ② bought he what
③ what bought he ④ he bought what

16 기출

________ a beautiful day it is!

① How ② What
③ When ④ Where

17 기출 다음 대화의 빈칸에 들어갈 말로 알맞은 것은?

A : They are great actors, _______ they?
B : Yes, they are.

① isn't ② aren't
③ don't ④ doesn't

14

명령문의 부가의문문은 will you이다.

Don't open the window, will you?
창문을 열지 마, 그래 줄래?

15

직접의문문이 다른 문장에서 명사적 용법으로 쓰일 경우 이를 간접의문문이라 한다. 간접의문문의 어순은
「의문사+주어+동사」이다.

Do you know what he bought at the store?
그가 가게에서 무엇을 샀는지 너는 아니?

16

'day'라는 명사가 있으므로 What이 들어가야 한다.

※ 감탄문의 어순
What a 형용사 + 명사 + 주어 + 동사!
How + 형용사(부사) + 주어 + 동사!

What a beautiful day it is!
날씨가 참 좋구나!

17

3인칭 복수 They(그들)와 함께 사용하는 be동사는 are이며, are의 부가의문문 동사는 aren't이다.

A : They are great actors, aren't they?
그들은 훌륭한 배우들이야, 그렇지 않니?
B : Yes, they are.
맞아, 그들은 그래.

ANSWER
14. ③ 15. ① 16. ② 17. ②

Chapter

02 명사 · 대명사 · 관사

01 명 사

눈에 보이거나 보이지 않는 모든 것의 이름(명칭)을 가리키는 말이 명사이다. 모든 명사에는 셀 수 있는 것과 없는 것이 있는데, 셀 수 있는 명사는 단수 · 복수가 가능하며, 셀 수 없는 명사는 복수로 쓸 수 없다.

1 종 류

셀 수 있는 명사	보통명사	어떤 종류의 사람, 사물, 동물 등에 공통적으로 붙일 수 있는 이름 예 apple(사과), boy(소년), car(차), desk(책상) 등
	집합명사	• 같은 종류의 사람이나 사물이 모여 이루어진 집합체의 이름 • 관사나 소유격이 앞에 오거나 복수형 어미가 붙음 예 class(학급), family(가족), people(사람들), team(단체) 등
셀 수 없는 명사	고유명사	• 인명, 지명, 요일 등의 특정하거나 고유한 사람이나 사물의 이름 • 주로 대문자로 씀 예 Lincoln(링컨), Korea(한국), Bible(성경), Monday(월요일) 등
	추상명사	• 눈에 보이지 않는 성질, 행위, 상태, 관념 등의 추상적인 것 • 관사나 복수형 어미가 올 수 없으며, 양 표시의 형용사와 함께 쓰임 예 truth(사실), kindness(친절), peace(평화) 등
	물질명사	• 일정한 형태가 없는 물질(기체 · 액체 · 고체)의 이름 • 보통 관사나 복수형 어미가 올 수 없으며 용기나 단위를 사용하여 복수형을 만듦 예 stone(돌), sand(모래), air(공기) 등

기초학습 물질명사의 수량 표시

하나 이상일 경우에는 단위 뒤에 -s / -es를 붙여 복수형을 만들고, 전치사 of로 이어 준다.

- a glass of water 물 한 잔 ⇒ two glasses of water 물 두 잔
- a sheet(piece) of paper 종이 한 장 ⇒ two sheets(pieces) of paper 종이 두 장
- a loaf of bread 빵 한 덩어리 ⇒ two loaves of bread 빵 두 덩어리

2 명사의 복수형

> ✔ 바로바로 CHECK
>
> 빈칸에 들어갈 말로 알맞은 것은?
>
> He drinks a ______ of milk before breakfast.
>
> ① pair ② pairs
> ③ glass ④ glasses

(1) 규칙적 복수형

① 일반적인 단어의 끝+−s

a bird 새 → birds

② s, ss, sh, ch, x+−es

a bench 벤치 → benches　　a dress 드레스 → dresses

③ 자음+y ⇒ −ies

a story 이야기 → stories　　예외 a boy → boys, a day → days

④ 자음+o ⇒ −es

a tomato 토마토 → tomatoes　　예외 a photo → photos, a piano → pianos

⑤ −f 또는 −fe ⇒ −ves

a leaf 나뭇잎 → leaves

(2) 불규칙적인 명사의 복수형

① 모음의 변화

a tooth 치아 → teeth　　a woman 여자 → women

② 어미+−en(−ren)

a child 어린이 → children

③ 단수, 복수 형태 동일

a sheep 양 → sheep　　a deer 사슴 → deer

④ 항상 복수형

scissors 가위　　glasses 안경　　pants 바지

3 명사의 소유격

명사의 주격과 목적격은 모양이 같고, 소유격은 모양이 변한다.

① 사람이나 동물의 소유격은 단수명사에 's를 붙인다.

Jane's pen 제인의 펜 　　the girl's father 그 소녀의 아버지

② 무생물의 소유격은 「of + 명사」의 형태가 된다.

the legs of the table 탁자의 다리 CF the table's legs (×)

the gate of our house 우리 집 문

③ 어미가 -s로 끝난 복수형의 소유격은 '(아포스트로피)만 붙인다.

girls' middle school 여자 중학교 　　the boys' room 그 소년들의 방

보충 어미가 -s가 아닌 복수형은 's를 붙인다.
the children's toys 그 아이들의 장난감들
men's wear 남성복

④ 무생물에도 's를 붙이는 경우

today's newspaper	[시간] 오늘의 신문
six mile's distance	[거리] 6마일의 거리
ten dollar's worth of shoes	[가치] 10달러의 신발
a pound's weight	[중량] 1파운드의 무게

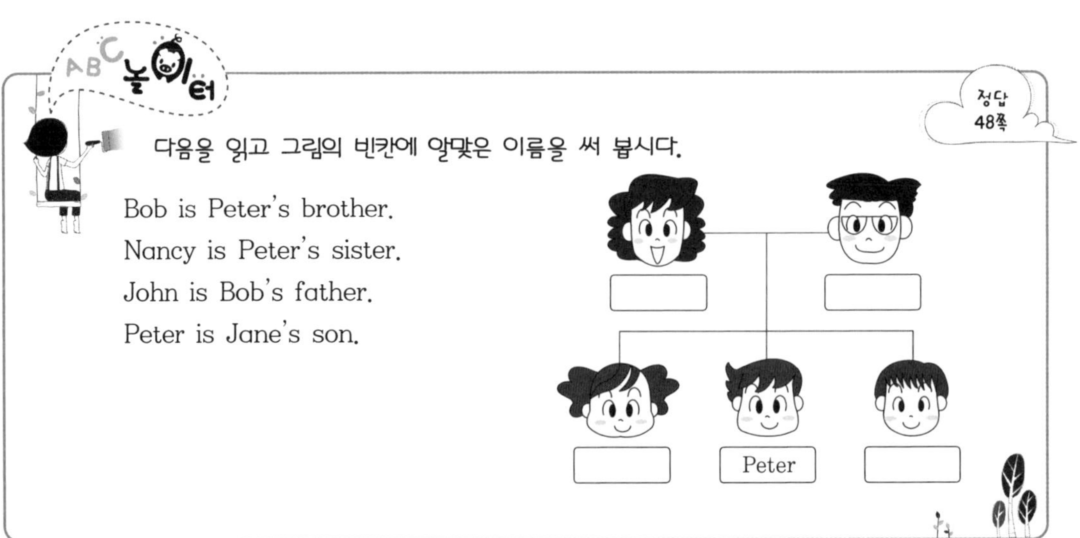

다음을 읽고 그림의 빈칸에 알맞은 이름을 써 봅시다.

Bob is Peter's brother.
Nancy is Peter's sister.
John is Bob's father.
Peter is Jane's son.

02 대명사

대명사는 명사를 대신해서 쓰이는 말이며 그 특성에 따라 인칭대명사, 지시대명사, 관계대명사, 소유대명사, 재귀대명사, 의문대명사, 부정대명사로 나뉜다.

1 인칭대명사 중요+

사람의 이름을 대신해서 쓰이는 것을 말하며, 1인칭·2인칭·3인칭이 있고, 주격·소유격·목적격으로 모양이 변하면서 각각의 위치가 다르다.

(1) 인 칭

① 1인칭 : 말하는 사람(I, we)

② 2인칭 : 말을 듣고 있는 상대방(you)

③ 3인칭 : 1인칭과 2인칭을 제외한 모든 대상(he, she, it, they)

(2) 격

① 주격 : '~은, ~는, ~이, ~가'로 해석되며, 문장에서 주어 역할을 한다.

② 소유격 : '~의'로 해석되며, 명사 앞에서 명사를 수식하는 형용사 역할을 한다.

③ 목적격 : '~을, ~를, ~에게'로 해석되며, 문장 속에서 목적어 역할을 한다.

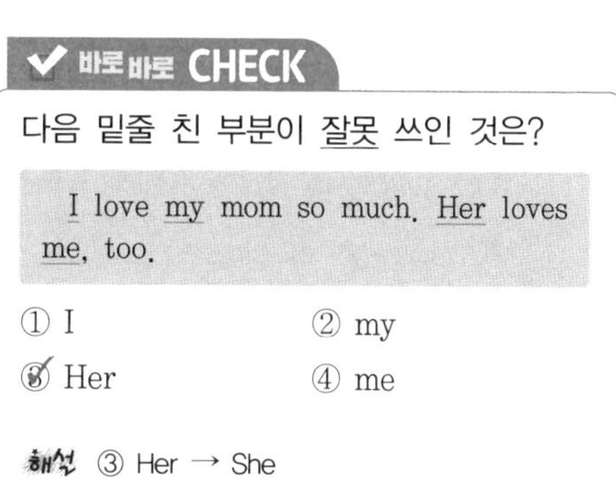
바로바로 CHECK

다음 밑줄 친 부분이 잘못 쓰인 것은?

I love my mom so much. Her loves me, too.

① I ② my

③ Her ④ me

해설 ③ Her → She

(3) 인칭대명사의 수, 성, 격

인 칭	격 / 수	주 격 ~은(는), ~이, ~가	소유격 ~의	목적격 ~을, ~에게	소유대명사 ~의 것	재귀대명사 ~자신
1인칭	단수	I	my	me	mine	myself
	복수	we	our	us	ours	ourselves
2인칭	단수	you	your	you	yours	yourself
	복수	you	your	you	yours	yourselves
3인칭	단수	he	his	him	his	himself
		she	her	her	hers	herself
		it	its	it	–	itself
	복수	they	their	them	theirs	themselves

2 소유대명사

'~의 것'이란 뜻으로 「소유격 + 명사」를 하나의 독립된 대명사로 나타내며, '독립소유격'이라고도 한다.

(1) 인칭에 따른 소유대명사

This book is mine. (mine = my book) 이 책은 나의 것이다.

My opinion is close to yours. (yours = your opinion) 내 의견은 너의 의견과 비슷하다.

(2) 고유명사의 소유대명사는 소유격과 같이 명사 뒤에 's를 붙여서 나타낸다.

This is Amy's book. 이것은 에이미의 책이다.

= This book is Amy's. 이 책은 에이미의 것이다.

3 재귀대명사

'~자신'의 뜻이며, 인칭대명사의 소유격이나 목적격 뒤에 -self나 -selves를 붙여서 나타낸다.

(1) 재귀적 용법

재귀대명사가 문장 속에서 목적어로 쓰이는 것을 말하며, 이때 재귀대명사를 생략하게 되면 문장의 뜻이 불완전해진다.

Let me introduce myself. 저를 소개하겠습니다.

(2) 강조적 용법

문장에서 주어・목적어・보어를 강조하기 위해서 사용되는 재귀대명사로, 생략해도 문장 구조에는 아무런 지장을 주지 않는다.

I did it (myself). 나 스스로 그것을 했다.

4 지시대명사

사람이나 사물을 지시하거나 앞・뒤의 어구를 가리키는 대명사이다. this, these, that, those 등이 있다.

단 수		복 수	
this	이것, 이분	these	이것들, 이분들
that	저것, 저분	those	저것들, 저분들

This is Mr. Brown. 이분은 브라운 씨이다.

What is that? 저것은 무엇이니?

(1) this, that

this는 가까운 것, that은 먼 것을 가리킨다.

This is bigger than that. 이것이 저것보다 더 크다.

(2) those who~ : ~한 사람들

Heaven helps those who help themselves. 하늘은 스스로 돕는 자를 돕는다.
= people who

(3) 앞 문장 전체를 받는 that

I didn't do anything. That made her angry. 난 아무것도 하지 않았다. 그것이 그녀를 화나게 했다.

(4) 명사의 반복을 피하기 위한 that 또는 those

The winter of Canada is colder than that of Korea. 캐나다의 겨울은 한국의 겨울보다 더 춥다.
= the winter

5 부정대명사

특정한 사람이나 사물을 나타내는 것이 아니라 정해지지 않은 막연한 사람, 사물 및 수량을 나타내는 대명사이다.

(1) one

소유격은 one's이고 목적격은 one이다. 일반적인 사람을 나타내는 경우와 앞에 나온 명사의 반복을 피하기 위해서 쓰인다. 이때 명사는 셀 수 있는 명사이어야 한다. one의 앞에는 형용사가 올 수 있으며 복수형은 ones이다.

If you have a pen, lend me one, please. 펜이 있으면, 하나만 빌려 주세요.
= a pen

(2) some, any : 약간의 수(양), 다소, 어떤 사람(물건)

some은 주로 긍정문에, any는 부정문·의문문·조건문에 쓰인다.

I have lost my pencils. Do you have any? 연필을 잃어버렸어. 너 연필 있니? [의문문]

– Yes, I have some. 응, 몇 개 있어. [긍정문]

심화학습 some과 any의 예외적인 용법

1) 의문문의 some : 권유나 의뢰의 뜻이다.
Will you have some (juice)? (주스) 좀 드시겠어요? [권유]

2) 긍정문의 any : '누구든지', '어느 것이든'의 양보의 뜻이다.
You may choose any of them. 너는 그것들 중 어느 것이든 선택해도 좋다. [양보]

(3) all, both

① all은 '모두'의 뜻으로 사람을 나타낼 때 복수 취급한다.

All were pleased to hear the news. 모두가 그 소식을 듣고 기뻐했다. [복수]

All is calm. (All = Everything) 만물은 고요하다. [단수]

② both는 '둘 다'의 뜻으로 대상이 둘인 경우에 사용되고 복수이다.

Both of my parents are sick. 부모님 두 분 다 아프시다. [복수]

(4) each

'각각은, 각자의'의 뜻으로 「Each + of + 복수」 형태라도 항상 단수이다.

Each of the girls has her own room. 소녀들 각각은 자신의 방을 갖는다.

(5) either, neither

보통 둘 사이에 사용하며 either는 '둘 중의 하나(한쪽)'를, neither는 '둘 중의 어느 쪽도 아니다'의 뜻으로, 보통 단수로 쓰인다.

I don't like either of them. 나는 그들 중 어느 쪽도 좋아하지 않는다.

= I like neither of them.

(6) it의 특별용법

① 비인칭 주어 : 시간, 날씨, 요일, 날짜, 거리, 명암 등을 표현할 때 사용하며, 이때 해석은 하지 않는다.

It is half past two. 2시 30분이다. [시간]

It is foggy in Seoul. 서울은 안개가 자욱하다. [날씨]

What day is it today? 오늘이 무슨 요일이에요? [요일]

It's getting dark outside. 밖이 어두워지고 있다. [명암, 상태]

How far is it from here to Busan? 여기서 부산까지 얼마나 멉니까? [거리]

✔ 바로바로 CHECK

다음 밑줄 친 It과 쓰임이 같은 것은?

Mother gave me a birthday present yesterday. It was a pretty and cute doll.

① A : What's the date?
B : It's April 5.

✔② A : Whose pencil is this?
B : It's mine.

③ A : What time is it now?
B : It's 11:40 pm.

④ A : How long does it take?
B : It takes two hours.

해설 예문의 It : 대명사
① 비인칭 주어(날짜)
② 대명사
③ 비인칭 주어(시간)
④ 비인칭 주어(시간)

② 가주어와 가목적어 : 문장의 균형을 잡기 위해 명사구나 명사절을 대신하여 쓰이는 it으로, 형식적인 주어나 목적어의 역할을 한다. 의미상의 주어는 「for + 목적격」, 「of + 목적격」이다.

It is difficult for me to solve the problem. 나에게 이 문제를 푸는 것은 어렵다.
가주어 / 의미상주어 / 진주어

03 관 사

관사에는 부정관사(a, an)와 정관사(the)가 있으며 명사 앞에 놓여서 형용사 구실을 한다.

1 부정관사 a, an

셀 수 있는 단수명사(예 apple, book) 앞에는 a, an을 붙인다. 막연한 하나를 의미한다. 명사의 첫 발음이 자음이면 a, 모음이면 an을 붙인다. 예 a book, a dog, an apple, an egg, an hour

보충 영어의 모음 : a, e, i, o, u

2 정관사 the

(1) 단수명사와 복수명사 앞에 쓰인다. 자음 앞에서는 [ðə], 모음 앞에서는 [ði]로 발음한다.

(2) 용 법

① 앞에 나온 명사가 반복될 때

I met a girl, and the girl was very pretty. 나는 한 소녀를 만났는데, 그 소녀는 매우 예뻤다.

② 이미 알려진 것

The post office is near the station. 우체국은 역 가까이에 있다.

심화학습 부정관사 a, an의 특별의미

1) 하나의(one)
Rome was not built in a day. 로마는 하루 만에 이루어지지 않았다.

2) 대표단수 a(the)+단수명사
A cow is a useful animal. 소는 유용한 동물이다.

3) 어떤(a certain)
Let me tell you a story about my pet. 내 애완동물에 대한 이야기를 들려줄게.

4) ~당, ~마다(per)
We will have classes twice a week. 우리는 일주일에 두 번 수업을 할 것이다.

5) 같은(same)
Birds of a feather flock together. 같은 깃털의 새들은 함께 모인다.

③ 수식어구의 꾸밈을 받을 때

The water of this well is not good to drink. 이 우물의 물은 마시기에 좋지 않다.

④ 유일무이한 것 예 the moon, the sky, the bible

The sun is much larger than the earth. 태양은 지구보다 훨씬 크다.

⑤ 형용사의 최상급

Seoul is the largest city in Korea. 서울은 한국에서 가장 큰 도시이다.

⑥ 종족 전체 대표

The dog is a useful animal. 개는 유용한 동물이다.

⑦ 악기 이름 앞에 쓰일 때

Do you like playing the piano? 피아노를 연주하는 것을 좋아하니?

⑧ the + 고유명사

㉠ 하천, 바다, 산맥 : the Thames 템스 강, the Pacific 태평양

㉡ 배, 철도명 : the Titanic 타이태닉호, the Gyongbu Line 경부선

㉢ 신문, 잡지명 : the New York Times 뉴욕타임즈지

㉣ 공공건물 : the White House 백악관, the British Museum 대영 박물관

㉤ 국민(총칭) : the English 영국인, the Japanese 일본인

보충 도시, 나라, 사람 이름 앞에는 관사를 쓰지 않는다.
I am Sujin. 나는 수진이다.
I live in Busan. 나는 부산에 산다.

심화학습 관사의 생략

1) 호격, 가족 관계, 질병, 운동 이름 앞

Waiter, bring me a spoon. 웨이터, 숟가락 좀 가져다주시오. [호격]

Uncle gave me this watch. 삼촌은 나에게 이 시계를 주었다. [가족 관계]

We played tennis yesterday. 우리는 어제 테니스를 쳤다. [운동 이름]

2) 명사가 본래 목적으로 쓰일 때

go to school 학교 가다(공부 목적) ⇔ go to the school 학교에 가다(공부 외의 목적)

go to hospital 입원하다 ⇔ go to the hospital 병원에 가다(치료 외의 목적)

go to bed 자러 가다 ⇔ go to the bed 침대에 가다(수면 외의 목적)

3) by + 교통수단

Minsu goes to school by bicycle. 민수는 자전거를 타고 학교에 간다.

01 다음 중 명사의 복수형이 바른 것은?

① city – cityes ② box – boies
③ scissors – scissorses ④ knife – knives

02 다음 중 단수와 복수의 형태가 같은 것은?

① deer ② ox
③ foot ④ hero

03 다음 중 셀 수 없는 명사는?

① family ② love
③ teacher ④ cat

04 빈칸에 공통으로 들어갈 단어로 알맞은 것은?

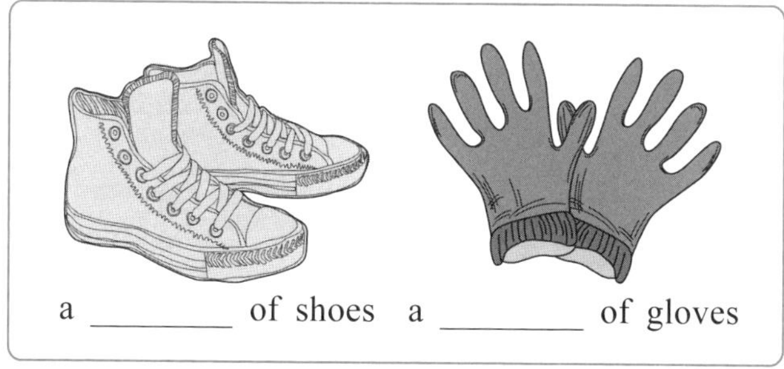

a ________ of shoes a ________ of gloves

① bar ② pair
③ cake ④ slice

01

knife처럼 –f, –fe로 끝나는 단어는 f(e)를 v로 고치고 –es를 붙인다.

① city – cities
② box – boxes
③ scissors – scissors (항상 복수형)
④ knife – knives

02

[단수] [복수]
① deer – deer
② ox – oxen
③ foot – feet
④ hero – heroes

03

셀 수 없는 명사
고유명사(Ms. Lee), 추상명사(love), 물질명사(salt, water, air)

① 집합명사
③, ④ 보통명사

04

두 개가 짝이 되는 것은 pair를 사용한다.
a pair of shoes 신발 한 켤레
a pair of gloves 장갑 한 켤레

예 a couple of ~의 한 쌍
a slice of bread 빵 한 조각
a cup of coffee 커피 한 잔
a loaf of bread 빵 한 덩이
a sheet of paper 종이 한 장
a piece of chalk 분필 한 개

ANSWER
01. ④ 02. ① 03. ② 04. ②

05 다음 빈칸에 들어갈 알맞은 것은?

기출

A : How ______ days from now is your test?
B : Two days.

① old ② tall
③ many ④ much

05
How 다음에 들어갈 형용사는 수식하는 명사에 따라 그 특성이 정해진다. 밑줄 친 형용사가 수식하는 days는 셀 수 있는 명사이므로, 셀 수 있는 명사를 꾸며 주는 many가 와야 한다.

A : How many days from now is your test? 지금부터 시험이 며칠 남았니?
B : Two days. 이틀이요.

from now 지금으로부터

※ 다음 중 빈칸에 들어갈 말로 적절한 것을 고르시오. (6~8)

06

Did you homework ______ yourself?

① by ② of
③ on ④ in

06
Did you homework by yourself?
너는 혼자 힘으로 숙제를 했니?

by oneself 혼자서(혼자 힘으로)

07

I have three brothers. _____ are good students.

① You ② He
③ They ④ It

07
three brothers가 복수이므로 they (그들)로 받는다.

I have three brothers.
나는 세 명의 남자 형제가 있다.
They are good students.
그들은 좋은 학생들이다.

08

I love my sister, Alice. _______ is very cute.

① He ② She
③ It ④ They

08
여동생인 앨리스를 대신할 수 있는 인칭대명사는 She이다.

I love my sister, Alice. She is very cute.
나는 내 여동생 앨리스를 사랑한다. 그녀는 매우 귀엽다.

ANSWER
05. ③ 06. ① 07. ③ 08. ②

09 다음 밑줄 친 부분에 공통으로 들어갈 말은?

> Which is your note, this _____ or that _____?

① it ② one
③ is ④ them

09

정해지지 않은 막연한 사물을 나타내는 대명사 one이 들어가야 한다.

Which is your note, this one or that one?
이 노트와 저 노트 중 어느 것이 당신의 것입니까?

10 다음 밑줄 친 those가 가리키는 것은 무엇인가?

> The ears of rabbits are longer than those of dogs.

① the ears ② rabbits
③ longer ④ the ears of rabbits

10

지시대명사인 those는 명사의 반복을 피하기 위해 쓰는데, 이 문장에서는 The ears를 받고 있다.

The ears of rabbits are longer than those(= the ears) of dogs.

토끼의 귀는 개의 귀보다 더 길다.

11 다음 밑줄 친 It(it)이 가리키는 것으로 적절한 것은?

기출

> It is an important thing for life. We can't see it, but we need it to breathe. Riding bicycles instead of driving cars can keep it clean.

① air ② tree
③ land ④ water

11

It(it)이 주어 및 목적어로 쓰인 문장이다.

그것은 생명에 중요한 것이다. 우리는 그것을 볼 수는 없지만 우리는 숨을 쉬기 위해 그것이 필요하다. 차를 운전하는 대신에 자전거를 타는 것은 그것을 깨끗하게 유지하도록 돕는다.

ANSWER
09. ② 10. ① 11. ①

12 두 문장의 의미가 같아지도록 빈칸에 들어갈 알맞은 것은?

> To read this book is easy for me.
> = ____ is easy for me to read this book.

① What ② It
③ That ④ This

※ 다음 빈칸에 공통으로 들어갈 단어를 고르시오. (13~14)

13

> • You can find _______ kind of information on the Internet.
> • Do you have _______ plans for this Sunday?

① one ② all
③ some ④ any

14

> • ___ was too hot, so she opened the window.
> • ___ is dark outside.

① It ② This
③ That ④ Weather

15 다음 밑줄 친 부분과 같은 의미로 쓰인 것은?

> This cloth is 1,000 won <u>a</u> yard.

① per ② one
③ certain ④ same

12

to부정사로 시작하는 진주어가 길기 때문에 가주어 It을 사용하여 나타낸 문장이다.

It is easy for me to read this book.
이 책을 읽는 것은 나에게 쉽다.

13

any는 부정문이나 의문문·조건문에 쓰이며, 긍정문에서는 '어느 것이든'의 양보의 뜻을 가진다.

• You can find any kind of information on the Internet.
너는 어떤 종류의 정보라도 인터넷에서 찾을 수 있다.

• Do you have any plans for this Sunday?
이번 일요일에 계획 있니?

14

시간, 계절, 날씨, 거리, 명암 등을 나타낼 때는 비인칭주어 it을 쓰며 해석은 하지 않는다.

• It was too hot, so she opened the window.
너무 더워서 그녀는 창문을 열었다.

• It is dark outside.
밖은 캄캄하다.

15

'1야드당'이라는 의미이므로, per와 같은 의미로 사용되었다.

This cloth is 1,000 won a yard.
이 옷감은 1야드당 천 원이다.

ANSWER
12. ② 13. ④ 14. ① 15. ①

16 다음 빈칸에 공통으로 들어갈 알맞은 것은?

_______ sun rises in _______ east.

① a ② an
③ the ④ It

※ 우리말을 영어로 옮길 때 빈칸에 들어갈 알맞은 것을 고르시오. (17~18)

17

I play _______ every day. (나는 바이올린을 매일 연주한다.)

① a violin ② an violin
③ the violin ④ violin

18

He doesn't play _______. (그는 축구를 하지 않는다.)

① a soccer ② an soccer
③ the soccer ④ soccer

16
세상에 하나밖에 없는 것은 정관사 the를 붙인다.

The sun rises in the east.
해는 동쪽에서 뜬다.

17
악기의 이름 앞에는 정관사 the를 붙인다.

I play the violin every day.

18
운동 이름 앞에는 관사를 붙이지 않는다.

He doesn't play soccer.

ANSWER
16. ③ 17. ③ 18. ④

Chapter

03 동사 · 시제 · 수동태

01 동 사

1 종 류

(1) be동사

be동사의 현재형은 am, are, is로서 '~이다, ~가 있다'의 뜻이 있다. be동사는 앞의 모음을 빼고 아포스트로피(')를 찍어 줄여 쓸 수 있다.

① 종 류

㉠ am : I와 함께 쓰인다.

㉡ are : You, We, They 등과 함께 쓰인다.

㉢ is : He, She, It 등과 함께 쓰인다.

② 부정문 : be동사 + not

I am(I'm) a boy. 나는 소년이다.

⇒ I am not a boy. 나는 소년이 아니다.

You are(You're) very tall. 너는 매우 키가 크다.

⇒ You are not very tall. 너는 매우 키가 크지 않다.

It is(It's) a desk. 그것은 책상이다.

⇒ It is not a desk. 그것은 책상이 아니다.

③ 의문문 : be동사 + 주어~?

대답은 yes나 no를 사용한다.

Are you a boy? 너는 소년이니?

– Yes, I am. / No, I am not.

Is it a desk? 그것은 책상이니?

– Yes, It is. / No, It is not.

(2) 일반동사

be동사와 조동사를 제외한 동사로, 주어의 동작이나 상태를 나타낸다.

- **동작을 나타내는 동사** : go (가다), run (달리다), eat (먹다) 등
- **상태를 나타내는 동사** : love (사랑하다), know (알다), have (가지다) 등

① 어미 변화 : 주어가 3인칭 단수 현재인 경우에는 동사 뒤에 -s, -es를 붙인다.

㉠ (보통의 동사)동사원형 + -s 예 like → likes, stop → stops

㉡ -o, -sh, -ch, -es, -x로 끝나는 동사 + -es 예 go → goes, teach → teaches

㉢ 자음 + y로 끝나는 동사 ⇒ -ies 예 study → studies, try → tries

② 부정문 : do not(don't) + 일반동사 / does not(doesn't) + 일반동사

㉠ 주어가 1·2인칭, 그리고 복수일 때 : don't

I have much money. 나는 많은 돈을 가지고 있다.

⇒ I don't have much money. 나는 많은 돈을 가지고 있지 않다.

You like cats. 너는 고양이를 좋아한다.

⇒ You don't like cats. 너는 고양이를 좋아하지 않는다.

They go to school. 그들은 학교에 간다.

⇒ They don't go to school. 그들은 학교에 가지 않는다.

㉡ 주어가 3인칭 단수일 때 : doesn't + 동사원형

She likes music. 그녀는 음악을 좋아한다.

⇒ She doesn't like music. 그녀는 음악을 좋아하지 않는다.

보충 부정을 할 때 사용하는 don't나 doesn't는 조동사이기 때문에 '조동사 + 동사원형'의 규칙을 지킨다.

③ 의문문 : Do(Does) + 주어~?

Do you like music? 너는 음악을 좋아하니?

– Yes, I do. / No, I do not(I don't).

Does she like music? 그녀는 음악을 좋아하니?

– Yes, she does.

No, she does not(she doesn't).

바로바로 CHECK

B에 들어갈 응답으로 적절한 것은?

A : Do you like to watch TV?
B : ______________.

✓① Yes, I do ② Yes, he is
③ No, I'm not ④ No, he doesn't

2 동사의 과거시제

(1) 규칙동사 : 동사 + ed

규칙 동사	현 재	과 거	과거분사
일반적인 동사 ⇒ 동사 + ed	turn	turned	turned
	wash	washed	washed
「단모음 + 자음」으로 끝나는 동사 ⇒ 자음을 겹쳐 쓰고 + ed	stop	stopped	stopped
	plan	planned	planned
e로 끝나는 동사 ⇒ 동사 + d	use	used	used
	move	moved	moved
y로 끝나는 동사 ⇒ y 대신 i를 넣고 + ed	carry	carried	carried
	study	studied	studied

(2) 불규칙동사

① 현재 – 과거 – 과거분사의 형태가 달라지는 동사

현 재	과 거	과거분사	현 재	과 거	과거분사
am	was	been	bring	brought	brought
is			buy	bought	bought
are	were		catch	caught	caught
do	did	done	have	had	had
does			keep	kept	kept
begin	began	begun	lose	lost	lost
eat	ate	eaten	meet	met	met
get	got	gotten	say	said	said
know	knew	known	teach	taught	taught
take	took	taken	come	came	come
write	wrote	written	run	ran	run

② 현재 – 과거 – 과거분사의 형태가 같은 동사

현 재	과 거	과거분사	현 재	과 거	과거분사
cut	cut	cut	put	put	put
hit	hit	hit	read	read	read
let	let	let	set	set	set

보충 read는 형태는 같아도 발음은 다르다. read [ri : d] – read [red] – read [red]

02 조동사

1 역 할

① 조동사는 동사의 앞에 위치하여 동사를 도와 의미를 분명하게 해 주는 역할을 하는 동사로서 주로 의문, 부정, 시제, 강조 등을 나타낸다.

② 조동사 + 동사원형 : 조동사 will, can, may, should 등은 뒤에 항상 동사원형이 온다.

He can play baseball. 그는 야구를 할 수 있다.
조동사 동사원형

I will go shopping tomorrow. 나는 내일 쇼핑하러 갈 것이다.
조동사 동사원형

③ 조동사와 함께 쓰이는 동사를 본동사라 하고, 조동사 뒤에는 다른 조동사가 올 수 없다.

He will can skate. (×)

He will be able to skate. 그는 스케이트를 탈 수 있을 것이다. (○)

④ 조동사가 있는 문장의 부정문은 조동사 뒤에 not을 쓰고, 의문문은 주어의 앞에 조동사를 쓴다.

He can not(can't) skate. 그는 스케이트를 못 탄다. [조동사의 부정문]

Can he skate? 그는 스케이트를 탈 수 있나요? [조동사의 의문문]

– Yes, he can. / No, he can not(can't). 예, 탈 수 있어요. / 아니요, 못 타요.

2 종류 및 용법

(1) do(does)

① 동사의 앞에서 동사의 의미 강조

Do go and see him. (꼭, 반드시) 가서 그를 봐라.

② 일반동사와 함께 의문문·부정문을 만든다.

Do you like your brother? 너는 남동생을 좋아하니?

I don't like him. 나는 그를 좋아하지 않는다.

③ 대동사로 쓰인다. 한 문장에서 같은 동사의 반복을 피하게 한다.

She plays the piano as well as I play the piano.

= She plays the piano as well as I do. 그녀는 나만큼 피아노를 잘 친다.

보충 do가 '~하다, 실행하다'의 뜻일 때는 일반동사로 쓰인다.
What do you do on Sunday evening? 일요일 저녁에 무엇을 합니까?
조동사 본동사('하다'의 뜻)

(2) will / would

① will

㉠ 미래 : ~일 것이다, ~할 것이다, ~할 작정이다

I will go to the movie this Sunday. 나는 이번 일요일에 영화를 보러 갈 것이다.

She will start again from the beginning. 그녀는 처음부터 다시 시작할 작정이다.

㉡ 제안·요청 : ~해 줄래요?

Will you go to the zoo with me? 나랑 같이 동물원에 갈래요?

보충 will의 부정문 : won't(will not) + 동사원형

기초학습 미래를 나타내는 관용어

1) be going to + 동사원형 : ~할 예정이다, ~할 것 같다 ⇒ 가까운 미래의 일의 예측이나 이전부터 예정된 계획을 나타낸다.
I am going to study English. 나는 영어 공부를 할 것이다.

2) be about to + 동사원형 : 막 ~하려고 하다
I am about to study English. 나는 막 영어를 공부하려 한다.

② would

㉠ will의 과거형

I thought that they would play tennis. 나는 그들이 테니스를 치러 갈 것이라고 생각했다.

㉡ 과거의 불규칙적인 습관 : ~하곤 했다

I would take a walk in the park. 나는 공원에서 산책을 하곤 했다.

보충 used to + 동사원형 : ~하곤 했었다. [과거의 규칙적인 습관이나 일시적 상태]
I used to play piano after school. 나는 방과 후에 피아노를 치곤 했다.

㉢ 공손한 표현 : ~을 해 주시겠습니까?

Would you pass me the salt? 소금 좀 건네주시겠어요?

보충 would(should) like to + 동사원형 : ~하고 싶다(want to보다 정중한 의미)
Would you like to go shopping with me? 저와 함께 쇼핑하러 가시겠습니까?

(3) can / could

① 능력・가능성 : ~ 할 수 있다(= be able to)

He can sing well. 그는 노래를 잘할 수 있다.

= He is able to sing well. cf was(were) able to ≠ could

② 추측 : ~일 리 없다(부정문), 과연 ~일까?(의문문)

He cannot be honest. 그가 정직할 리 없다. [부정문]

Can it be true? 과연 그것이 사실일까? [의문문]

보충 부정적 추측의 과거형은 couldn't가 아니라 cannot + have + 과거분사(~이었을 리가 없다)로 쓴다.
He cannot have been honest. 그가 정직했을 리 없다.

③ 허가 : ~해도 좋다(= may)

You can go now. 당신은 이제 가도 됩니다.

④ cannot but + 동사원형 : ~하지 않을 수 없다(= cannot help ~ing)

He couldn't help falling in love with her. 그는 그녀와 사랑에 빠지지 않을 수 없었다.

(4) must / shall / should

① must

㉠ 필요, 의무 : ~해야 한다(= have to) ⟺ don't have to ~할 필요가 없다

We must wait for them. 우리는 그들을 기다려야 한다.

⟺ We don't have to wait for them. 우리는 그들을 기다릴 필요가 없다.
= need not

보충 need (~할 필요가 있다)가 조동사로 쓰일 수 있는 경우는 부정문과 의문문뿐이다. 긍정문에서는 항상 일반동사로 쓰인다.
We need to go there. 우리는 거기로 가야 할 필요가 있다. [긍정문]

㉡ 강한 추측 : ~임에 틀림없다

He must be very tired. 그는 매우 피곤한 게 틀림없다.

㉢ 강한 금지 : (부정문과 함께) ~ 안 된다

You must not go there. 당신은 거기에 가서는 안 된다.

㉣ must + have + 과거분사 : ~이었음에 틀림없다

He must have written a letter to her. 그는 그녀에게 편지를 쓴 게 틀림없다.

② shall (제의, 제안) : ~할까요? (의문문)

Shall we dance? 우리 춤출래?

보충 그 외에 제안을 하는 표현에는 Let's~, How [What] about ~ing? Why don't you + 동사원형~? 등이 있다.

③ should

㉠ 의무, 당연 : ~해야 한다 (= ought to)

The young should respect the old. 젊은이들은 노인들을 공경해야 한다.

= The young ought to respect the old.

㉡ should + have + 과거분사 : ~했어야 했는데

She should have come earlier. 그녀가 더 일찍 왔어야 했는데.

(5) may / might

① may

㉠ 허가 : ~해도 좋다(= be allowed to)

May I turn the television on? 내가 텔레비전을 켜도 될까요?

㉡ (불확실한) 추측 : ~일지 모른다

He may be rich. 그는 부자일지도 모른다.

㉢ may + have + 과거분사 : ~이었을지 모른다

She may have met him. 그녀는 그를 만났을지도 모른다.

② might

㉠ 허가(may보다 정중한 표현)

Might I have a little more cheese? 제가 치즈를 조금 더 먹어도 될까요?

㉡ 비난

You might have told us earlier. 당신은 우리에게 좀 더 일찍 말을 했어야 했다.

㉢ 추측(현재나 미래의 추측, 가능성)

In the future, we might be able to use robots in many places.
미래에 우리는 많은 분야에서 로봇을 사용할 수 있을 것이다.

ABC 놀이터

정답 89쪽

다음의 빈칸에 빠진 철자를 써 넣으시오.

bre☐d 빵	kni☐e 칼	t☐eater 극장
kitche☐ 부엌	tea☐her 선생님	po☐ular 인기 있는
pa☐k 공원	☐indo☐ 창문	nei☐hbor☐ood 이웃
☐orrow 빌리다	hos☐ital 병원	deli☐ious 아주 맛있는

03 시 제

[동사의 12시제]

현 재	am, are, is	현재진행	am, are, is + ~ing
과 거	was, were	과거진행	was, were + ~ing
미 래	will + 동사원형	미래진행	will be + ~ing
현재완료	have + 과거분사	현재완료진행	have been + ~ing
과거완료	had + 과거분사	과거완료진행	had been + ~ing
미래완료	will have + 과거분사	미래완료진행	will have been + ~ing

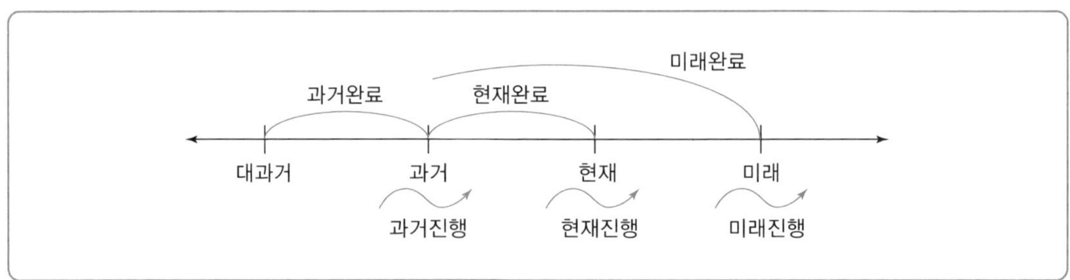

1 현재와 현재진행시제

(1) 현 재

현재시제는 동사원형을 쓰지만, 주어가 3인칭 단수인 경우에는 동사원형에 -s나 -es를 붙인다.

① 현재의 사실 · 동작 · 상태

He lives in Paris. 그는 파리에 산다.

② 현재의 습관 · 반복적 동작

I play basketball every Sunday. 나는 일요일마다 농구를 한다.

③ 일반적 사실 · 진리, 속담

The early bird catches the worm. 일찍 일어나는 새가 벌레를 잡는다.

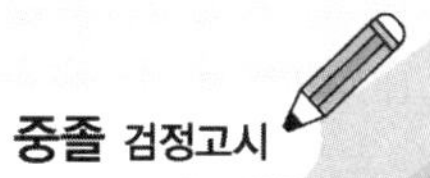

④ 미래시제 대용

She leaves here tomorrow. 그녀는 내일 여기를 떠날 것이다.

보충 go, come, start, leave, arrive, begin 등의 왕래발착동사는 미래를 나타내는 부사(구)와 함께 쓰이면 미래의 뜻을 나타내지만 시제는 현재로 쓴다.

(2) **현재진행** : be(am, are, is) + ~ing

'지금 ~하고 있다'는 뜻으로 현재 일어나고 있는 일을 나타낼 때 쓴다.

① 현재 진행 중이거나 계속 중인 동작

It is raining now. 지금 비가 오고 있다.

② 가까운 미래

We are leaving for New York tonight. 우리는 오늘 밤 뉴욕으로 출발할 예정이다.

③ 반복적·습관적 동작

She is always telling me to study. 그녀는 나에게 항상 공부하라고 한다.

2 과거와 과거진행시제 중요

(1) **과 거**

과거 시점에서 벌어진 사건이나 행동, 상황 등을 표현하므로 지금 기준으로는 이미 끝난 상황을 표현한다.

I saw her yesterday. 나는 어제 그녀를 보았다.

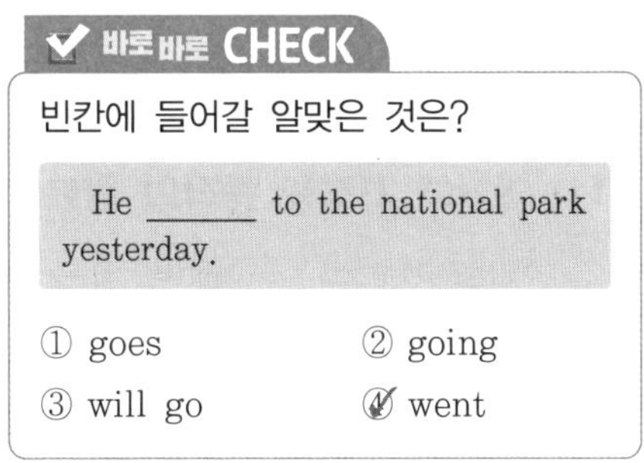
바로바로 CHECK

빈칸에 들어갈 알맞은 것은?

He ______ to the national park yesterday.

① goes ② going
③ will go ④ went

(2) **과거진행** : was, were + ~ing

과거의 한 시점에서 진행 중인 동작이나 상황을 표현한다.

It was raining all night. 밤새 계속 비가 왔다.

3 미래를 나타내는 표현

일반적으로 미래를 나타낼 때 조동사 will(shall)과 관용어구 be going to를 사용하면 된다.

(1) 미 래

미래 시점을 나타낼 경우 will을 사용하며, 제안·청유를 나타낼 때는 관용적으로 shall을 쓴다.

It will rain tomorrow. 내일 비가 올 것이다.

Shall we go for a swim this evening? 오늘 저녁에 수영하러 가지 않을래요?

(2) 미래진행 : will(shall) + be동사 + ~ing

미래의 한 시점에서 진행 중인 동작이나 상황을 표현한다.

I will be looking forward to your answer. 당신의 응답을 기다리고 있겠습니다.

4 현재완료 : have (has) + 과거분사

현재완료는 「과거의 동작 + 현재의 의미」로 우리말에 없는 표현이다. 현재완료는 과거의 사건이 현재에 어떤 의미가 있고 어떤 결과를 낳았느냐를 나타내고 있으며, 과거의 분명하지 않은 시점에서 현재까지 일정 기간 걸쳐 있는 시제라고 할 수 있다.

(1) 과거에 시작한 동작의 완료 · 결과

'지금 ~했다', '~해서 지금 ~하다'는 뜻으로 just, already, yet 등의 부사구와 함께 쓰인다.

I have just finished the homework. 나는 막 숙제를 끝마쳤다. [완료]

She has gone to Japan. 그녀는 일본으로 갔다. [결과]

= She went to Japan, so she is not here now. 그녀는 일본으로 갔다. 그래서 지금 여기 없다.

보충 have gone to : ~에 가 버리다 (그래서 지금 여기 없다)

CF have been to~ : ~에 갔다 왔다
She has been to Japan. 그녀는 일본에 갔다 왔다.
= She went to Japan but returned here. 그녀는 일본에 갔었지만 여기로 돌아왔다.

(2) 과거부터 현재까지의 경험

'~한 적이 있다'는 뜻으로 ever, never, before, often, once, twice 등의 부사구와 함께 쓰인다.

Have you ever been to Jeju-do? 제주도에 가 본 적 있니? [경험]

(3) 과거로부터 현재까지 계속되고 있는 일

'~해 오고 있다'는 뜻으로 since, for 등의 기간을 나타내는 부사구와 함께 쓰인다.

My grandma has done a lot for me. 할머니는 내게 많은 것을 해 주셨다. [살아계신 경우 - 계속]

cf My grandma did a lot for me. 할머니는 내게 많은 것을 해 주셨다. [돌아가신 경우 - 과거]

5 과거완료 : had + 과거분사

과거보다 더 이전에 시작된 일이 과거의 어느 시점 때까지 영향을 미친 경우에 사용한다. 현재완료와 마찬가지로 동작이나 상태의 완료 · 계속 · 경험 · 결과를 나타낸다.

I had just finished studying English, when she came to my house. [완료]
나는 그녀가 우리 집에 왔을 때 영어 공부를 끝냈었다.

He had broken his leg, so he couldn't play soccer. [결과]
그는 다리가 골절되어 축구를 할 수 없었다.

Tom had lived in the house ever since he was born. [계속]
탐은 그가 태어난 이래로 계속 그 집에서 살아왔었다.

She had read the novel twice before she was twenty years old. [경험]
그녀는 20살이 되기 전에 그 소설책을 두 번 읽었다.

보충 대과거는 과거의 어느 시점보다 더 오래된 과거를 말한다. 과거에 가장 먼저 일어난 일은 과거완료로 나타낸다.
When I went to the station, the bus had already left. 내가 역에 도착했을 때, 버스는 이미 떠났었다.

심화학습 현재완료와 부사구

현재완료는 과거 시점과는 어울리지 않는다. 따라서 yesterday, ago, last, just now 등 과거를 나타내는 부사구나 When으로 시작하는 의문문에서는 현재완료를 쓸 수 없다.

I have lost my watch yesterday. (×) [과거를 나타내는 부사구]
When have you lost your watch? (×) [When으로 시작하는 의문문]

6 미래완료 : will (shall) + have + 과거분사

미래완료는 미래의 어느 일정한(특정한) 시점까지의 완료, 결과, 경험, 계속을 나타낸다.

(1) 완료 · 결과 : 특정한 시점을 나타내는 부사구 by와 함께 쓰여 완료 · 결과를 나타낸다.

I shall have finished the work by six o'clock. [완료]
나는 6시까지는 작업을 끝마칠 것이다.

By next month, I will have moved out. 다음 달쯤엔 내가 이사를 갔을 것이다. [결과]

보충 똑같이 시간을 나타내는 전치사이지만 at은 미래완료 구문에 쓰이지 않는다.

(2) 계속 : 미래완료는 미래의 계속을 의미한다.

By Monday, I will have had this book for three days.
월요일까지, 나는 3일간 이 책을 갖고 있게 될 것이다.

7 완료진행시제

완료시제 (have + 과거분사)와 진행시제 (be동사 + ing)의 형태를 결합한 것으로, 어느 시점까지 계속 진행되어 오는 사실을 나타낸다.

(1) 현재완료진행 : have (has) + been + ~ing

You have been studying English for more than three years.
당신은 3년 이상 계속 영어를 공부하고 있다. [과거의 사실이 현재까지 진행]

(2) 과거완료진행 : had + been + ~ing

I had been watching TV, when the thief came to my house.
도둑이 우리 집에 들었을 때, 나는 TV를 보고 있었다.

(3) 미래완료진행 : will + have been + ~ing

By next month I will have been staying in New York.
다음 달까지 나는 뉴욕에 머물고 있을 것이다.

보충 진행형으로 쓸 수 없는 동사들
see, hear, feel, taste, smell, love, like, know, believe, remember 등

04 수동태

1 수동태의 의미

① 수동태는 「be + 과거분사 (p.p)」의 형태로 문장의 주어가 어떤 것(목적어)에 의해 동작을 받거나 당하는 것으로 '~가 …되어지다', '~을 …당하다'의 뜻이 있는 문장을 말한다. 목적어가 있는 능동태 문장은 수동태로 바꿀 수 있다.

America was discovered by Columbus. 미국은 콜럼버스에 의해 발견되었다.

보충 능동태 : 주어가 어떤 동작을 직접 행하는 형태
수동태 : 주어가 어떤 동작의 대상이 되어 동작을 받는 형태

② 수동태는 행위자보다도 행위의 대상에 중점을 두거나 감정을 표현할 때 사용된다.

He was surprised at the news. 그는 그 소식을 듣고 놀랐다.

2 수동태 만드는 방법

① 능동태의 목적어를 수동태의 주어로 만든다.

② 능동태의 동사를 「be + 과거분사」로 바꾼다. be동사를 인칭, 수, 시제에 맞게 쓴다.

③ 능동태의 주어를 「by + 목적격」으로 바꾸어 문장의 뒤에 쓴다.

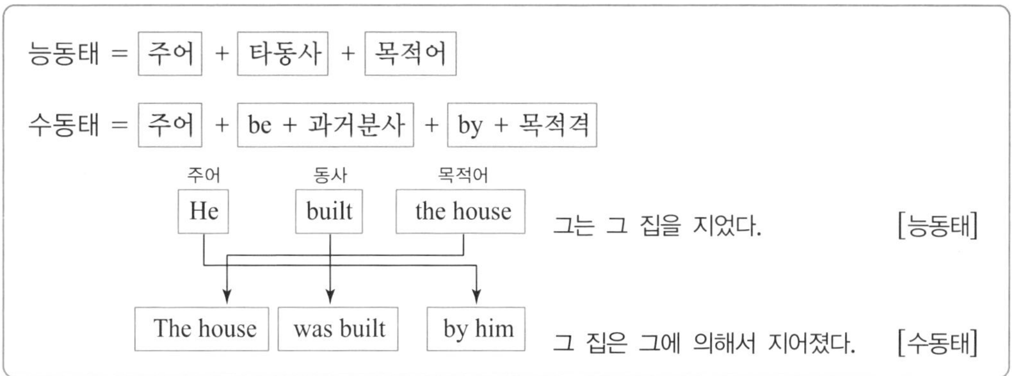

3 수동태의 시제

인칭, 수, 시제에 따라 be동사의 모양은 변한다. 수동태는 현재, 과거, 미래, 현재완료, 과거완료, 미래완료, 현재진행, 과거진행만 쓰인다.

시 제	능동태	be동사의 변화	수동태
현 재	She writes a letter. 그녀는 편지를 쓴다.	am, are, is + 과거분사	A letter is written by her. 편지가 그녀에 의해 쓰여진다.
과 거	She wrote a letter. 그녀는 편지를 썼었다.	was, were + 과거분사	A letter was written by her. 편지가 그녀에 의해 쓰여졌다.
미 래	She will write a letter. 그녀는 편지를 쓸 것이다.	will be + 과거분사	A letter will be written by her. 편지가 그녀에 의해 쓰여질 것이다.
현재 완료	She has written a letter. 그녀는 편지를 썼다.	have been + 과거분사	A letter has been written by her. 편지가 그녀에 의해 쓰여졌다.
과거 완료	She had written a letter. 그녀는 편지를 썼었다.	had been + 과거분사	A letter had been written by her. 편지가 그녀에 의해 쓰여졌었다.
미래 완료	She will have written a letter. 그녀는 편지를 썼을 것이다.	will have been + 과거분사	A letter will have been written by her. 편지가 그녀에 의해 쓰여졌을 것이다.
현재 진행	She is writing a letter. 그녀는 편지를 쓰고 있다.	am, are, is + being + 과거분사	A letter is being written by her. 편지가 그녀에 의해 쓰여지고 있다.
과거 진행	She was writing a letter. 그녀는 편지를 쓰고 있었다.	was, were + being + 과거분사	A letter was being written by her. 편지가 그녀에 의해 쓰여지고 있었다.

4 부정문, 의문문, 명령문의 수동태

(1) 부정문의 수동태 : be + not + 과거분사

They didn't invite us. 그들은 우리를 초대하지 않았다.

⇒ We weren't invited by them.

I will not carry this bag. 나는 이 가방을 나르지 않을 것이다.

⇒ This bag will not be carried by me.

보충 조동사가 있는 수동태의 부정문 : 조동사 + not + be + 과거분사

(2) **의문문의 수동태** : (의문사) + be + 주어 + 과거분사

Did he write a letter? 그가 편지를 썼습니까?

⇒ Was a letter written by him?

Where did you buy this camera? 이 카메라 어디에서 샀니?

⇒ Where was this camera bought by you?

(3) **명령문의 수동태** : Let + 목적어 + be + 과거분사, Don't let + 목적어 + be + 과거분사

Do it at once. 즉시 그것을 하도록 해라.

⇒ Let it be done at once.

Don't open the window. 창문을 열지 마라.

⇒ Let the window not be opened.

Don't let the window be opened.

5 주의해야 할 수동태

(1) **자동사 + 전치사, 타동사 + 명사 + 전치사**

하나의 동사처럼 취급하여 전치사나 부사를 동사와 분리시키지 않는다.

He laughed at me. 그는 나를 보고 비웃었다.

⇒ I was laughed at by him. 나는 그에게 비웃음을 당했다.

(2) **by + 목적어의 생략**

English is spoken in America (by them). 영어는 미국에서 사용된다. [일반적인 사람]

보충 them은 미국인을 의미한다.

The museum was built in 1940. 박물관은 1940년에 지어졌다. [행위자가 불분명]

Many stores are closed at nine. 많은 가게들이 9시면 문을 닫는다. [행위자를 밝힐 필요 없음]

(3) 지각동사(사역동사) + 목적어 + 원형부정사의 수동태

수동태에서 목적격보어로 쓰인 원형부정사는 to부정사로 바뀐다.

She saw a mouse run.

⇒ A mouse was seen to run by her. 쥐가 달리는 것이 그녀에게 보였다.

I had him paint the fence.

⇒ He was had to paint the fence by me. 그는 나에 의해 울타리를 칠할 것을 지시받았다.

> 1) **지각동사** : 보고 듣고 냄새를 맡는 등의 감각을 나타내는 동사
> see, watch, look, smell, taste, hear, listen to 등
> I saw him cross the bridge. 나는 그가 다리를 건너는 것을 보았다.
> 주어 동사 목적어 목적보어
>
> 2) **사역동사** : 문장의 주체가 스스로 행하지 않고 남에게 동작이나 행위를 시키는 동사
> let, make, have 등
> I had the man repair my car. 나는 그 사람이 내 차를 수리하도록 시켰다.
> 주어 동사 목적어 목적보어

보충 사역동사 let은 수동태로 쓸 수 없으므로, be allowed to를 사용하여 수동태로 표현한다.
My mother let me go to the trip.
⇒ I was allowed to go to the trip by my mother. 나는 여행 가는 것을 어머니께 허락받았다.

(4) by 이외의 전치사를 쓰는 수동태

by 외에 다른 전치사를 사용하여 하나의 관용구가 된다.

be covered with ~로 덮여 있다
be known to ~에게 알려져 있다
be filled with(=be full of) ~로 가득 차 있다
be interested in ~에 흥미가 있다
be born in ~에서 태어나다
be located on ~에 위치하다

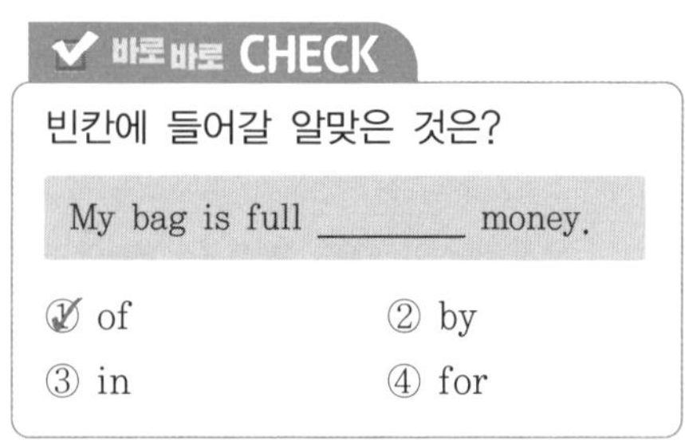

01 〈보기〉와 같이 고쳐 쓸 때 빈칸에 알맞은 것은?

보기
I exercise every day. ⇒ I don't exercise every day.

Jane eats breakfast every day. ⇒ Jane _______ eat breakfast every day.

① isn't ② don't
③ didn't ④ doesn't

02 다음 빈칸에 들어갈 말로 알맞은 것은?
기출

There _____ three lions in the zoo.

① is ② be
③ are ④ was

※ 대화의 빈칸에 들어갈 말로 알맞은 것을 고르시오. (3~4)

03

A : Are you going to the library tomorrow? B : Yes, I ______.

① am ② was
③ were ④ been

01
일반동사(play)의 부정문은 「don't(doesn't) + 동사원형」이다. Jane은 3인칭 단수이므로 부정문은 「doesn't + 동사원형」이 된다.

보기
나는 매일 운동을 한다. ⇒ 나는 매일 운동을 하지 않는다.

제인은 매일 아침을 먹는다. ⇒ 제인은 매일 아침을 먹지 않는다.

02
「There are + 복수주어」의 형태로, 주어가 복수이므로(3마리 사자) 동사도 복수형이어야 한다.

There are three lions in the zoo.
동물원에 3마리의 사자가 있습니다.

03
의문문이 be동사로 시작했으므로 대답도 be동사로 해야 한다. 현재형이고, 1인칭 단수인 I에 어울리는 be동사는 am이다.

A : Are you going to the library tomorrow?
내일 도서관에 갈 예정입니까?
B : Yes, I am. 예, 그렇습니다.

ANSWER
01. ④ 02. ③ 03. ①

04

A : Is everybody here?
B : Yes. We ______ ready to start.

① am ② is
③ are ④ was

※ 다음 빈칸에 들어갈 알맞은 것을 고르시오. (5~6)

05

_______ we go out for lunch?
(점심 먹으러 같이 나갈까?)

① May ② Can
③ Will ④ Shall

06

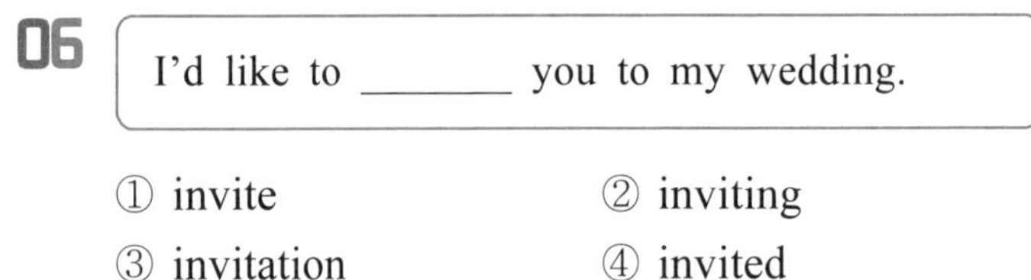

I'd like to _______ you to my wedding.

① invite ② inviting
③ invitation ④ invited

※ 다음 대화의 빈칸에 들어갈 알맞은 것을 고르시오. (7~8)

07

A : Can you play the guitar?
B : ___________, but I can play the drum.

① Yes, I am ② No, I'm not
③ Yes, I can ④ No, I can't

04

1인칭 복수 We에 어울리는 be동사는 are이다.

A : Is everybody here? 모두 왔나요?
B : Yes. We are ready to start.
예, 출발할 준비되었어요.

※ everybody는 의미(모두, 누구나, 누구든지)는 여러 사람(복수)이지만 단수 취급한다.

05

shall은 무언가를 제의하거나 제안할 때 쓰는 조동사이다.

Shall we go out for lunch?

06

「would like to + 동사원형」은 '~하고 싶다'는 뜻으로 밑줄 친 부분에는 동사원형인 invite가 와야 한다.

I'd like to invite you to my wedding.
나는 내 결혼식에 너를 초대하고 싶어.

07

조동사(can)로 물어봤기 때문에 대답도 조동사(can)로 해야 한다. 빈칸 뒤의 문장을 보면 but이 나오고 드럼을 연주할 수 있다고 하였으므로 기타는 연주할 수 없다는 부정의 표현이 들어가야 한다.

A : Can you play the guitar?
기타를 연주할 수 있니?
B : No, I can't, but I can play the drum.
아니, 할 수 없어. 그러나 드럼은 칠 수 있어.

ANSWER

04. ③ 05. ④ 06. ① 07. ④

08 기출

A : ______ you like pizza?
B : Yes, I do.

① Is ② Do
③ Are ④ Does

09 다음 빈칸에 공통적으로 들어갈 알맞은 것은?

- You ______ not smoke here.
- You ______ reuse paper and cans.
- What ______ I do?

① should ② ought to
③ would ④ might

10 두 문장의 뜻이 같도록 빈칸에 들어갈 가장 적절한 것은?

I am going to be 20 years old next year.
= I ______ be 20 years old next year.

① could ② will
③ should ④ may

08

일반동사의 의문문은 Do나 Does로 시작하며, 주어가 2인칭 '너'이므로 답은 do이다.

Do you like pizza?
너는 피자를 좋아하니?

09

'~해야 한다'라는 뜻의 should가 들어가야 한다.

- You should not smoke here.
  여기서 담배를 피우면 안 된다.
- You should reuse paper and cans.
  종이와 깡통을 재활용해야 한다.
- What should I do?
  제가 어떻게 해야 할까요?

10

be going to는 will과 같이 미래를 의미하는 조동사구이다.

I will be 20 years old next year.
나는 내년에 스무 살이 된다.

ANSWER
08. ② 09. ① 10. ②

※ 다음 빈칸에 들어갈 말로 적절한 것을 고르시오. (11~12)

11

He has lived here ________ 10 years.

① for ② since
③ with ④ from

11
for는 since와 함께 현재완료로 쓰여 계속의 의미를 나타낸다. since는 뒤에 특정 시점이 오는 반면, for는 기간을 나타내는 말이 온다.

※ have + 과거분사(현재완료) : 과거에서 현재까지 ~해 왔다

He has lived here for 10 years.
그는 여기에 10년 동안 살았다.

12 기출

A : What did you eat for dinner yesterday?
B : I ________ bibimbap.

① ate ② eats
③ eating ④ has eaten

12
yesterday(어제)는 과거 부사이므로 동사도 같은 과거 형태인 ate를 써야 한다.

※ eat – ate – eaten

A : What did you eat for dinner yesterday?
너는 어제 저녁 무엇을 먹었니?
B : I ate bibimbap.
나는 비빔밥을 먹었어.

※ 다음 대화의 빈칸에 들어갈 알맞은 것을 고르시오. (13~14)

13

A : You look down. What's wrong?
B : I lost the ring which you ________ me.

① has giving ② has given
③ gave ④ had given

13
내가 반지를 잃어버린 시점보다 반지를 받은 시점이 더 과거이므로 과거완료형을 쓴다.

A : You look down. What's wrong?
너 우울해 보여. 무슨 일이야?
B : I lost the ring which you had given me.
네가 준 반지를 잃어버렸어.

14

A : What are you ______?
B : I'm chatting on line.

① do ② did
③ doing ④ to do

14
현재진행형 : be동사 + ~ing

A : What are you doing?
너는 뭐 하고 있니?
B : I'm chatting on line.
나는 온라인상으로 채팅을 하고 있어요.

ANSWER
11. ① 12. ① 13. ④ 14. ③

15 다음 두 문장의 뜻이 같아지도록 빈칸에 알맞은 말을 고르면?

> The movie was very interesting to me.
> = I was very ________ the movie.

① interesting to　　② interesting in
③ interested to　　④ interested in

16 다음 빈칸에 들어갈 말로 알맞은 것은?

> She was seen ________ the guitar.

① play　　② plays
③ played　　④ to play

15

by 이외의 전치사를 쓰는 수동태는 하나의 관용구로 쓰이는데 be interested in, be surprised at, be satisfied with 등이 있다.

I was very interested in the movie.
나는 그 영화에 매우 흥미가 있었다.

16

지각동사가 쓰인 문장의 수동태에서는 목적격보어가 to부정사로 바뀌게 된다.

She was seen to play the guitar.
그녀가 기타를 치는 것이 보여졌다.

ANSWER
15. ④ 16. ④

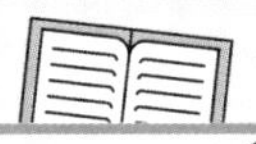

Chapter 04 부정사 · 동명사 · 분사

01 부정사

부정사는 다른 동사와는 달리 수, 시제, 인칭에 따라 형태가 변하지 않는 말을 가리키며, to부정사와 원형부정사가 있다. 이 중에 to부정사는 「to + 동사원형」의 형태가 되어 문장의 주어, 목적어, 보어가 되는 명사의 역할을 하거나 형용사, 부사처럼 쓰여 수식어의 역할을 하기도 한다.

1 명사적 용법

to부정사가 문장 속에서 주어, 보어, 목적어로 사용되는 것을 말하며, '~하기, ~하는 것'으로 해석된다.

(1) 주 어

To know(주어) is one thing, and to teach(주어) is another. 아는 것과 가르치는 것은 별개이다.

(2) 보 어

My hobby is to collect stamps(주격보어). 나의 취미는 우표를 모으는 것이다.

The doctor proved him to be healthy(목적격보어). 의사는 그가 건강함을 증명했다.

보충 want, get, like, wish, find 등의 동사일 때 목적격보어 'to be'는 생략할 수 있다.
I want everything (to be) ready. 나는 모든 것이 준비되기를 원한다.

(3) 목적어

I didn't learn to drive a car until I was thirty. 나는 30살이 될 때까지 운전하는 법을 배우지 않았다.
목적어

I found it difficult to solve the problem. 나는 그 문제를 푸는 것이 어렵다는 것을 알았다.
가목적어 목적격 보어 진목적어

2 형용사적 용법

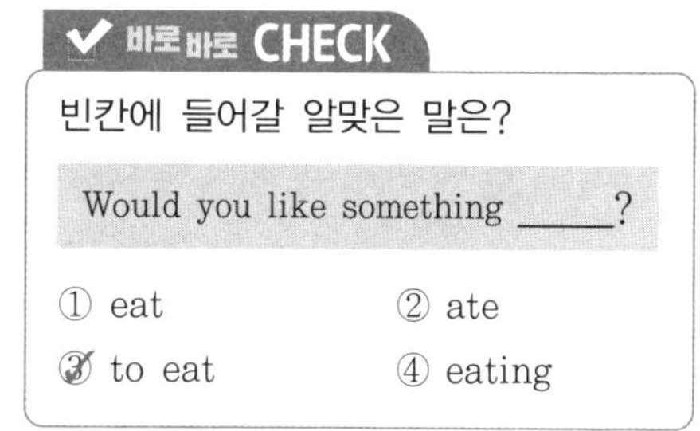
바로바로 CHECK

빈칸에 들어갈 알맞은 말은?

Would you like something ____?

① eat ② ate
③ to eat ④ eating

(1) 한정적 용법 : ~할, ~하는

to부정사가 명사 뒤에 놓여서 앞의 명사를 수식하는 경우를 말한다.

I have something to tell you. 나는 너에게 할 말이 있다.

보충 ~thing을 수식하는 형용사가 있을 경우에는 부정사 앞에 위치한다.
Something cold to drink. 차가운 마실 것
형용사

(2) 서술적 용법

be동사 다음에 to부정사가 놓여서 예정, 의무, 가능, 운명, 의도의 뜻을 나타내는 것을 말한다.

The meeting is to be held next year. 그 모임은 내년에 개최될 것이다.
~할 예정이다 [예정]

If you are to succeed, you must work hard. 만일 네가 성공하고자 한다면, 너는 열심히 일을 해야 한다.
~할 작정이다 [의도]

You are to obey the law. 너는 법을 준수해야 한다.
~해야 한다 [의무]

(3) 부정사 + 전치사

부정사의 동사가 자동사로 쓰인 경우에는 전치사를 동반하고, 관계대명사절로 바꿀 수 있다. 단, 전치사를 생략할 수 없다.

He has a house to live in. 그는 살고 있는 집 한 채가 있다.
= He has a house which he lives in.

3 부사적 용법

부정사가 동사, 형용사, 부사, 문장 전체를 수식하는 역할을 하며 그 뜻에 따라서 목적, 원인, 결과, 정도, 판단의 근거, 조건 등으로 구분한다.

(1) 목적 : ~하기 위해서, ~하려고 = in order to ⇔ in order not to
= so as to ⇔ so as not to

I went to the library to borrow some books. 나는 몇 권의 책을 빌리러 도서관에 갔다.

보충 목적을 나타내는 to부정사는 'so that can (could)~'으로 바꾸어 쓸 수 있다.
She studied to pass the exam. 그녀는 시험에 합격하기 위해 공부했다.
= She studied so that she could pass the exam.

(2) 결과 : ~해서 (그 결과) ~하다

The boy grew up to be a famous artist. 그 소년은 성장하여 유명한 예술가가 되었다.

= The boy grew up and became a famous artist.

(3) 판단의 근거 : ~하니, ~하는 것을 보니

must be (~임에 틀림없다), cannot be (~일 리가 없다) 등의 다음에 오는 부정사는 판단의 근거를 나타낸다.

He must be happy to say like that. 그렇게 말한 것을 보니 그는 행복한 게 틀림없다.

(4) 원인 : ~해서, ~하므로

주로 sorry, happy, glad, surprised, pleased 등과 같은 감정의 형용사 뒤에 쓰여서 그 형용사를 꾸미게 된다.

I'm sorry to hear that. 그것 참 안됐구나.

(5) 형용사, 부사 수식 : ~하기에, ~할 정도로

English is not easy to learn. 영어는 배우기에 쉽지 않다.

형용사 수식

He is not old enough to understand it. 그가 그것을 이해할 만큼 충분한 나이는 아니다.

부사 수식

4 부정사의 주의할 용법

(1) It ~ to 구문

① 가주어 구문 : 주어 역할을 하는 to부정사 부분이 긴 문장일 경우 가주어를 문장의 앞에 쓰고 부정사 부분은 뒤로 옮겨서 쓰게 된다.

To work for world peace is necessary. 세계 평화를 위해 일하는 것이 필요하다.
(To work for world peace: 주어가 긴 문장)

⇒ It is necessary to work for world peace.
(It: 가주어 / to work for world peace: 진주어)

② It ~ to … 구문의 의미상 주어 : 부정사 앞에 「for + 목적격」 또는 「of + 목적격」을 사용하여 나타낸다.

It is dangerous for her to go out alone. 그녀 혼자 나가는 것은 위험하다.
(It: 가주어 / for her: 의미상 주어 / to go out alone: 진주어)

(2) 의문사 + to부정사

의문사 what, who, which, how, where, when 등이 to부정사와 결합하여 만든 명사구로 주로 동사의 목적어로 사용된다.

Can you tell me how to make paper flowers? 종이꽃을 만드는 방법을 말해 줄 수 있니?

Would you tell me which to choose? 어느 것을 고를지 말해 줄래?

보충 「의문사 + 주어 + should + 동사원형」의 구문으로 바꾸어 쓸 수 있다.
I don't know what to say. 무슨 말을 해야 할지 모르겠다.
= I don't know what I should say.
(I: 의미상 주어)

심화학습 의미상 주어

1) 「of + 목적격」이 쓰이는 경우
It ~ to 문장에서 to부정사 앞에 foolish, good, kind, careful, wise 등과 같이 사람의 성격·성질을 나타내는 형용사가 올 경우에는 의미상 주어로 「of + 목적격」이 쓰인다.
It's foolish of you to say so. 그렇게 말하다니 어리석군요.
= You are foolish to say so.

2) 목적어가 의미상의 주어가 되는 경우
「tell, ask, want, teach, order, like, allow + 목적어 + to부정사」의 구문에서는 목적어가 부정사의 의미상 주어가 되기도 한다.
I want you to go there. 나는 당신이 거기에 가기를 원한다.

(3) 부정사의 부정형 : to부정사 앞에 부정어 not 또는 never를 쓴다.

We promised never to do that again. 우리는 다시는 그러지 않겠다고 약속했다.

보충 He tried not to walk fast. 그는 빨리 걷지 않으려고 노력했다. [not은 to walk를 부정]
He didn't try to walk fast. 그는 빨리 걸으려 노력하지 않았다. [didn't는 try를 부정]

(4) 부정사의 관용 표현

① too ~ to … (= so ~ that + 주어 + cannot …) : 너무 ~해서 …할 수 없다, ~하기에는 너무 ~한

He is too tired to go outside. 그는 너무 피곤해서 밖에 나갈 수 없다.

= He is so tired that he can't go outside.

② 형용사(부사) + enough to ~ [= so + 형용사(부사) + that + 주어 + can~] : ~할 만큼 …한

He was rich enough to buy a new car. 그는 새 자동차를 살 정도로 충분히 부유했다.

= He was so rich that he could buy a new car.

5 원형부정사

to가 없는 부정사를 원형부정사라고 하며, 지각동사와 사역동사 뒤에서 목적격보어로 쓰인다.

(1) 지각동사 + 목적어 + 원형부정사

I saw an old man enter the house. 나는 한 노인이 집으로 들어가는 것을 보았다.
(an old man: 목적어)

보충 지각동사(감각동사) : see, watch, look at, listen to, feel 등

(2) 사역동사 + 목적어 + 원형부정사

He let me know the facts. 그는 나에게 그 사실을 알려 주었다.
(me: 목적어)

보충 사역동사 : make, let, have 등
준사역동사 help : help + 목적어 + to부정사(or 원형부정사)
I helped my mother (to) wash the dishes. 나는 엄마가 설거지하는 것을 도와 드렸다.
(my mother: 목적어)

02 동명사

1 형 태

「동사원형 + ing」로 현재분사와 모양은 같으나, 동명사는 문장 속에서 동사의 의미를 가지면서 명사의 역할을 한다.

(1) 동사의 성질

동사처럼 동작이나 상태를 나타내고 보어 · 목적어를 가지며, 부사(구)의 수식을 받는다.

He is proud of being rich. 그는 부자인 것을 자랑스러워한다.

보충 being은 of의 목적어이면서 rich라는 목적어를 가지고 있다.

Rising early is good for your health. 일찍 일어나는 것이 건강에 좋다.

(2) 명사의 성질 : 문장 내에서 주어, 보어, 목적어로 사용되는 것을 말한다.

2 용 법

(1) 주어로서의 동명사

Heating water needs a lot of energy. 물을 데우는 데는 많은 에너지를 필요로 한다.

(2) 보어로서의 동명사

Her hobby is collecting coins. 그녀의 취미는 동전을 모으는 것이다.

(3) 목적어로서의 동명사

① 타동사의 목적어

I really hate flying. 나는 정말 비행이 싫다.

② 전치사의 목적어

How long can you go without sleeping? 너는 자지 않고 얼마나 견딜 수 있니?

3 시 제

단순동명사 : 동사원형 + ~ing	완료동명사 : having + 과거분사
He is proud of his son being rich. 술어동사와 같은 시제 or 미래시제 = He is proud that his son is rich. 그는 자신의 아들이 부자인 것을 자랑스러워한다.	He is sorry for having done so. 술어동사보다 앞선 시제 = He is sorry that he did so. 그는 그가 한 짓에 대해 미안해 한다.

4 동명사와 부정사 중요⁺

동명사와 명사적 용법의 부정사는 '~하기, ~하는 것'으로 의미도 같고 흔히 같이 쓰인다. 하지만 동사의 종류에 따라 의미가 달라지기도 한다.

(1) 동명사만을 목적어로 갖는 동사 : enjoy, mind, finish, give up, avoid

Would you mind opening the briefcase?
서류 가방 좀 열어 주시겠어요?

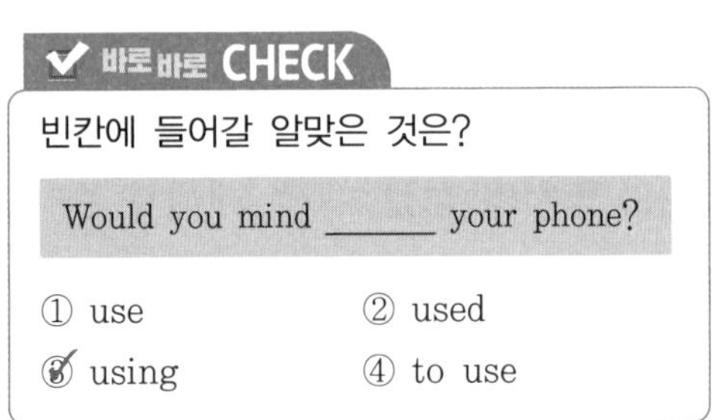

(2) 부정사만을 목적어로 갖는 동사 : wish, hope, want, intend, seem, need, ask

I hope to see you again. 너를 다시 만나고 싶다.

(3) 동명사와 부정사 둘 다 목적어로 갖는 동사 : begin, start, love, hate, continue

She began to sing. 그녀는 노래를 부르기 시작했다.
= She began singing.

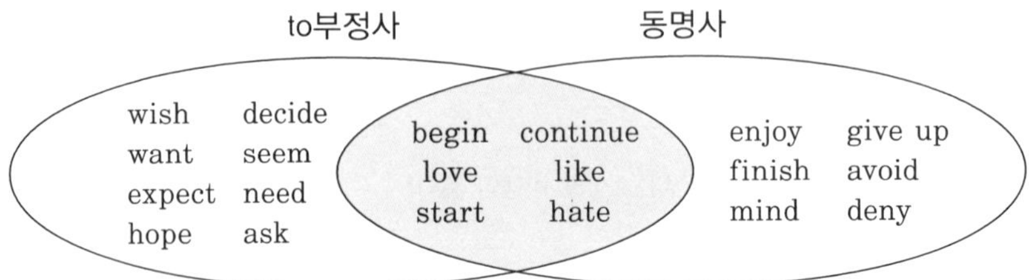

(4) **동명사 · 부정사를 둘 다 목적어로 갖지만 의미가 달라지는 동사** : like, forget, try, remember, stop

① remember

Remember to go to the post office. 우체국에 가야 하는 거 기억하세요. [미래에 할 일]

I remember seeing the film with Tom. 나는 탐과 영화를 본 것을 기억한다. [과거에 한 일]

② stop

I stopped to smoke. 나는 담배를 피우려고 멈추었다. [부사적 용법]

I stopped smoking. 나는 담배를 끊었다. [목적어]

5 관용 표현 중요+

① Thank you for ~ing : ~해서 고맙다

Thank you for teaching me English. 저에게 영어를 가르쳐 주셔서 감사합니다.

② be good at ~ing : ~을 잘하다(= 동사 + well)

He is good at singing. 그는 노래를 잘한다.

③ go ~ing : ~하러 가다

She has gone shopping in the department store. 그녀는 백화점에 쇼핑하러 갔다.

④ on ~ing : ~하자마자(= as soon as + 주어 + 동사)

On seeing the policeman, he ran away. 경찰관을 보자마자, 그는 도망쳤다.

⑤ be busy ~ing : ~하느라 바쁘다

Farmers are busy working in the fields. 농부들은 들판에서 일하느라 바쁘다.

⑥ spend + 시간(돈) ~ing : ~하느라 시간(돈)을 소비하다

I spent a lot of money buying your gift. 나는 너의 선물을 사느라 많은 돈을 썼다.

⑦ look forward to ~ing : ~할 것을 고대하다

I'm looking forward to seeing you. 나는 너를 만나기를 고대하고 있다.

03 분 사

분사란 동사의 원형에 ~ing나 –(e)d를 붙여 형용사처럼 쓰는 말이다. 즉, 동작의 의미를 가지면서 문장에서 형용사의 역할을 하기 때문에 동사처럼 뒤에 목적어나 수식어가 올 수 있다.

1 현재분사와 과거분사

(1) 현재분사 : 「동사원형 + ing」의 형태로 진행형, 명사의 수식, 또는 보어로 쓰인다.

보충 현재분사와 동명사의 차이점

- 현재분사 : 진행, 능동의 의미(~한, ~하는) A walking girl 걷고 있는 소녀
- 동명사 : 용도, 목적의 의미 A walking stick 지팡이

(2) 과거분사

「동사원형 + (e)d 또는 불규칙변화형」으로 완료형과 수동태를 만들거나 명사의 수식어, 보어로 쓰인다.

2 현재분사의 용법

(1) 진행형(be + ~ing)을 만든다.

I'm trying to get used to my school. 나는 학교에 적응하려고 노력 중이다.
(m trying: 현재진행형)

It was raining a little when I got up. 내가 일어났을 때 비가 조금 오고 있었다.
(was raining: 과거진행형)

(2) 명사의 앞 또는 뒤에서 명사를 수식한다.

She welcomed the visitors with a smiling face. 그녀는 웃는 얼굴로 방문객들을 환영했다.

The boy standing in front of the gate is my brother. 문 앞에 서 있는 소년은 내 동생이다.

(3) 보어로서의 현재분사

The baby stands crying in the living room. 아기가 거실에서 울면서 서 있다.
주격보어

Can you imagine him wearing a pink tie? 그가 분홍색 타이를 맨 것을 상상할 수 있니?
목적격보어

3 과거분사의 용법

(1) 완료시제에 쓰이는 과거분사 : have + 과거분사

I have learned English for three years. 나는 3년 동안 영어를 공부해 왔다.
현재완료

보충 be + come (go, fall, grow, arrive) 의 과거분사는 수동형이 아닌 완료형이다.

(2) 수동태에 쓰이는 과거분사 : be + 과거분사

This bridge was built by Korean engineers. 이 다리는 한국 기술자들에 의해 지어졌다.
수동태

(3) 명사를 수식하는 과거분사 : 과거분사가 단독으로 쓰일 때는 명사 앞에 위치하고, 수식어구가 긴 경우에는 명사 뒤에 위치한다.

There are some fallen leaves on the street. 거리에는 약간의 낙엽들이 있다.

This is a picture (which was) painted by Michelangelo. 이것은 미켈란젤로가 그린 그림이다.

(4) 보어로 쓰이는 과거분사

She sat surrounded by a lot of people. 그녀는 많은 사람들에게 둘러싸여 있었다.
주격보어

I heard my name called. 나는 내 이름이 불려지는 것을 들었다.
목적격보어

보충 감정을 나타내는 동사 excite, surprise, bore 등은 '감정을 일으킨다'는 능동의 뜻일 때는 현재분사를, '감정을 느끼다'는 수동의 뜻일 때는 과거분사를 쓴다.
He is boring. 그는 지루한 사람이다.
He is bored. 그는 지루해 한다.

4 분사구문

(1) 분사구문의 의미와 기능

~ing를 붙인 현재분사가 「접속사 + 주어 + 동사」의 구실을 겸하고 있는 것을 분사구문이라 한다. 시간, 이유, 조건, 양보의 뜻을 나타내는 부사절과 비슷한 의미와 기능을 갖는다.

(2) 분사구문으로 바꾸는 방법

As she worked in a library, she read many books.
주절
그녀는 도서관에서 일했기 때문에 많은 책을 읽었다.

① 접속사를 생략한다. – As 생략

(As) she worked in a library, she read many books.

② 부사절과 주절의 주어가 같으면 부사절의 주어를 생략한다. – 다르면 그대로 둔다.

(She) worked in a library, she read many books.

③ 부사절의 동사를 현재분사 또는 과거분사로 바꾼다.

Working in a library, she read many books.
현재분사

보충 read가 과거시제로 쓰였으므로 주어가 3인칭 단수라도 동사 뒤에 –s를 붙이지 않는다.

(3) 분사구문의 용법 : 분사구문은 여러 가지 접속사의 뜻을 가지고 있다.

① 시간 : when, while, as, before, after

While I walked along the street, I met a friend of mine.

⇒ Walking along the street, I met a friend of mine.

길을 따라 걷는 동안에 나는 내 친구를 만났다.

② 원인, 이유 : because, as, since

As he was poor, he could not buy the house.

⇒ Being poor, he could not buy the house. 그는 가난했기 때문에 집을 살 수 없었다.

③ 양보 : though, although

Though he is poor, he is always happy.

⇒ Being poor, he is always happy. 가난하기는 하지만, 그는 늘 행복하다.

④ 조건 : if

If you turn to the right, you can find the hospital.

⇒ Turning to the right, you can find the hospital.

오른쪽으로 돌면, 당신은 병원을 찾을 수 있다.

⑤ 부대상황 : while, as ~하면서

She stood for a long time, as she thought of her future.

⇒ She stood for a long time, thinking of her future.

그녀는 장래를 생각하면서 오랫동안 서 있었다.

(4) 독립분사구문

주절과 종속절의 주어가 일치하지 않을 경우 종속절의 주어를 생략하지 않는다.

As she is kind, we all like her.

⇒ She being kind, we all like her. 그녀는 친절해서 우리 모두가 좋아한다.

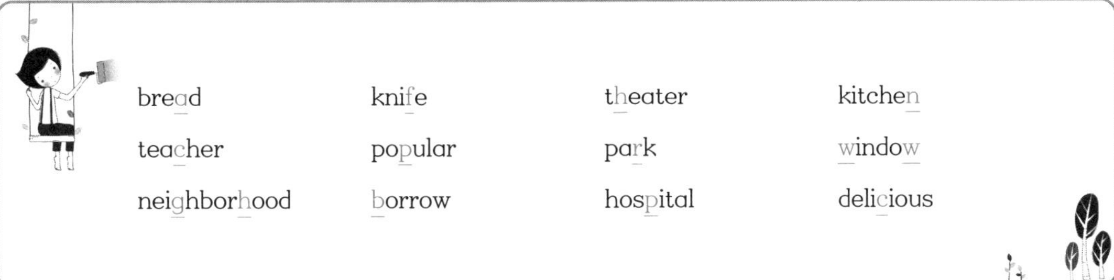

※ 다음 밑줄 친 부분에 들어갈 말을 고르시오. (1~5)

01

I have no friends to play tennis ______.

① in　　② on
③ with　　④ from

02

Would you tell me ________ the MP3 player?

① how to use　　② what to do
③ when to go　　④ where to go

03

It is kind _____ you to show me the way to the hospital.

① in　　② on
③ for　　④ of

04

I want _____ be a teacher in the future.

① in　　② on
③ to　　④ of

01

「to부정사 + 전치사」의 경우에 전치사는 to부정사와 수식을 받는 명사를 연결하므로 생략할 수 없다.

I have no friends to play tennis with.
나는 함께 테니스를 할 친구가 없다.

02

「의문사 + to + 동사원형」의 형태로 보통 동사의 목적어로 자주 쓰인다.

Would you tell me how to use the MP3 player?
이 MP3 플레이어를 어떻게 사용하는지 가르쳐 줄래?

② what to do 무엇을 해야 하는지
③ when to go 언제 가는지
④ where to go 어디로 가는지

03

It ~ to 구문에서 to부정사 앞에 kind와 같이 사람의 성격, 성질을 나타내는 형용사가 올 경우 의미상의 주어는 「of + 목적격」이 된다.

It is kind of you to show me the way to the hospital.
나에게 병원 가는 길을 알려 주다니 당신은 친절하군요.

04

「to + 동사원형」은 '~하는 것'이라는 의미로 to부정사의 명사적 용법이다.

I want to be a teacher in the future.
나는 미래에 선생님이 되고 싶다.

ANSWER
01. ③ 02. ① 03. ④ 04. ③

05

I had my sister ________ her desk.

① clean ② cleaning
③ cleaned ④ to clean

06 다음 밑줄 친 부분에 공통으로 들어갈 말은?

• I hope ______ see you again.
• It is a good way ______ save water.

① for ② it
③ at ④ to

07 다음 대화의 빈칸에 들어갈 알맞은 것은?

A : My dog died yesterday. I'm so sad.
B : I'm sorry ________ that.

① hearing ② to hear
③ hears ④ heard

08 다음 두 문장의 뜻이 같도록 할 때, 빈칸에 들어갈 말로 알맞은 것은?

I am so hungry that I can't sleep any longer.
= I am _____ hungry _____ sleep any longer.

① too, to ② so, that
③ enough, to ④ enough, that

05

have와 같은 사역동사는 목적격보어로 동사원형을 쓴다.

I had my sister clean her desk.
나는 내 여동생에게 그녀의 책상을 청소하라고 시켰다.

06

• I hope to see you again.
나는 너를 다시 보기를 바란다.

hope는 to부정사만 목적어로 취하는 동사이다.

• It is a good way to save water.
그것은 물을 절약하는 좋은 방법이다.

to부정사의 형용사적 용법이다. 앞에 있는 way를 꾸며 주는 역할을 한다.

07

to부정사의 부사적 용법으로 sorry와 같은 감정의 형용사 뒤에 쓰여서 그 형용사를 꾸미게 된다.

A : My dog died yesterday. I'm so sad.
어제 내 강아지가 죽었어. 나 너무 슬퍼.
B : I'm sorry to hear that.
그것 참 안됐구나.

08

'너무 ~해서 …할 수 없다'는 too ~ to부정사 구문으로, 「so + that + 주어 + cannot」으로 바꿔 쓸 수 있다.

I am too hungry to sleep any longer.
나는 너무 배가 고파서 잠을 더 이상 잘 수 없다.

ANSWER
05. ① 06. ④ 07. ② 08. ①

※ 다음 빈칸에 들어갈 말로 적절한 것을 고르시오. (9~10)

09

I remember _______ the letter a month ago.

① post ② posted
③ posting ④ to post

09

remember의 목적어가 동명사일 경우 과거에 한 일을, 부정사일 경우 미래에 할 일을 뜻한다. 문장 뒤에 a month ago(한 달 전)가 있으므로 동명사가 와야 한다.

I remember posting the letter a month ago.
나는 한 달 전에 편지를 부친 일을 기억한다.

10 기출

I enjoy _______ cartoons.

① draw ② drew
③ to draw ④ drawing

10

mind, finish, enjoy 등의 뒤에는 동명사를 취한다.

I enjoy drawing cartoons.
나는 만화를 그리는 것을 즐긴다.

※ 대화의 빈칸에 알맞은 것을 고르시오. (11~12)

11

A : Excuse me, would you mind _______ this bag for me?
B : Of course not.

① carry ② to carry
③ carrying ④ carried

11

「would you mind+동명사」는 '~해 주시겠습니까?'라는 의미이다. 여기서 mind는 '꺼리다, 싫어하다'의 뜻으로, mind 뒤에는 항상 '~ing'가 온다.

A : Excuse me, would you mind carrying this bag for me?
제 가방 좀 들어 주시겠습니까?
B : Of course not. 물론이죠.

ANSWER
09. ③ 10. ④ 11. ③

12

A : I have a toothache.
B : How about _______ to the dentist?

① go　② goes
③ to go　④ going

※ 다음 두 문장의 뜻을 같게 할 때, 빈칸에 들어갈 말로 알맞은 것을 고르시오. (13~14)

13

She dances well.
= She is good at ________.

① dance　② dancing
③ danced　④ dances

14

He gave up smoking.
= He stopped ________.

① smoke　② smoked
③ to smoke　④ smoking

12

「How about ~ing?」는 '~하는 게 어때?'란 뜻으로 동명사의 관용 표현 중 하나이다.

A : I have a toothache. 치통이 있어.
B : How about going to the dentist?
치과에 가는 게 어때?

13

be good at은 '~을 잘하다'라는 뜻으로 「동사+well」과 바꿔 쓸 수 있다.

She is good at dancing.
그녀는 춤을 잘 춘다.

14

stop은 목적어로 동명사만을 취하며, to 부정사가 올 때는 목적을 나타내는 부사적 용법으로 쓰인다.

He stopped smoking.
그는 담배를 끊었다.

CF He stopped to smoke.
그는 담배를 피우려고 멈추었다.

ANSWER
12. ④ 13. ② 14. ④

※ 두 문장의 의미가 일치하도록 밑줄 친 부분에 들어갈 적절한 것을 고르시오. (15~16)

15

It being fine yesterday, we went on a picnic.
= _______ it was fine yesterday, we went on a picnic.

① When　② As
③ Though　④ Before

15

분사구문은 시간, 원인, 조건, 양보, 부대상황 등을 나타내는데, 빈칸에 들어갈 가장 적절한 것은 원인을 나타내는 as이다.

As it was fine yesterday, we went on a picnic.
어제 날씨가 좋아서, 우리는 소풍을 갔다.

16

When he saw me, he ran away.
= _______ me, he ran away.

① Having saw　② Saw
③ Seeing　④ To see

16

분사구문으로 바꾸기

1. 접속사 생략
   (When) he saw me, he ran away.
2. 부사절 주어 생략
   (he) saw me, he ran away.
3. 부사절의 동사를 현재분사 또는 과거분사로 바꿈
   Seeing me, he ran away.
   나를 보고서 그는 도망쳤다.

ANSWER
15. ②　16. ③

NOTE

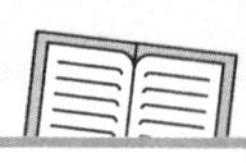

Chapter

05 형용사 · 부사 · 비교급

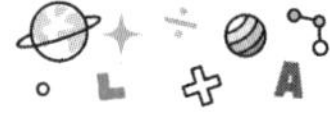

01 형용사

형용사는 명사의 앞, 뒤에서 명사의 의미를 한정하고, 명사에 대해서 '~하다'라고 설명하거나 be동사 뒤에서 주어의 상태를 설명하는 품사이다.

1 용 법

(1) 한정적 용법 : 명사의 앞이나 뒤에서 직접 수식(제한)하는 경우이다.

When you are a tourist, the train is usually an easy way. [명사의 앞]
여행을 할 때, 기차는 일반적으로 편한 방법이다.

Do you have anything particular to say? 특별히 말할 게 있나요? [명사의 뒤]

(2) 서술적 용법 : 문장 속에서 주어나 목적어를 설명해 주는 보어로 쓰이는 경우이다.

She became happy. (She = happy) 그녀는 행복해졌다. [주격보어]

보충 be동사는 아니지만 be동사의 자리에 대체되어 완전한 문장을 만드는 동사로는 get, become 등이 있다.

They found the story interesting. (the story = interesting) [목적격보어]
그들은 그 이야기가 재미있다는 것을 알았다.

2 종 류

(1) 수량형용사

수량형용사에는 many, much, few, little, some, any 등이 있다.

① much와 many : much는 셀 수 없는 명사, many는 셀 수 있는 명사와 함께 쓰인다.

Our country will need many scientists in the future.

우리나라는 미래에 많은 과학자들이 필요할 것이다. [many + 셀 수 있는 명사의 복수형]

I eat much fast food.

나는 많은 패스트푸드를 먹는다. [much + 셀 수 없는 명사의 단수형]

② a few와 few, a little과 little

구 분	긍정적 의미	부정적 의미
수	a few 조금 있는	few 거의 없는
양	a little 조금 있는	little 거의 없는

I have a few friends. 난 친구가 몇 명 있다.

She has little knowledge of science. 그녀는 과학 지식이 거의 없다.

③ 수와 양에 관계없이 모두 사용 가능한 형용사

a lot of, lots of 많은 no 없는 some, any 약간, 조금

(2) 수 사

① 구체적인 수를 표시하는 말 : 기수와 서수가 있다.

수사 / 숫자	기 수	서 수	수사 / 숫자	기 수	서 수
1	one	first	11	eleven	eleventh
2	two	second	12	twelve	twelfth
3	three	third	13	thirteen	thirteenth
4	four	fourth	20	twenty	twentieth
5	five	fifth	21	twenty-one	twenty-first
6	six	sixth	22	twenty-two	twenty-second
7	seven	seventh	30	thirty	thirtieth
8	eight	eighth	40	forty	fortieth
9	nine	ninth	90	ninety	ninetieth
10	ten	tenth	100	one hundred	one hundredth

보충 서수의 약자 표시

- first → 1st
- second → 2nd
- third → 3rd
- fourth → 4th
- twentieth → 20th
- twenty – first → 21st
- twenty – second → 22nd

② 수의 표현과 읽기

㉠ 기본적인 숫자 읽기

165 one hundred (and) sixty – five
7,699 seven thousand (and) six hundred ninety – nine
87,563 eighty – seven thousand five hundred (and) sixty – three

㉡ 연도 : 두 자리씩 끊어 읽는다. 2000년대부터는 두 자리씩 끊어서 읽지 않는다. 연월일을 같이 쓸 때는 우리말과는 달리 월, 일, 연도의 순으로 쓰고 일은 서수로 읽는다.

1988 nineteen eighty – eight
July 8, 2012 July eighth, two thousand twelve

㉢ 전화번호 : 숫자를 하나씩 읽는다.

269 – 4960 two six nine, four nine six zero

㉣ 소수

5.25 five point two five

㉤ 분수 : 분자를 기수, 분모를 서수로 읽되, 분자가 복수일 때는 분모의 서수를 복수로 바꾼다.

$\frac{1}{2}$ one(a) half

$\frac{3}{5}$ three – fifths

$2\frac{4}{7}$ two and four – sevenths

✔ 바로바로 CHECK

기록장에 나타난 아버지의 생신 날짜를 바르게 읽은 것은?

My family's birthdays
• father : 5/13 • mother : 6/3
• brother : 2/10 • sister : 7/30

① February tenth ② May thirteenth
③ June third ④ July thirtieth

㉥ 배수사 : half 반, once 한 배,
twice(double, two times) 두 배, three times 세 배

(3) 대명사적 형용사와 성질 형용사

① 대명사적 형용사 : this, that, all, both, each, such, what, which, whose 등과 같이 대명사가 명사를 수식하는 경우를 말한다.

That evening I went to the movies. 그날 저녁 나는 영화를 보러 갔다. [지시형용사]

What color do you like best? 너는 어떤 색을 제일 좋아하니? [의문형용사]

② 성질(성상) 형용사 : 명사의 성질이나 상태를 나타내는 big, good, happy, kind 등과 같은 것을 말한다.

Look at the tall man over there. 저기 키가 큰 남자를 봐라.

There are a lot of beautiful places in Seoul. 서울에는 아름다운 곳이 많다.

심화학습 형용사가 명사 뒤에 오는 경우

1) -thing, -body, -one을 수식하는 형용사
We saw nothing strange. 우리는 이상한 것을 보지 못했다.

2) 수식어구가 길 때
She has a basket full of apples. 그녀는 사과가 가득 찬 바구니를 갖고 있다.

02 부 사

1 종 류

동사・형용사・다른 부사 또는 문장 전체를 수식하는 부사가 있으며, 의미상 시간・장소・빈도・정도・방법・긍정・부정・의문 부사 등이 있다.

(1) 장소 : near, far, out, in, above, here, there, home

When my father came home, I was studying. 아버지께서 집에 오셨을 때, 나는 공부하고 있었다.

(2) 시간 : now, soon, early, late, lately, before, since, ago, already, today, long

I got up early this morning. 나는 오늘 아침에 일찍 일어났다.

(3) 방법 : hard, well, carefully, slowly, easily

My grandfather speaks very slowly. 나의 할아버지는 매우 천천히 말씀하신다.

(4) 정도 : very, quite, almost, much, little, too, enough, even

He is very smart. 그는 매우 똑똑하다.

(5) 빈도 : often, sometimes, usually, always

My father usually stays at home when it rains. 나의 아버지는 비가 내릴 때 보통 집에 계신다.

(6) 긍정, 부정 : yes, no, not, never, hardly, probably

I have never been to another country. 나는 다른 나라에 가 본 적이 없다.

(7) 의문 : when, where, how, why

When were you born? 언제 태어났습니까?

2 용법과 위치

부사는 동사, 형용사, 부사, 구, 절, 문장 전체를 수식한다.

(1) 용 법

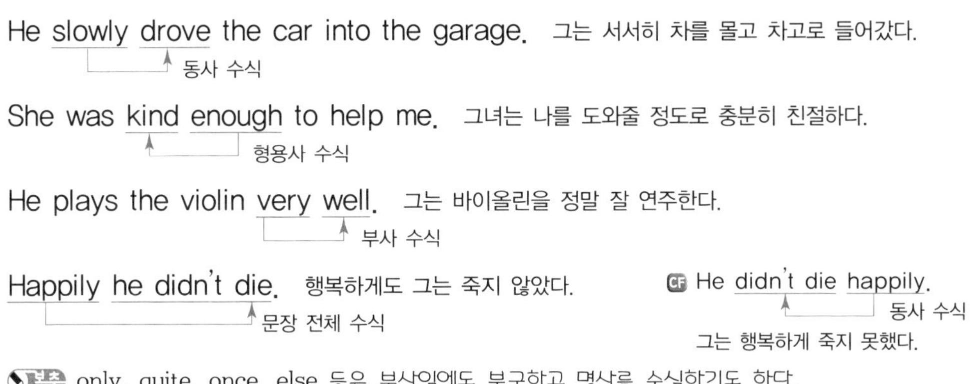

보충 only, quite, once, else 등은 부사임에도 불구하고 명사를 수식하기도 한다.

I am quite a stranger here. 나는 정말 이곳이 처음이다.
명사 수식

He has a hobby like everyone else. 그는 다른 사람들처럼 취미를 가지고 있다.
대명사 수식

(2) 위 치

① 빈도부사 never, also, hardly, always, sometimes 등은 be동사나 조동사의 뒤에, 일반동사의 앞에 위치한다.

She is always neat and clean. 그녀는 항상 단정하고 깨끗하다. [be동사 뒤]

She always helps other people. 그녀는 항상 다른 사람들을 돕는다. [일반동사 앞]

You can also use the Internet as much as possible. [조동사 뒤]

당신은 또한 가능한 많이 인터넷을 이용할 수도 있다.

보충 빈도부사 : 어떤 일의 횟수나 정도를 나타내는 부사

never – seldom – sometimes – often – usually – always
(결코 ~않는) (거의 ~않는) (때때로) (종종) (대개) (항상)

② 2개 이상 부사의 순서

㉠ 작은 단위 + 큰 단위 : 작은 장소 + 큰 장소, 짧은 시간 + 긴 시간

㉡ 장소 + 방법 + 시간

He came home early yesterday. 그는 어제 일찍 집에 왔다.
장소 방법 시간

③ 이어동사의 목적어가 대명사인 경우의 순서 : 타동사 + 대명사 + 부사

Tim didn't give up the test. (○) 팀은 그 시험을 포기하지 않았다.
동사 부사 목적어(명사)

= Tim didn't give the test up. (○)

= Tim didn't give it up. (○)
동사 대명사 부사

= Tim didn't give up it. (×)

보충 이어동사(동사 + 부사) : put on, take off, take down, give up, turn on(off)

(3) 주의해야 할 부사

① very, much : very는 형용사나 부사의 원급과 현재분사를 수식하고, much는 동사, 비교급, 과거분사를 수식한다.

It's very interesting to me. 그것은 매우 흥미롭다. [형용사 수식]

He is much interested in science. 그는 과학에 매우 흥미를 갖고 있다. [과거분사 수식]

② too, also, either : '역시'라는 의미로 too는 긍정문, either는 부정문에 쓰인다.

Tom can play the piano too.
탐도 역시 피아노를 칠 수 있다. [긍정문]

= Tom can also play the piano.

Tom can't play the piano either.
탐도 피아노를 못 친다. [부정문]

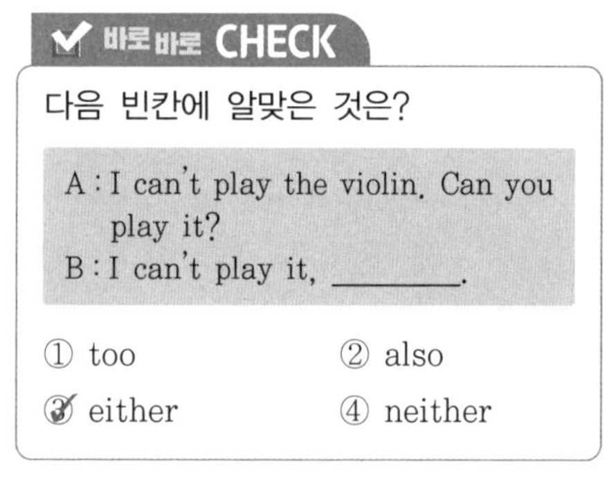
바로바로 CHECK

다음 빈칸에 알맞은 것은?

A : I can't play the violin. Can you play it?
B : I can't play it, ________.

① too ② also
③ either ④ neither

③ so와 neither : '역시'의 의미로 so는 긍정문, neither는 부정문에 쓰인다.

Jack wants to play basketball, and so do I. 잭은 농구를 하고 싶어 하고, 나 역시 그렇다.
= Jack wants to play basketball, and I want to play basketball, too. [긍정문]

Sumi doesn't live in Seoul, and neither do I. 수미는 서울에 살지 않고, 나 역시 그렇다.
= Sumi doesn't live in Seoul, and I don't live in Seoul, either. [부정문]

보충 부정문에서 neither는 절(조동사 + 주어)의 맨 앞에 나온다.

④ already와 yet : already는 긍정문에, yet은 부정문 · 의문문에 쓰인다.

She has finished her homework already. 그녀는 숙제를 벌써 끝냈다. [긍정문]

She has not finished her homework yet. 그녀는 숙제를 아직 끝내지 않았다. [부정문]

(4) 형 태

① 본래 부사인 것 : now, then, quite, here

② 형용사와 같은 형태인 부사

• early [형 이른 / 부 일찍]	• fast [형 빠른 / 부 빨리]	• well [형 건강한 / 부 잘]
• hard [형 단단한 / 부 열심히]	• late [형 늦은 / 부 늦게]	• much [형 많은 / 부 많이]

③ 형용사에 –ly를 붙인 것(기본 원칙)

㉠ y로 끝나는 형용사는 y를 i로 고치고 –ly를 붙인다.

예 easy → easily, happy → happily

㉡ le로 끝난 형용사는 e를 없애고, –y를 붙인다. 예 gentle → gently

㉢ ll로 끝난 형용사는 –y만 붙인다. 예 full → fully

㉣ ue로 끝난 형용사는 e를 없애고 –ly를 붙인다. 예 true → truly

보충 「명사 + –ly」는 형용사가 된다.
friend → friendly love → lovely man → manly

심화학습 본래의 의미와 부사형의 의미가 다른 경우

- late 형 늦은 부 늦게 ⇒ lately 부 최근에
- hard 형 단단한 부 열심히 ⇒ hardly 부 거의 ~않는
- near 형 가까운 부 가까이 ⇒ nearly 부 거의(= almost)
- high 형 높은 부 높이 ⇒ highly 부 대단히

03 형용사 · 부사의 비교

1 비교의 변화

형용사와 부사에는 비교를 나타내는 어형의 변화가 있는데 원급, 비교급, 최상급이 그것이다.

long	–	longer	–	longest
원급		비교급		최상급

(1) 규칙 변화

단음절어와 2음절어 일부에는 –er, –est를, 2음절어 대부분과 3음절어 이상은 more, most를 붙여 비교급과 최상급을 만든다.

① 단음절어일 때 : 원급의 어미 + –er, –est

tall – taller – tallest　　short – shorter – shortest

② 어미가 –e로 끝난 경우 : –r, –st만 붙인다.

large – larger – largest　　nice – nicer – nicest

③ 「자음 + y」로 끝난 경우 : y를 i로 고치고 –er, –est를 붙인다.

early – earlier – earliest　　happy – happier – happiest

④ 「단모음 + 자음」으로 끝난 경우 : 자음을 한 번 더 쓰고 –er, –est를 붙인다.

hot – hotter – hottest　　big – bigger – biggest

⑤ –ful, –less, –ly, –ous로 끝나는 2음절어와 3음절 이상의 단어 : more, most를 원급 앞에 붙인다.

useful – more useful – most useful

important – more important – most important

(2) 불규칙 변화

원 급	비교급	최상급	원 급	비교급	최상급
good, well	better	best	bad, ill	worse	worst
little	less	least	many, much	more	most

2 원급의 용법

(1) 동등비교 : as + 원급 + as ~만큼 ~하다

Soccer is as popular as basketball. 축구는 농구만큼 인기가 있다.

(2) 열등비교 : not as (so) + 원급 + as~ ~만큼 ~하지 못하다

Soccer is not as popular as basketball. 축구는 농구만큼 인기가 있지 않다.

(3) 기 타

① as + 형용사(부사) + as possible : 가능한 ~하게 (= as ~ as + 주어 + can)

Run as fast as possible. 가능한 빨리 달려라.

= Run as fast as you can.

② 배수사 as ~ as : ~보다 몇 배나 ~한

She has twice as much money as you. 그녀는 너보다 두 배나 많은 돈을 가지고 있다.

③ the same ~ as : ~와 같은 ~

She has the same opinion as yours. 그녀는 너와 같은 의견을 갖고 있다.

3 비교급의 용법

(1) 비교급 + than 중요⁺ : ~보다 더 ~한

The orange is cheaper than the watermelon. 오렌지가 수박보다 더 싸다.

(2) 주의할 비교급

① 형용사의 비교급 + 명사 + than

He has a better house than mine.

그는 내 집보다 더 좋은 집이 있다.

② 수량 + 비교급 + than

He is three years younger than her.

그는 그녀보다 세 살 더 어리다.

③ 비교급의 강조 : much, still, even, far 등은 비교급 앞에서 '훨씬 더'의 뜻을 나타낸다.

Grandmother is much better today than yesterday.

할머니는 어제보다 오늘 더 상태가 좋으시다.

④ the + 비교급 of the two : 둘 중에서 더 ~한

Tom is the smaller of the two. 탐이 둘 중에서 더 작다.

⑤ the + 비교급 + 절, the + 비교급 + 절 : ~하면 할수록 더 ~한

The more we have, the more we want. 많이 가지면 가질수록 더 갖고 싶어 한다.

⑥ 비교급 and 비교급 : 점점 더 ~한, 차차 ~한

These days water is getting dirtier and dirtier. 요즘 물이 점점 더 더러워지고 있다.

✔ 바로바로 CHECK

그림으로 보아 빈칸에 알맞은 것은?

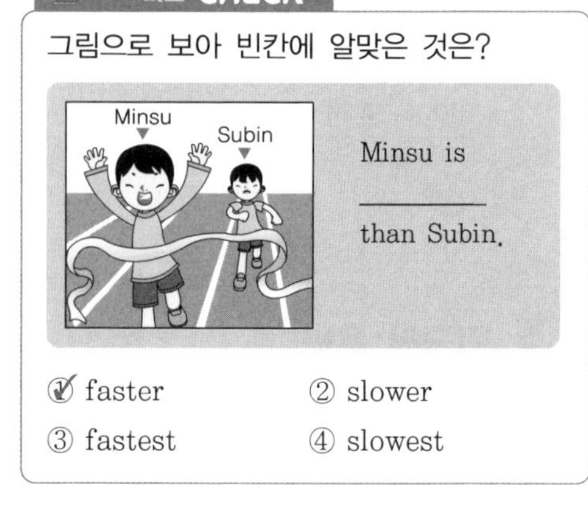

① faster ② slower
③ fastest ④ slowest

4 최상급의 용법

(1) the + 최상급 : 가장 ~한

He is the fastest in our school. 그는 우리 학교에서 가장 빠르다.

Who got up (the) earliest, Tom, John or Bill? [선택의문문]

탐, 존과 빌 중에 누가 더 일찍 일어났니?

(2) 주의할 최상급 용법

① most (of) + 복수명사 : 대부분의

Most of them believe that the elephant has a very long life.

그들 대부분이 코끼리가 오래 산다고 믿는다.

② one of the + 최상급 + 복수명사 : 가장 ~한 것 중의 하나

This is one of the most popular sports in Korea.
(most popular: 최상급 / sports: 복수명사)

이것은 한국에서 가장 인기 있는 스포츠 중 하나이다.

③ do one's best : 최선을 다하다 (= try one's best)

Happiness comes from doing my best. 행복은 최선을 다하는 데에서 온다.

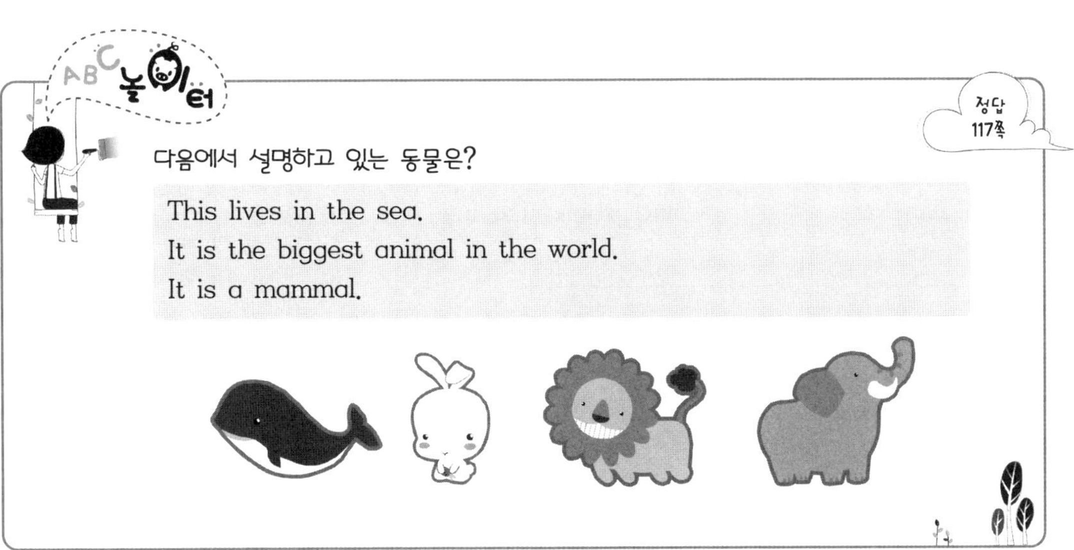

01 다음 대화의 빈칸에 들어갈 말로 가장 알맞은 것은?

기출

A : How ________ is this cap?
B : It's 25 dollars.

① long ② many
③ much ④ tall

02 밑줄 친 부분에 들어갈 말로 적절한 것은?

Here are ________ tips for making a good learning environment.

① some ② any
③ few ④ little

03 우리말을 영어로 옮길 때 빈칸에 알맞은 말은?

나는 사람들이 내 음식을 좋아해 줄 때 매우 행복하다.

I feel very ________ when people like my food.

① like ② love
③ pleasure ④ happy

01

셀 수 없는 명사(money, water 등)에는 '양'을 나타내는 much를, 셀 수 있는 명사에는 '수'를 나타내는 many를 써야 한다.

A : How much is this cap?
이 모자는 얼마입니까?
B : It's 25 dollars.
25달러입니다.

how long ~? (길이·시일이) 얼마나
how many ~? (수) 몇 개, 몇 사람
how much ~? (양) 얼마, 어느 정도
how tall ~? (키가) 얼마

02

some은 긍정문, any는 부정문이나 의문문·조건문에 쓰인다.

Here are some tips for making a good learning environment.
여기 좋은 학습 환경을 만드는 몇 가지 팁이 있다.

03

빈칸은 보어가 올 자리로, 형용사가 와야 한다. 따라서 '행복한'이라는 뜻을 가지는 형용사인 happy가 들어가야 한다.

① like는 형용사로 쓰일 때는 '비슷한'이라는 의미를 가진다.
② love는 명사로 '사랑'을, 동사로 '사랑하다'를 의미한다.
③ pleasure는 명사로 '기쁨, 즐거움'을 의미한다.

ANSWER
01. ③ 02. ① 03. ④

04 다음 대화의 빈칸에 들어갈 말로 알맞은 것은?

A : Do you have a fever?
B : Yes, I do. And I have a headache, _____.

① do ② too
③ either ④ neither

05 다음 빈칸에 들어갈 수 없는 말은?

기출

I can _______ fast.

① run ② easy
③ cook ④ walk

06 다음 빈칸에 공통으로 들어갈 말은?

• The story is _______ exciting.
• They looked _______ close.
• It's _______ delicious.

① many ② much
③ very ④ enough

07 두 단어의 관계가 나머지 셋과 다른 것은?

기출

① sad – sadly ② love – lovely
③ lucky – luckily ④ happy – happily

04

too는 긍정문에서 also와 같이 '또한, 역시'의 의미로 쓰인다. 부정문에서는 either를 쓴다.

A : Do you have a fever? 열이 나니?
B : Yes, I do. And I have a headache, too. 응. 그리고 또한 머리도 아파.

05

easy는 형용사이며 조동사 can 뒤에 올 수 없다.

※ run, cook, walk(동사)

I can run fast. 나는 빨리 달릴 수 있다.
I can cook fast. 나는 빨리 요리할 수 있다.
I can walk fast. 나는 빨리 걸을 수 있다.

06

형용사나 부사의 원급과 현재분사를 수식하는 것은 very이다. much는 동사, 비교급, 과거분사를 수식한다.

• The story is very exciting.
그 이야기는 매우 흥미진진하다.
• They looked very close.
그들은 아주 가까워 보였다.
• It's very delicious. 매우 맛있다.

07

①, ③, ④는 모두 형용사와 부사의 관계이나 ②는 명사와 형용사의 관계이다.

① 슬픈 – 애석하게도, 슬프게
② 사랑 – 사랑스러운, 아름다운
③ 운이 좋은, 행운의 – 운 좋게, 다행히도
④ 행복한 – 행복하게, 만족스럽게

ANSWER
04. ② 05. ② 06. ③ 07. ②

08 그림의 내용으로 보아 빈칸에 알맞은 것은?

My dog is as _______ as your dog.

① heavy ② heavier
③ heaviest ④ most heavy

08

as 원급 as는 '~만큼 ~하다'라는 뜻으로 동등비교를 나타낼 때 쓴다. 따라서 빈칸에는 원급인 heavy가 들어가야 한다.

※ heavy – heavier – heaviest
(원급) (비교급) (최상급)

My dog is as heavy as your dog.
내 개는 네 개만큼 무겁다.

09 다음에서 키가 가장 큰 사람은?

- Ann is taller than Ben.
- Tom is shorter than Ann.

① Tom ② Ben
③ Ann ④ Ben and Tom

09

앤이 벤보다 키가 더 크고, 탐이 앤보다 키가 더 작으므로 세 사람 중 가장 키가 큰 사람은 앤이다.

- Ann is taller than Ben.
앤은 벤보다 키가 더 크다.
- Tom is shorter than Ann.
탐은 앤보다 키가 더 작다.

※ 우리말을 영어로 옮길 때 빈칸에 들어갈 알맞은 것을 고르시오. (10~11)

10

이 책이 나의 책 중에서 가장 어렵다.
⇒ This is the ________ of my books.

① difficult ② difficulter
③ more difficult ④ most difficult

10

3음절 이상의 단어는 more를 붙여 비교급을 만들고, most를 붙여 최상급을 만든다. 특별한 경우를 제외하고는 최상급 앞에 the가 붙는다.

This is the most difficult of my books.

ANSWER

08. ① 09. ③ 10. ④

11

> 이 집은 나의 집보다 3배나 크다.
> ⇒ This house is three times ________ mine.

① large　② as large as
③ larger　④ more large

12 다음 표의 내용과 일치하는 것은?

Name	Age	Name	Age
Jinsu	12	Sujin	15
David	17	Alice	10

① Jinsu is the youngest of all.
② Alice is older than David.
③ David is the oldest of all.
④ Sujin is younger than Jinsu.

13 표의 내용으로 보아 빈칸에 들어갈 말로 가장 알맞은 것은?

Drinks	Price
Coffee	$3.00
Tea	$5.00

> The coffee is ________ than the tea.

① cheap　② cheaper
③ expensive　④ more expensive

11

빈칸에는 「as + 원급(large) + as」가 들어가야 한다.

This house is three times as large as mine.

times as ~ as ~보다 몇 배나 ~한

12

① 진수는 가장 나이가 어리다. → 나이가 가장 어린 사람은 앨리스이다. (Alice is the youngest of all.)
② 앨리스는 데이비드보다 나이가 많다. → 앨리스는 데이비드보다 나이가 어리다. (Alice is younger than David.)
③ 데이비드는 가장 나이가 많다.
④ 수진은 진수보다 나이가 어리다. → 수진은 진수보다 나이가 많다. (Sujin is older than Jinsu.)

13

뒤에 than이 나오므로, 빈칸에는 비교급이 들어가야 한다. 형용사 cheap(싼)의 비교급은 cheaper이다.

음료	가격
커피	3달러
차	5달러

The coffee is cheaper than the tea.
커피는 차보다 더 싸다.

※ 가격 : cheap(원급) - cheaper(비교급) - cheapest(최상급)

ANSWER
11. ②　12. ③　13. ②

※ 다음 빈칸에 들어갈 알맞은 것을 고르시오. (14~15)

14

This is less ________ than others.

① strong ② stronger
③ more strong ④ the most strong

15

She is ________ fatter than I.

① very ② much
③ the ④ same

16 다음 대화의 빈칸에 들어갈 말로 가장 적절한 것은?

기출

A : I usually get up at 7 in the morning.
B : You get up _______ than I do. I usually get up at 6 in the morning.

① later ② taller
③ faster ④ bigger

14

less + 원급 + than : ~보다 덜 ~한

This is less strong than others.
이것은 다른 것들보다 덜 강하다.

15

비교급을 꾸미는 부사에는 much, still, far, a lot, even 등이 있다. very는 형용사와 부사의 원급을 꾸민다.

She is much fatter than I.
그녀는 나보다 매우 뚱뚱하다.

16

형용사 late(늦은)의 비교급은 later이다.

※ 시간 : late(원급) – later(비교급) – latest(최상급)

A : I usually get up at 7 in the morning.
나는 보통 아침 7시에 일어나.
B : You get up later than I do.
I usually get up at 6 in the morning.
너는 내가 일어나는 것보다 더 늦게 일어나는구나. 나는 보통 아침 6시에 일어나거든.

ANSWER
14. ① 15. ② 16. ①

NOTE

Chapter

06 접속사 · 전치사

01 접속사

단어와 단어, 구와 구, 절과 절을 연결시키는 역할을 하는 것을 접속사라 하고, 크게 등위접속사와 종속접속사로 나뉜다.

1 등위접속사 중요+

(1) 등위접속사 : 단어, 구, 절을 대등한 관계로 이어 주는 접속사

① and : ~와, 그리고

I love to play the piano and go shopping. 나는 피아노를 치는 것과 쇼핑하러 가는 것을 좋아한다.

보충 명령문 + and : 그러면
Work hard, and you will succeed. 열심히 공부해라. 그러면 너는 성공할 것이다.

② but : 그러나

I'm sorry, but I can't. 미안하지만, 난 못해.

③ or : 또는

I usually play computer games or watch TV.
나는 보통 컴퓨터 게임을 하거나 텔레비전을 본다.

보충 명령문 + or : 그렇지 않으면(= If ~ not)
Start at once, or you will be late. 즉시 출발해라. 그렇지 않으면 늦을 것이다.
= If you don't start at once, you will be late.

바로바로 CHECK

다음 빈칸에 알맞은 것은?

A : It's already seven o'clock, John.
Hurry up, _____ you will be late.
B : I am trying to.

✓① or　② so
③ but　④ and

④ for : 왜냐하면

It may rain, for it's getting dark. 비가 올 거야. 왜냐하면 점점 어두워지고 있거든.

⑤ so : 그래서

It is very small, so we can put it in our pocket.
그것은 매우 작다. 그래서 우리는 그것을 주머니에 넣을 수 있다.

(2) 등위상관접속사 : 단독으로 쓰이지 못하고 서로 관련되어 쓰이는 접속사

① both A and B : A와 B 둘 다

Both you and I are wrong. 너와 나 둘 다 잘못이다.

② not A but B : A가 아니고 B

I didn't study but played outside. 나는 공부하지 않고 밖에서 놀았다.

③ not only A but also B : A뿐만 아니라 B도(= B as well as A)

Not only he but also his students are diligent. 그뿐만 아니라 그의 제자들도 근면하다.
= His students as well as he are diligent.

④ either A or B : A나 B 둘 중 하나(양자 택일)

Either you or he is wrong. 너나 그 중 하나는 틀렸다.

⑤ neither A nor B : A도 B도 둘 다 아닌(A, B 모두 부정)

My husband neither drinks nor smokes. 내 남편은 술도 안 마시고, 담배도 피우지 않는다.

2 종속접속사

(1) 명사절을 이끄는 접속사

접속사 that, if, whether가 이끄는 절이 문장의 주어·보어·목적어 구실을 할 때를 말하며 '~하는 것, ~하기'의 뜻으로 해석된다.

① that

That he will come here is certain. 그가 여기에 올 것은 확실하다.
주어(명사절)

= It is certain that he will come here.
가주어 진주어

보충 that절이 문장의 주어가 되는 경우 그 자리에 형식적인 주어 it을 쓰고 that절은 문장 뒤에 놓는다.

The truth is that I have never seen you before. 내가 당신을 전에 본 적이 없는 것은 사실이다.
보어(명사절)

I think that using an English-English dictionary is helpful.
목적어(명사절)

영영 사전을 사용하는 것은 도움이 된다고 생각한다.

② if, whether : '~인지 아닌지'의 뜻으로 명사절도 이끈다.

Ask him if he will come tomorrow. 그에게 내일 올 것인지 아닌지를 물어보아라.
간접목적어 직접목적어(명사절)

cf Let's play soccer if it is fine tomorrow. 만일 내일 날이 좋으면 축구하자.
조건의 부사절

Whether she will come (or not) is uncertain. 그녀가 올지 안 올지는 불확실하다.
주어(명사절)

= It is uncertain whether she will come (or not).
가주어 진주어

(2) 부사절을 이끄는 접속사

① 시간을 나타내는 종속접속사 : when, while, as, before, after, since

While I was sleeping, I had a strange dream.

나는 자는 동안 이상한 꿈을 꿨다.

> **바로바로 CHECK**
>
> 우리말을 영어로 옮길 때 ______에 들어갈 적절한 것은?
>
> 아침밥을 먹기 전에 손을 씻으세요.
> Wash your hands ____ you eat breakfast.
>
> ① over ② after
> ③ before ④ because

② 이유를 나타내는 종속접속사 : because, as, since

Since he was a king, he couldn't tell a lie. 그는 왕이었으므로 거짓말을 할 수 없었다.

③ 조건을 나타내는 접속사 : if, unless (= if ~ not 만약 ~가 아니라면)

If we don't leave now, we will miss the train.

= Unless we leave now, we will miss the train.

만약 우리가 지금 떠나지 않는다면, 우리는 기차를 놓칠 것이다.

④ 양보를 나타내는 접속사 : though, although

Though she is blind, she still does many things. 비록 그녀는 맹인이지만 여전히 많은 것을 한다.

(3) 종속 상관접속사

① so + 형용사(부사) + that, such + 명사 + that : 너무 ~해서 ~한

I am so tired that I can't go on. 나는 너무 지쳐서 계속 갈 수 없다.

= I am too tired to go on.

There was such a crowd that I could hardly move.
사람들이 너무 많아서 나는 거의 움직일 수가 없었다.

② (so) that + 주어 + may (can, will) ~, in order that + 주어 + may (can, will)~ : ~하기 위해서

You must work hard so that you may succeed. 성공하기 위해 당신은 열심히 일해야 한다.

We eat in order that we may live. 우리는 살기 위해 먹는다.

보충 so ~ that 주어 can't = too~ to 동사원형 : 매우 ~해서 ~할 수 없다.
so ~ that 주어 can = enough to 동사원형 : 매우 ~해서 ~할 수 있다.

③ as soon as : ~하자마자

I'll phone you as soon as I hear any news. 어떤 소식이라도 들으면 바로 네게 전화할게.

이것은 바다에 산다.
그것은 세상에서 가장 큰 동물이다.
그것은 포유류이다.

02 전치사

1 역 할

전치사는 명사, 대명사, 동명사, 기타 명사 상당어구 앞에 놓여 공간적·시간적인 관계를 나타내는 형용사구 또는 부사구를 만든다.

① 전치사는 명사 혹은 대명사를 받아야 하므로 동사는 동명사의 형태가 된다.

Thank you for helping me. 나를 도와줘서 감사합니다. [동명사]

② 전치사 다음에는 목적격이 온다.

Can you close the window for me? 나를 위해 창문을 닫아 줄 수 있겠니? [목적격]

③ 형용사구 : 「전치사 + 명사」인 구가 앞의 명사(대명사)를 수식한다.

They came from Jindo, a small island in the southwest.
(in the southwest → island: 형용사구)

그것들은 남서쪽에 위치한 작은 섬 진도에서 생산된 것들이다.

④ 부사구 : 「전치사 + (대)명사」인 구가 동사, 형용사, 부사 또는 문장 전체를 수식하는 부사 역할을 하는 경우이다.

She will stop playing in ten minutes. 그녀는 십분 안에 연주를 끝낼 것이다.
(in ten minutes → stop: 부사구(동사 수식))

He is interested in soccer. 그는 축구에 흥미를 가지고 있다.
(in soccer → interested: 부사구(형용사 수식))

To my surprise she decided to get married at last. 놀랍게도 그녀는 결국 결혼하기로 결정했다.
(To my surprise → she decided to get married at last: 부사구(문장 전체 수식))

2 시간 전치사 중요+

(1) 특정한 시점을 나타내는 전치사

① at : 시각, 시점 예 at six, at noon, at that time, at night

He can make an appointment at 2 o'clock p.m. 그는 2시에 약속을 잡을 수 있다.

② in : 긴 시간(월, 연도, 계절)

예 in June, in summer, in 2020, in the morning

I was born in 1985. 나는 1985년에 태어났습니다.

③ on : 날짜, 요일, 특정한 날

예 on Friday, on April first

I was born on August 24, 1985.
나는 1985년 8월 24일에 태어났습니다.

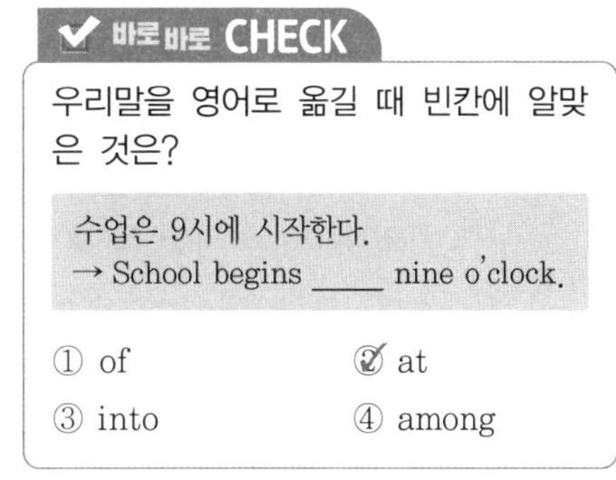
바로바로 CHECK

우리말을 영어로 옮길 때 빈칸에 알맞은 것은?

수업은 9시에 시작한다.
→ School begins _____ nine o'clock.

① of ② at
③ into ④ among

(2) **before** ~전에, **after** ~후에

I am going to do my homework before bedtime. 나는 잠자기 전에 숙제를 할 것이다.

My sister usually plays computer games after school.
나의 여동생은 대개 방과 후에 컴퓨터 게임을 한다.

(3) **from** ~부터, ~에서(출발점), **since** ~이래 계속(과거의 출발점)

I worked hard from morning till night. 나는 아침부터 저녁까지 열심히 일했다.

I have lived in Seoul since 2000. 나는 2000년 이래로 서울에서 살고 있다.

(4) **until(till)** ~까지(계속), **by** ~까지(완료)

You have to stay here until I come. 내가 올 때까지 여기 있어야 한다.

You have to finish the work by 6 p.m. 오후 6시까지는 일을 끝내야 한다.

(5) **for** 동안, **during** (계속되는) 동안(기간)

I stayed in Seoul for 2 years. 나는 2년 동안 서울에 머물렀다. [숫자로 나타내는 기간]

I stayed in Seoul during school days. 나는 학창 시절에 서울에 머물렀다. [특정한 기간]

3 장소와 방향 전치사

(1) at ~에(좁은 장소), **in** ~에(넓은 장소)

They arrived at the airport. 그들은 공항에 도착했다.

They lived in Brazil. 그들은 브라질에 살았다.

(2) 위를 나타내는 전치사 : on, over, up

There are three books on the desk. 책상 위에 세 권의 책이 있다.

(3) 아래를 나타내는 전치사 : under, down

There is a cat under the chair. 의자 아래에 고양이가 있다.

(4) from ~에서(출신지), **to** ~로(도달지점), **for** ~을 향해(행선지), **toward** ~를 향해(방향)

He is from Jejudo. 그는 제주도 출신이다.

He went to the airport to meet her. 그는 그녀를 만나기 위해 공항으로 갔다.

We started for home late at night. 우리는 저녁 늦게 집으로 출발했다.

The train ran toward my hometown. 기차는 나의 고향을 향해 달렸다.

(5) between (둘) 사이에

The Middle East is located between India and Europe. 중동은 인도와 유럽 사이에 위치해 있다.

(6) by 옆에, **beside** (가까운) 옆에, **near** ~근처에

The train passed by the seaside. 기차는 해변을 지났다.

Come and sit beside me. 와서 내 옆에 앉아.

We lived near the hospital. 우리는 병원 근처에 살았다.

(7) round, around ~주위에, **about** ~주위에, ~의 여기저기

They thought (that) the sun went round the earth. 그들은 태양이 지구 주위를 돈다고 생각했다.

We walked about the town. 우리는 도시 주변을 여기저기 걸었다.

(8) before ~앞에(=in front of), **behind** ~뒤에(=at the back of), **off** ~에서 떨어져서(분리)

What did you see before the factory? 공장 앞에서 무엇을 본 거니?

They went up the hill behind the building. 그들은 건물 뒤의 언덕에 올라갔다.

A squirrel never falls off a branch. 다람쥐는 가지에서 절대 떨어지지 않는다.

4 기 타

(1) 수단, 도구 전치사

① by : ~(으)로, ~에 의하여(수단, 신체 기관과 함께)

This train goes by steam. 이 기차는 증기로 간다.

② with : ~(으)로, ~을 가지고(도구・연장)

Don't cut bread with that knife. 그 칼로 빵을 자르지 마라.

③ through : ~을 통해, ~에 의해

Through books we learn a lot about the world.
책을 통해 우리는 세상에 대한 많은 것을 배운다.

④ in : (언어)~로

Please speak in Korean. 한국어로 말하세요. [언어를 수단으로 표현]

(2) 목적, 추구 전치사

① for : ~하기 위해

I went out for a walk. 나는 산책하러 나갔다.

② on : (근거・목적) ~의 용건으로

She went to Seoul on business. 그녀는 사업차 서울에 갔다.

(3) 관련, 주제 전치사

① about : ~에 대해

He knows a lot about Lincoln. 그는 링컨에 대해 많은 것을 알고 있다.

② of : ~에 대해

What do you think of the plan? 넌 그 계획에 대해 어떻게 생각하니?

③ on : ~에 관한

He wrote a report on education. 그는 교육에 관한 보고서를 썼다.

시험에 잘 나오는 속담 · 격언

A friend in need is a friend indeed. 어려울 때 친구가 진정한 친구이다.
All roads lead to Rome. 모든 길은 로마로 통한다.
Blood is thicker than water. 피는 물보다 진하다.
Don't judge a book by its cover. 겉모습으로 판단하지 마라.
Every dog has his day. 쥐구멍에도 볕 들 날이 있다.
Haste makes waste. 서두르면 일을 그르친다.
Honesty is the best policy. 정직이 최상의 정책이다.
It is no use crying over spilt milk. 한번 엎지른 물은 다시 주워 담지 못한다.
Look before you leap. 돌다리도 두드려 보고 건너라.
Necessity is the mother of invention. 필요는 발명의 어머니이다.
Strike while the iron is hot. 쇠뿔은 단김에 빼라.
There is no royal road to learning. 배움에는 왕도가 없다.
There's no smoke without fire. 아니 땐 굴뚝에 연기 나랴.
Two heads are better than one. 백지장도 맞들면 낫다.
Well begun, half done. 시작이 반이다.

※ 빈칸에 공통으로 들어갈 말로 알맞은 것을 고르시오. (1~2)

01

- Get up early, ____ you'll be late for class.
- Do you like grapes ____ strawberries?

① or ② and
③ so ④ but

02

- I play the piano, ____ my brother doesn't play it.
- It can swim, ____ it can't fly.

① or ② so
③ but ④ that

03 빈칸에 알맞은 것은?

A : Why is your brother so busy?
B : ______ he is doing his homework on the computer.

① So ② But
③ After ④ Because

01

- Get up early, or you'll be late for class.
  일찍 일어나지 않으면 수업에 늦을 거야.

  명령문 뒤에 or가 올 경우, '그렇지 않으면'이라는 뜻으로 부정 조건의 결과를 나타낸다.
- Do you like grapes or strawberries?
  너는 포도와 딸기 중에 어떤 것을 좋아하니?

  '또는'이라는 의미의 or가 적절하다.

02

but은 반대되는 내용을 연결할 때 사용하며 '그러나, 하지만'으로 해석한다.

- I play the piano, but my brother doesn't play it.
  나는 피아노를 치지만, 내 남동생은 피아노를 못 친다.
- It can swim, but it can't fly.
  그것은 수영할 수 있지만, 날지는 못한다.

03

A가 Why~?라고 물었기 때문에 '왜냐하면'이라는 접속사가 들어가야 한다.

A : Why is your brother so busy?
너의 형은 왜 그렇게 바쁘니?
B : Because he is doing his homework on the computer.
왜냐하면 컴퓨터로 숙제를 하고 있거든.

ANSWER

01. ① 02. ③ 03. ④

※ 두 문장의 의미가 같을 때 빈칸에 들어갈 알맞은 것을 고르시오. (4~5)

04

I studied hard, but I failed in the exam.
= _____ I studied hard, I failed in the exam.

① Though ② Because
③ As ④ While

04
주어진 문장에는 양보를 나타내는 접속사인 though가 들어가야 한다.

Though I studied hard, I failed in the exam.
비록 나는 열심히 공부했지만, 시험에서 떨어졌다.

05 기출

_____ you exercise very hard, you won't be healthy.
= If you don't exercise very hard, you won't be healthy.

① As ② So
③ Unless ④ Because

05
주어진 문장에는 조건을 나타내는 접속사인 unless(= if ~ not)가 들어가야 한다.

Unless you exercise very hard, you won't be healthy.
만일 당신이 매우 열심히 운동하지 않는다면, 건강하지 않을 것이다.

06 다음 문장 중 의미가 다른 하나는?

① He is both kind and honest.
② He is honest as well as kind.
③ He is neither kind nor honest.
④ He is not only kind but also honest.

06
등위상관접속사를 이용한 문장들이다.

① 그는 친절하고 정직하다.
② 그는 친절할 뿐만 아니라 정직하다.
③ 그는 친절하지도 정직하지도 않다.
④ 그는 친절할 뿐만 아니라 정직하다.

ANSWER
04. ① 05. ③ 06. ③

07 다음 빈칸에 알맞은 말은?

He works at a restaurant and ________ food for the customers.

① make ② makes
③ making ④ to make

08 우리말을 영어로 옮길 때 빈칸에 알맞은 것은?

빌이나 잭 중 한 사람은 일을 해야만 한다.
_______ Bill _______ Jack must do the work.

① Both, and ② Not only, but also
③ Either, or ④ Neither, nor

※ 다음 빈칸에 공통으로 들어갈 가장 적절한 말을 고르시오. (9~13)

09 기출

- I need to get ______ the bus at the next stop.
- When you enter the room, take ______ your shoes.

① at ② off
③ from ④ with

07

병렬구조를 묻는 문제이다. and는 등위접속사이므로 works와 같은 형태인 makes가 빈칸에 들어가야 한다.

He works at a restaurant. + He makes food for the customers. ⇒ He works at a restaurant and makes food for the customers.
그는 식당에서 일한다. 그리고 고객을 위해 음식을 만든다.

08

'A나 B 둘 중 하나'라는 뜻의 Either A or B가 들어가야 한다.

Either Bill or Jack must do the work.

Both A and B A와 B 둘 다
Not only A but also B A뿐만 아니라 B도
Neither A nor B A도 B도 둘 다 아닌

09

- I need to get off the bus at the next stop.
  나는 다음 정거장에서 내려야 할 필요가 있다.
- When you enter the room, take off your shoes.
  네가 방에 들어갈 때 신발을 벗어라.

get off 내리다
take off ~를 벗다

ANSWER
07. ② 08. ③ 09. ②

10

- He has to finish the math homework ______ tomorrow.
- I go to school ______ subway.

① at ② by
③ on ④ to

10

- He has to finish the math homework by tomorrow.
그는 수학 숙제를 내일까지 끝내야 한다.

전치사 by가 '~까지'라는 완료의 의미로 쓰였다.

- I go to school by subway.
나는 지하철을 타고 학교에 간다.

「by + 교통수단」은 '~을 타고'의 의미이다.

11

- I'm looking ______ my pencil.
- Icheon is famous ______ rice.

① by ② for
③ in ④ to

11

- I'm looking for my pencil.
나는 내 연필을 찾고 있다.

be looking for + 명사 ~을 찾다, 구하다

- Icheon is famous for rice.
이천은 쌀로 유명하다.

be famous for ~로 유명하다

12

- Don't forget to put ______ your coat.
- He goes to church ______ Sundays.
- I like to go ______ a picnic with my family.

① on ② in
③ for ④ with

12

- Don't forget to put on your coat.
코트를 입는 것을 잊지 마라.

put on ~을 입다

- He goes to church on Sundays.
그는 일요일마다 교회에 다닌다.

go on 계속해서 ~하다

- I like to go on a picnic with my family.
나는 가족과 함께 소풍 가기를 좋아한다.

go on a picnic 소풍 가다

ANSWER

10. ② 11. ② 12. ①

13

- Please turn ______ the radio.
- You'd better put ______ your coat. It's cold outside.

① by ② on
③ from ④ with

※ 우리말을 영어로 옮길 때 빈칸에 들어갈 알맞은 것을 고르시오. (14~15)

14

(아니 땐 굴뚝에 연기 나랴.)
There is no smoke ________ fire.

① for ② on
③ with ④ without

15

(제 남자 친구에 대해 말하겠습니다.)
Let me tell you _____ my boyfriend.

① about ② by
③ for ④ from

13

- Please turn on the radio.
  라디오 좀 켜주세요.
- You'd better put on your coat. It's cold outside.
  너는 외투를 입는 편이 좋겠다. 밖은 추워.

turn on 켜다
put on ~을 입다

14

without은 '~없이'라는 뜻의 전치사이다.

There is no smoke without fire.
불 없이는 연기가 없다. [직역]

15

'~에 대해'라는 뜻의 전치사 about이 들어가야 한다. 이외에도 about은 '~주위에', '~경에'라는 의미로 사용된다.

Let me tell you about my boyfriend.

ANSWER
13. ② 14. ④ 15. ①

Chapter

07 시제 · 수의 일치

1 시제의 일치

주절의 동사가 현재, 현재완료, 미래인 경우에는 종속절의 시제가 무엇이든 상관없으나, 주절의 시제가 과거일 때는 종속절의 시제가 과거 또는 과거완료이어야 한다.

(1) 주절의 동사가 현재 · 현재완료 · 미래인 경우

[주 절]	[종속절]	
	she works hard.	[현재]
I think that [현재]	she worked hard.	[과거]
I have thought that [현재완료]	she will work hard.	[미래]
I will think that [미래]	she has worked hard.	[현재완료]
	she is(was) working hard.	[현재(과거)진행]

(2) 주절의 동사가 과거인 경우

① 현재 ⇒ 과거

I think that he is Japanese. 나는 그가 일본인이라 생각한다.

⇒ I thought that he was Japanese. 나는 그가 일본인이라 생각했다.

② 과거 ⇒ 과거완료

I think that he was a scientist. 나는 그가 과학자였다고 생각한다.

⇒ I thought that he had been a scientist. 나는 그가 과학자였다고 생각했다.

③ 현재완료 ⇒ 과거완료

They say that they have just finished the work. 그들은 일을 막 끝냈다고 말한다.

⇒ They said that they had just finished the work. 그들은 일을 막 끝냈다고 말했다.

④ shall, will, can, may ⇒ should, would, could, might

I will check your reservation, if you want. 당신이 원하면 예약을 확인해 보겠습니다.

⇒ I would check your reservation, if you wanted.

당신이 원했으면 예약을 확인해 봤을 것입니다.

(3) 시제일치의 예외

① 불변의 진리, 현재의 사실, 습관 : 주절의 시제와 관계없이 현재형을 쓴다.

We were taught that the moon goes round the earth.
과거 / 현재

우리는 달이 지구를 공전한다고 배웠다.

② 역사적인 사실 : 항상 과거시제를 쓴다.

He said that the second World War ended in 1945.

그는 2차 세계 대전이 1945년에 끝났다고 말했다.

③ 조동사 must, need, ought to : 종속절에서 그대로 쓴다.

He said that he must go there. 그는 그가 반드시 그곳에 가야 한다고 말했다.

보충 간접화법에서는 must를 쓰고 had to는 쓰지 않는다.

④ 가정법 : 시제 일치의 적용을 받지 않는다.

She said, "I wish I were young again." 그녀는 "내가 다시 젊어진다면 좋을 텐데."라고 말했다.
가정법 과거

= She said that she wished she were young again.

2 수의 일치

동사는 주어의 인칭과 수에 따라서 그 형태가 변한다. 3인칭 단수일 경우에는 동사의 뒤에 s가 붙는다.

바로바로 CHECK

다음 빈칸에 알맞은 말은?

There ____ five books on the table.

① am ② is
③ are ④ was

(1) 유도부사 There, Here

① There [Here] is + 단수주어

There is a cat on the bed.

고양이가 침대 위에 있다.

② There[Here] are + 복수주어

There are three cats on the bed. 고양이 세 마리가 침대 위에 있다.

보충 유도부사는 주어는 아니지만 문장의 맨 앞에서 문장을 이끄는 역할을 한다.

(2) 관사의 중복

① 관사 A and 관사 B : A, B 두 사람 [복수]

The poet and the teacher are dead. 시인과 교사가 죽었다.
관사 A 관사 B

② 관사 A and B : A, B의 직을 겸직하는 동일 인물 [단수]

The poet and teacher is dead. 시인이자 교사가 죽었다.
관사 A B

(3) A and B가 생활 습관, 주관, 단일 개념 : 불가분의 관계로 하나의 단어처럼 단수 취급한다.

Bread and butter is my breakfast. 버터 바른 빵은 내 아침 식사이다.

All work and no play makes Jack a dull boy. 공부만 하고 놀지 않는 것은 아이를 우둔하게 만든다.

(4) 동명사가 주어로 등장할 경우 : 하나만 쓰일 경우 단수로 쓰이나 접속사 and로 연결되면 복수로 쓴다.

Playing golf and playing cards are her way of relaxing.
골프를 치는 것과 카드 놀이를 하는 것이 그녀의 긴장을 푸는 방식이다.

(5) 접속사로 연결된 두 개의 주어

① both A and B : 둘 다(복수 취급)

Both you and he are right. 너와 그는 둘 다 옳다.

② 상관접속사 : 동사와 가까운 주어의 인칭과 수를 따른다(B에 일치).

㉠ either A or B : A, B 둘 중 하나

Either you or he has to stay home. 너와 그 중 한 사람은 집에 있어야 한다.

㉡ neither A nor B : A, B 둘 다 아닌

Neither you nor I am rich. 너도 부유하지 않고 나도 부유하지 않다.

㉢ not A but B : A가 아니라 B이다

It is not the time but the will that is wanting. 부족한 것은 시간이 아니고 의지이다.

㉣ not only A but also B : A뿐만 아니라 B

Not only you but also he is right.

= He as well as you is right. 너뿐 아니라 그도 옳다.

보충 B as well as A일 때는 B에 일치시킨다.

(6) A + 전치사 + B : 'A of(but, like, with) B'일 때 A에 일치시킨다.

Tom together with his friends has been seeing the sights of Seoul. [Tom에 일치]
그의 친구와 함께 탐은 서울을 관광하고 있었다.

(7) either(neither, one, each, any) of the 복수 : 단수 취급한다.

Each of the students has his own desk. 각각의 학생들은 그 자신의 책상을 가지고 있다.

(8) 시간, 거리, 가격, 무게 : 복수이더라도 하나의 개념으로 보아 단수 취급한다.

Ten years is a long time to wait. 십 년은 기다리기에 긴 시간이다. [시간]

보충 시간의 경과를 나타낼 때는 복수 취급한다.
Five years have passed since he died. 그가 죽은 이래로 5년이 흘렀다.

Sixty dollars was paid for the camera. 그 카메라를 사는 데 60달러를 지불했다. [가격]

(9) the + 형용사 : 단수 · 복수 보통명사/추상명사

The rich are not always happy. 부유한 사람들이 항상 행복하지는 않다. [복수]

The dead was wrapped in cloth by Egyptians.
시신은 이집트인들에 의해 천으로 감싸졌다. [단수]

The true is not changed. 진실은 변하지 않는다. [추상명사 : 단수]

(10) many, number

① many a(an)+단수명사 : 단수 취급

Many a famous man has tried. 많은 유명한 사람들이 시도해 왔다.

② many+복수명사 : 복수 취급

Many Koreans have a sense of pride in kimchi.
많은 한국인들은 김치에 대해 자긍심을 갖고 있다.

③ a number of+복수명사 : 복수 취급(많은~)

A number of students were expelled from school. 다수의 학생들이 학교에서 퇴학당했다.

④ the number of+복수명사 : 단수 취급(~의 수)

The number of automobiles in this country is rapidly increasing.
이 나라의 자동차의 수가 급속히 증가하고 있다.

(11) 분수, most, the rest

① half, most, the rest+of+단수 : 단수동사

The rest of the time is free time. 나머지 시간은 자유시간이다.

② half, most, the rest+of+복수 : 복수동사

Two-third of students are boys. 학생들의 3분의 2가 소년들이다.

보충 추상명사, 고유명사도 단수 취급한다.

3 화 법

(1) 직접화법과 간접화법

사람의 말을 인용부호(" ")를 써서 그대로 전달하는 것을 직접화법, 전달자의 입장에서 바꾸어 전달하는 것을 간접화법이라고 한다.

My friend said, "I agree with you." 내 친구는 "네 의견에 동의해."라고 말했다. [직접화법]

My friend said that he agreed with me. 내 친구는 나의 의견에 동의한다고 말했다. [간접화법]

(2) 화법 전환 시 피전달문의 변화

① 시제의 변화 : 시제 일치의 규칙에 따라 전달동사가 과거(said)일 때, 피전달문의 동사는 현재에서 과거로, 과거(현재완료)에서 과거완료로 바뀐다.

② 인칭대명사의 변화 : 전달자의 입장에서 바꾼다.

㉠ 인용부호 안의 인칭대명사가 1인칭이면 전달문의 주어와 일치

㉡ 인용부호 안의 인칭대명사가 2인칭이면 전달문의 목적어와 일치

㉢ 인용부호 안의 인칭대명사가 3인칭일 때는 그대로 쓴다.

③ 부사(구), 지시대명사의 변화

직접화법		간접화법
now	➡	then
today		that day
yesterday		the day before
tomorrow		the next day
last week		the week before
ago		before
last night		the night before
here		there
this		that
these		those

(3) 평서문

He said to me, "I met her yesterday." 그는 나에게 "난 어제 그녀를 만났어"라고 말했다.

⇒ He told me that he had met her the day before.

그는 나에게 그가 그 전날 그녀를 만났다고 말했다.

(4) 의문문

① 의문사 없는 의문문

She said to me, "Can you give me a hand?" 그녀는 나에게 "나 좀 도와줄래?"라고 말했다.

⇒ She asked me if I could give her a hand. 그녀는 나에게 도와줄 수 있는지 물었다.

② 의문사 있는 의문문

He said to me, "Who is she?" 그는 나에게 "그녀가 누구니?"라고 말했다.

⇒ He asked me who she was. 그는 나에게 그녀가 누구인지 물었다.

(5) 명령문

I said to him, "Please help me with my homework."
나는 그에게 "숙제 좀 도와줘."라고 말했다.

⇒ I asked him to help me with my homework.
나는 그에게 숙제를 도와달라고 요청했다.

(6) 감탄문

He said, "What an interesting book it is!"
그는 "정말 재미있는 책이야!"라고 말했다.

⇒ He said what an interesting book it was.

⇒ He said that it was a very interesting book.
그는 책이 너무 재미있다고 말했다.

정답 151쪽

다음 대화 내용과 관련이 있는 우리말 속담은?

A : An English proverb says, "Look before you leap."
B : What does that mean?
A : It means that we should think about possible dangers before we act.

① 백지장도 맞들면 낫다.
② 세 살 버릇 여든까지 간다.
③ 돌다리도 두드려 보고 건너라.
④ 구슬이 서 말이라도 꿰어야 보배다.

※ 다음 빈칸에 들어갈 알맞은 것을 고르시오. (1~5)

01

Tom and John ______ playing basketball.

① am　　② is
③ are　　④ was

02

The great poet and writer ______ William Shakespeare.

① am　　② is
③ are　　④ was

03

Min–su and Su–jin ________ a walk with a dog yesterday.

① take　　② takes
③ took　　④ taken

04

He said that the earth ________ round.

① is　　② are
③ was　　④ were

01

탐과 존, 두 사람이 모두 주어이므로 복수인 are가 들어가야 한다.

Tom and John are playing basketball.
탐과 존이 농구를 하고 있다.

02

관사가 하나이면서 접속사 and로 연결된 경우 단수 취급한다.

The great poet and writer is William Shakespeare.
위대한 시인이자 작가는 윌리암 셰익스피어이다.

03

문장 뒤에 과거를 뜻하는 yesterday(어제)가 있으므로 과거형 동사를 써야 한다. 따라서 take의 과거형인 took이 들어가야 한다.

Min–su and Su–jin took a walk with a dog yesterday.
민수와 수진이는 어제 개와 함께 산책을 했다.

04

불변의 진리나 현재의 사실, 습관 등은 주절의 시제와 관계없이 현재형으로 쓴다.

He said that the earth is round.
그는 지구가 둥글다고 말했다.

ANSWER

01. ③　02. ②　03. ③　04. ①

05

I was taught that the Korean War ________ out in 1950.

① break ② breaks
③ broke ④ had broken

06 우리말을 영어로 옮길 때 빈칸에 알맞은 것은?

(기차에서 모든 돈을 도난당했다.)
All the money ________ stolen on the train.

① is ② are
③ was ④ were

※ 다음 두 문장의 뜻이 같도록 밑줄 친 부분에 들어갈 알맞은 것을 고르시오. (7~8)

07

She said to him, "Don't close the window."
= She ordered him ____________ the window.

① not close ② do not close
③ not to close ④ to not close

08

He said to me, "What time is it now?"
= He asked me ________________ then.

① what time is it ② what time it is
③ what time was it ④ what time it was

05
역사적인 사실은 항상 과거시제를 쓴다.
I was taught that the Korean War broke out in 1950.
나는 한국전쟁이 1950년에 발발했다고 배웠다.

06
money는 물질명사로 단수 취급한다. 주어진 문장은 과거의 문장이므로 단수이면서 과거형인 was가 들어가야 한다.
All the money was stolen on the train.

07
부정명령문일 경우에는 「not + to부정사」로 바꾼다.
She ordered him not to close the window.
그녀는 그에게 창문을 닫지 말아 달라고 부탁했다.

08
의문사가 있는 의문문은 「의문사 + 주어 + 동사」 순으로 바꾼다.
He asked me what time it was then.
그는 그때 몇 시인지 나에게 물어봤었다.

ANSWER
05. ③ 06. ③ 07. ③ 08. ④

NOTE

Chapter

08 관계사

01 관계대명사

1 역 할

관계대명사는 두 문장을 이어 주는 접속사 역할과 대명사 역할을 동시에 한다.

I have a friend. He lives in Seoul. 나는 친구가 있다. 그는 서울에 산다.

⇒ I have a friend who lives in Seoul. 나는 서울에 살고 있는 친구가 있다.

보충 who는 두 문장을 연결하면서 who 이하의 절이 앞의 선행사(a friend)를 수식하는 형용사절을 이끈다.

2 종 류

(1) **종류 및 격 변화** : 관계대명사는 선행사에 따라 다음과 같이 구별해 쓰며, 문장 속에서의 역할에 따라 주격, 소유격, 목적격으로 나뉘어 사용된다.

종 류	선행사 \ 격	주 격	소유격	목적격
who	사람	who	whose	whom
which	동물·사물	which	whose(of which)	which
that	사람·동물·사물	that	–	that
what	사물(선행사 포함)	what	–	what

(2) **주격 관계대명사** : 문장 내에서 주어 역할을 하는 who, which, that을 말하며, 「who(which, that) + 동사」의 모양이다.

① 선행사가 사람일 경우 : who

Mike is my American friend. He lives next door. 마이크는 내 미국인 친구이다. 그는 옆집에 산다.

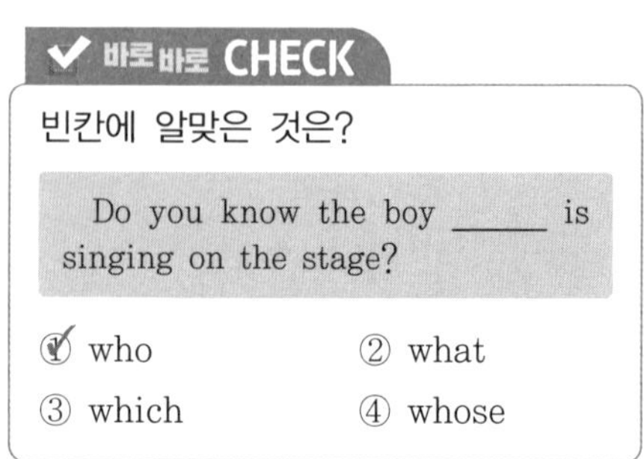

바로바로 CHECK

빈칸에 알맞은 것은?

Do you know the boy ______ is singing on the stage?

✓① who ② what
③ which ④ whose

⇒ Mike is my American friend who lives next door.
선행사
마이크는 옆집에 사는 내 미국인 친구이다.

② 선행사가 사물, 동물일 경우 : which

There is a river. It runs through the town. 강이 있다. 그것은 마을을 통해 흐른다.

⇒ There is a river which runs through the town. 마을을 통해 흐르는 강이 있다.
선행사

③ 선행사가 사람, 사물, 동물일 때 모두 사용할 수 있는 경우 : that

I can't find the book that(=which) was here a minute ago.
조금 전에 여기 있던 책을 못 찾겠다.

The people that(=who) live next door will move out tomorrow.
옆집에 사는 사람들이 내일 이사 갈 것이다.

보충 주격 관계대명사 뒤의 동사는 선행사의 인칭과 수에 일치를 시킨다.
I have a cousin who lives in Seoul. 나는 서울에 사는 사촌이 한 명 있다.
단수 동사+s
I have cousins who live in Jejudo. 나는 제주도에 사는 사촌들이 있다.
복수 동사원형

(3) 소유격 관계대명사 : 소유격(~의)을 대신하기 때문에 반드시 뒤에 명사가 온다.

We saw several houses. Their roofs were broken.
우리는 몇몇 집들을 보았다. 그것들의 지붕은 부서졌다.

⇒ We saw several houses ┌ whose roofs were broken.
└ the roofs of which were broken.
우리는 지붕이 부서진 몇몇 집들을 보았다.

(4) 목적격 관계대명사 : 타동사나 전치사의 목적어로 사용되므로 「주어+동사」가 뒤에 온다.

Mr. Brown is a teacher. Everyone likes him. 브라운 씨는 선생님이다. 모두 그를 좋아한다.

⇒ Mr. Brown is a teacher whom(that) everyone likes.
브라운 씨는 모두가 좋아하는 선생님이다.

Here is the book which(that) you asked for. 여기 네가 부탁한 책이다.

보충 whom, which, that은 모두 likes, asked for의 목적어이다. 목적격 관계대명사(whom, which, that)는 생략할 수 있다.

(5) 관계대명사 what : what은 자체 내에 선행사를 포함하고 있으므로 the thing(s) which, that(those) which, all that 등으로 나타낼 수 있다.

Never put off till tomorrow what you can do today.
오늘 할 수 있는 일을 내일로 미루지 마라.

3 용 법

(1) 관계대명사의 용법

① 제한적 용법 : 형용사절을 이끌어 앞의 선행사(명사)를 직접 꾸며 주는 경우이다. 관계대명사 앞에 콤마(,)가 없으며, 뒤에서부터 앞으로 해석한다.

He had three sons who became doctors. [아들 중 세 명이 의사]
② 세 아들이 ① 의사가 된
그는 의사가 된 세 아들이 있다.

② 계속적 용법 : 관계대명사 앞에 콤마(,)가 있는 경우로 앞 문장과 연결하기 위한 「접속사 + 대명사」 대신 관계대명사가 사용된 경우이다. 이때, 관계대명사는 that을 사용할 수 없고 생략할 수도 없으며, 앞에서부터 차례대로 해석한다.

He had three sons, who became doctors. [아들이 세 명 있는데 모두 의사]
= He had three sons, and they became doctors.
그는 아들이 셋 있었는데, 그들은 의사가 되었다.

(2) 관계대명사의 생략

① 선행사가 타동사의 목적어인 경우 생략 가능

She is a beautiful woman. All the men want her.
⇒ She is a beautiful woman (whom) all the men want. [목적격 관계대명사 생략]
그녀는 모든 남성들이 원하는 아름다운 여성이다.

② 전치사의 목적어인 경우 생략 가능

He is the man. I went to movie with him before.
⇒ He is the man (whom) I went to movie with before. [목적격 관계대명사 생략]
그는 전에 나랑 영화를 본 남자이다.

③ 「주격 관계대명사＋be동사」는 생략 가능 I love this wrist watch (which is) on the table. [주격 관계대명사＋be동사]

나는 책상 위의 이 손목시계를 좋아한다.

4 관계대명사 that의 특별용법

(1) 관계대명사 that은 콤마(,)가 있을 때는 사용할 수 없다.

He had a daughter, [who (○) / that (×)] became a teacher.

그는 딸이 있는데, 그녀는 선생님이 되었다.

(2) 특별히 that만 사용하는 경우

① 선행사에 서수사, 최상급 형용사, the only, the very, the same 등의 수식어가 붙어 있는 경우

He is the only man that came back. 그는 돌아온 유일한 사람이었다.

② 선행사에 all, every, no, any 등의 수식어가 붙어 있는 경우

All the students that passed the exam were happy. 시험에 합격했던 모든 학생들은 행복했다.

③ 선행사가 사람과 사물(동물)로 이루어진 경우

Look at the boy and his dog that are crossing the street.

거리를 가로질러 건너가고 있는 소년과 개를 보아라.

④ 선행사가 everything, anything, nothing인 경우

She bought her son anything that he wanted.

그녀는 아들이 원하는 거라면 뭐든지 사 주었다.

심화학습 전치사＋목적격 관계대명사

목적격 관계대명사는 앞에 전치사가 올 수 있으며, 이때 생략은 할 수 없다.

This is the place (which) I was born in. 이곳이 내가 태어난 곳이다.

＝ This is the place in which I was born. (○)

＝ This is the place (that) I was born in. (○)

⇒ This is the place in that I was born. (×)

보충 관계대명사 that 앞에는 전치사를 쓸 수 없다. 선행사가 사람일 경우 전치사 다음에 관계대명사는 whom만 가능하다(who는 쓸 수 없다).

02 관계부사

1 역 할

관계부사는 「접속사 + 부사」의 역할을 하여 앞의 명사(선행사)를 수식하는 형용사절로 쓰인다.

I remember the place. We first met at the place. 나는 그곳을 기억한다. 우리는 그곳에서 처음 만났다.

= I remember the place where we first met. 나는 우리가 처음 만났던 그곳을 기억한다.

2 종 류

선행사에 따라 when, where, how, why 등으로 구분되며 「전치사 + 관계대명사(which)」로 바꿀 수도 있다.

용 도	선행사	관계부사	전치사 + 관계대명사
장 소	the place	where	in(at) which
시 간	the time	when	on(at) which
이 유	the reason	why	for which
방 법	the way	how	in which

보충 방법을 나타내는 관계부사를 쓸 경우에는 the way와 how 둘 중 하나만 쓴다.

I know the way. He succeeded in the way.
선행사

I know how he succeeded. 나는 그가 어떻게 성공했는지 안다.

3 용 법

(1) 제한적 용법

관계부사가 이끄는 형용사절이 선행사를 수식·제한하며 관계부사 앞에 콤마(,)가 없고, 선행사나 관계부사가 생략된 경우가 많다. 뒤에서부터 앞으로 해석한다.

① when : 선행사가 시간, 때를 나타낼 때

He was born on the day when the earthquake happened.

그는 지진이 발생한 날에 태어났다.

② where : 선행사가 장소를 나타낼 때

He visited the village where (= at which) he had lived for six years.
그는 6년 동안 살았던 마을을 방문했다.

③ why : 선행사가 이유를 나타낼 때

I know the reason why (= for which) she is crying. 나는 그녀가 왜 우는지 안다.

④ how : 선행사 없이 쓰이므로 명사절을 이끌 때

Do you know how fish swim? 물고기가 헤엄치는 방법을 아십니까?

(2) 계속적 용법

관계부사 앞에 콤마(,)가 있으며 「접속사 + 부사」로 바꿀 수 있다. 앞에서부터 순서대로 해석한다.

I went to a store, where (= and there) I bought some cheese.
상점에 갔는데, 거기에서 치즈를 약간 샀다.

We stayed in Paris for a month, when (= and then) we heard the news.
우리는 한 달간 파리에 머물렀는데, 그때 그 소식을 들었다.

4 의문부사와 관계부사

when	• 의문부사 : When did you get up? 언제 일어났니? • 종속접속사 : When I came here, the rain stopped. 내가 여기 왔을 때 비가 그쳤다. • 관계부사 : Do you know the time when he will come? 그가 언제 오는지 아니?
where	• 의문부사 : Where were you born? 어디에서 태어났니? • 관계부사 : This is the house where I was born. 이곳이 내가 태어난 집이다.
why	• 의문부사 : Why did he go away? 그는 왜 떠났는가? • 관계부사 : I know the reason why he left. 나는 그가 왜 떠났는지 안다.
how	• 의문부사 : How do you go to school? 학교에는 어떻게 가니? • 관계부사 : This is how I solved the problem. 이것이 내가 문제를 푼 방법이다.

03 복합관계대명사와 복합관계부사

1 복합관계대명사의 종류

관계대명사 who, which, what의 어미에 -ever를 붙인 것으로 자체 내에 선행사를 포함한다.

주 격	소유격	목적격
whoever	whosever	whomever
whichever	–	whichever
whatever	–	whatever

2 복합관계대명사의 의미

복합관계대명사는 「any~ + 관계대명사」의 뜻으로 명사절 또는 부사절을 이끈다.

Whoever takes part in the meeting may get on the bus. [Whoever = Anyone who]
그 회의에 참석하는 사람은 누구든지 버스에 타도 된다.

Whatever you say is true. 너의 말은 무엇이든지 다 사실이다. [Whatever = Anything that]

3 복합관계부사의 종류 : when, where, how에 -ever를 붙인 것이다.

(1) **whenever** : 언제든지, 언제 ~ 할지라도

Whenever he visits me, he brings me flowers. [시간 부사절]
= Every time he visits me, he brings me flowers.
그는 날 찾아올 때면 언제나 나에게 꽃을 가져다준다.

Whenever you may call me, I will be okay. [양보 부사절]
= No matter when you may call me, I will be okay.
네가 나에게 언제 전화를 하든 나는 괜찮다.

(2) **however** : 아무리 ~일지라도

However hard you may try, you can't do it. [양보 부사절]

= No matter how hard you may try, you can't do it.

네가 아무리 열심히 노력했더라도 너는 그것을 할 수 없다.

(3) **wherever** : ~인 곳은 어디든지, 어디라 할지라도

You can sit wherever you like. [장소 부사절]

= You can sit at any place where you like.

네가 원하는 곳은 어디든 앉을 수 있다.

Wherever he may go, I will follow him. [양보 부사절]

= No matter where he may go, I will follow him.

그가 가는 곳은 어디라 할지라도 그를 따를 것이다.

01 밑줄 친 부분을 대신하여 사용할 수 있는 것은?

> I know the girl <u>that</u> is wearing a red skirt.

① who ② which
③ whom ④ whose

※ 다음 빈칸에 들어갈 알맞은 것을 고르시오. (2~3)

02

> I'll tell you everything ________ I know.

① which ② that
③ what ④ whom

03

> I have a friend ________ mother is a teacher.

① which ② that
③ who ④ whose

※ 다음 빈칸에 공통으로 들어갈 것을 고르시오. (4~5)

04

> • That's ________ I want.
> • I don't know ________ to do.

① as ② that
③ what ④ because

01

주어진 문장은 사람(the girl)이 선행사이고, 관계대명사 that 이하의 문장 내에서 주어가 빠져 있으므로 주격 관계대명사 who를 써야 한다.

I know the girl that(= who) is wearing a red skirt.
나는 빨간치마를 입은 저 소녀를 안다.

02

선행사가 everything, anything, nothing 등일 경우에는 관계대명사 that이 와야 한다. 관계대명사 what은 선행사가 없는 것에 유의한다.

I'll tell you everything that I know.
내가 아는 모든 것을 네게 말해 주겠다.

03

원래 'I have a friend', 'His mother is a teacher.'이 합쳐진 문장으로 소유격을 나타내는 관계대명사 whose가 들어가야 한다.

I have a friend whose mother is a teacher.
나는 어머니가 선생님이신 친구가 있다.

04

• That's what I want.
그것이 내가 원하는 것이다.

선행사를 포함하고 있는 관계대명사 'what (~하는 것)'이 들어가야 한다.

• I don't know what to do.
나는 무엇을 해야 할지 모르겠다.

의문사 what + to + 동사원형 : 무엇을 해야 할지

ANSWER
01. ① 02. ② 03. ④ 04. ③

05

- I don't know ______ to go this summer.
- The hotel ______ we stayed wasn't very clean.

① when ② where
③ how ④ why

05

- I don't know where to go this summer. 나는 이번 여름에 어디로 가야 할지 모르겠다.

의문부사인 where가 들어가야 한다.

- The hotel where we stayed wasn't very clean. 우리가 머물렀던 호텔은 매우 깨끗하지 않았다.

장소를 나타내는 선행사(the hotel)를 꾸며 주는 관계부사는 where이다.

※ 다음 대화의 빈칸에 들어갈 적절한 말을 고르시오. (6~7)

06

A : Will you come to my house for dinner?
B : I'd love to, but I can't. Today is the day ________ I am busy.

① when ② where
③ how ④ why

06

선행사 the day는 때를 나타내므로 관계부사 when이 알맞다.

A : Will you come to my house for dinner? 저녁 식사하러 우리 집에 와 줄 수 있니?
B : I'd love to, but I can't. Today is the day when I am busy. 그러고 싶지만, 갈 수 없어. 오늘은 내가 바쁜 날이야.

07

A : Tell me ________ you are late.
B : I got up late and missed the bus.

① when ② where
③ why ④ how

07

선행사 the reason이 생략되어 있는 형태로 빈칸에는 관계부사인 why가 들어가야 한다.

A : Tell me why you are late. 늦은 이유를 말해 봐.
B : I got up late and missed the bus. 늦게 일어나서 버스를 놓쳤어.

08 빈칸에 들어갈 알맞은 것은?

No matter what happens, I'll help you.
= ________ happens, I'll help you.

① Because ② Whoever
③ Whatever ④ Therefore

08

No matter what~ = whatever : ~한다 할지라도(복합관계대명사)

Whatever happens, I'll help you. 무슨 일이 발생한다 할지라도 나는 너를 도울 거야.

ANSWER
05. ② 06. ① 07. ③ 08. ③

Chapter

09 가정법

1 가정법 과거 : 만일 ~라면, ~할 텐데

현재 사실의 반대를 가정하거나 상상하는 표현이다. 형태는 If절에서는 동사의 과거형(be 동사인 경우에는 were), 주절에서는 「would + 동사원형」을 사용한다. 형태는 과거지만 뜻은 언제나 현재를 나타내며 현재처럼 해석한다.

If + 주어 + 과거동사, 주어 + [would (should) / could / might] + 동사원형 …

If I were not busy, I could help you. 내가 바쁘지만 않아도 널 도울 텐데.
= As I am busy, I cannot help you. 내가 바빠서 널 도울 수 없겠구나. [직설법 현재]

심화학습 직설법을 가정법으로 바꾸는 방법

현재형의 직설법이 부정일 경우 가정법은 과거시제의 긍정으로 바꾼다.

As I don't have money, [현재 부정] I can't buy it. [현재 부정] [직설법 현재]
내가 돈이 없어서, 그것을 살 수 없다.
⇓ ⇓
If I had money, [과거 긍정] I could buy it. [과거 긍정] [가정법 과거]
내가 돈이 있다면, 그것을 살 텐데.

2 가정법 과거완료 : ~했더라면 … 했을 텐데

과거 사실의 반대를 가정, 상상하는 표현이다. 동사의 형태는 과거완료이지만 과거 사실의 반대를 가정하므로 과거의 뜻으로 옮기고, 직설법으로 바꿀 때도 과거시제가 된다.

If + 주어 + had + 과거분사, 주어 + [would (should) / could / might] + have + 과거분사

If she had listened carefully, she would have understood it. [가정법 과거완료]

그녀가 주의 깊게 들었더라면 그것을 이해했을 텐데.

= As she didn't listen carefully, she didn't understand it. [직설법 과거]

그녀가 주의 깊게 듣지 않았기 때문에, 그녀는 그것을 이해하지 못했다.

3 가정법 현재 : ~한다면 ~할 것이다

아직 일어나지 않은 일에 대해 가정할 때 쓴다.

If + 주어 + [동사원형 / 현재동사], 주어 + [will (shall) / can / may] + 동사원형 …

보충 문법상에서는 If절의 동사를 원형동사로 써야 하나, 현대 영어는 일반동사도 허용하고 있다.

If it rain(s) tomorrow, I will stay home. 내일 비가 오면 나는 집에 있을 것이다.

4 가정법 미래

미래의 불확실한 상황을 상상하거나 가정하는 표현법이다.

(1) 불확실한 상황의 상상 또는 가정 : 혹시 ~라면 ~할 것이다

If + 주어 + [should / were to] + 동사원형, 주어 + [would / could] + 동사원형

If I should lose the game, I would never appear on the court.

만일 내가 경기에 지면, 경기장에 나타나지 않을 것이다.

(2) 미래의 실현 가능성이 없는 이야기나 순수한 가정

If + 주어 + were to + 동사원형, 주어 + [would / could / should / might] + 동사원형…

If the sun were to rise in the west, I would forgive you. 해가 서쪽에서 뜬다면 너를 용서할게.

5 관용적 가정법

(1) I wish + 가정법 과거 / 가정법 과거완료 : ~라면 좋을 텐데/~했다면 좋을 텐데

I wish I were young again. 내가 다시 젊어진다면 좋을 텐데. [가정법 과거]

I wish I had studied harder in my youth. [가정법 과거완료]
내가 어렸을 때 공부를 더 열심히 했더라면 좋았을 텐데.

(2) as if (though) + 가정법 : 마치 ~인 것처럼(~이었던 것처럼)

He talks as if he knew everything. 그는 마치 모든 것을 알고 있다는 듯 말한다. [가정법 과거]

Mrs. Baker looked as if she had been sick for a long time. [가정법 과거완료]
베이커 부인은 오랫동안 아팠던 것처럼 보였다.

(3) It's time + 가정법 과거 : ~할 시간이다

형용사절로 사용되어 당연, 필요를 나타낸다.

It's time (that) you went home.
네가 집에 갈 시간이다.

= It's time to go home.
to + 동사원형

= It's time for home.
for + 명사

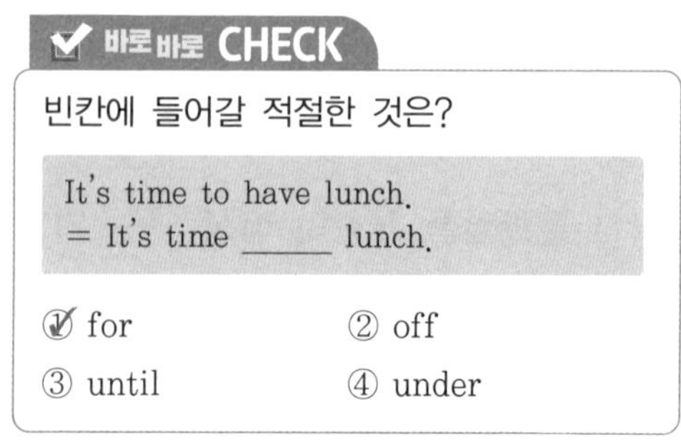
바로바로 CHECK

빈칸에 들어갈 적절한 것은?

It's time to have lunch.
= It's time _____ lunch.

① for ② off
③ until ④ under

6 그 외의 가정법 표현

(1) Unless 중요⁺ : 만일 ~하지 않으면(= if ~not, 명령문 + or)

Unless you take a taxi, you will be late. 택시를 타지 않으면, 너는 늦을 것이다.

= If you don't take a taxi, you will be late.

= Take a taxi, or you will be late. [명령문]

(2) Without(But for) ~ : ~이 없다면, ~이 없었다면

Without your help, I couldn't do anything. [가정법 과거]

네 도움이 없다면 나는 아무것도 못할 거야.

Without his advice, I would have failed. [가정법 과거완료]

그의 충고가 없었다면 나는 실패했을 거야.

A : "잘 보고 뛰어라."는 영어 속담이 있어.
B : 무슨 뜻인데?
A : 행동하기 전에 가능한 위험에 대해 생각해야 한다는 뜻이야.

① 백지장도 맞들면 낫다.
② 세 살 버릇 여든까지 간다.
③ 돌다리도 두드려보고 건너라.
④ 구슬이 서 말이라도 꿰어야 보배다.

01 다음 문장이 뜻하는 것으로 가장 알맞은 것은?

> If I were you, I wouldn't wear such a short skirt.

① 내가 너라면 짧은 치마를 입을 거야.
② 난 짧은 치마를 입을 생각이 없었어.
③ 나는 지금 너처럼 짧은 치마를 입고 있어.
④ 내가 너라면 짧은 치마를 입지 않을 거야.

01
'만일 ~ 라면 …할 텐데'라는 가정법 과거에 대한 문제이다. 가정법 과거는 현재 사실에 반대되는 일을 가정하며, 뜻은 언제까지나 현재에 대한 것을 말한다.

※ 가정법 과거
If + 주어 + 과거동사 ~, 주어 + would + 동사원형 …

※ 다음 빈칸에 들어갈 적절한 것을 고르시오. (2~4)

02

> She looks ________ she were ill.

① as if ② that
③ but for ④ unless

02
as if + 가정법 과거 : 마치 ~인 것처럼

She looks as if she were ill.
그녀는 마치 아픈 것처럼 보인다.

03

> If I ________ hard, I would not have failed.

① study ② studied
③ were studying ④ had studied

03
문장의 뒤에 have failed를 보면 가정법 과거완료라는 것을 알 수 있다.

If I had studied hard, I would not have failed.
만약 내가 열심히 공부했더라면 실패하지 않았을 텐데.

ANSWER
01. ④ 02. ① 03. ④

04 If I ________ you, I would exercise hard.

① be ② am
③ was ④ were

※ 두 문장의 의미가 같을 때 빈칸에 들어갈 적절한 것을 고르시오. (5~6)

05 It is time for bed.
= It is time you ________ to bed.

① go ② went
③ goes ④ going

06 If it were not for your help, I could not solve this problem.
= ________ your help, I could not solve this problem.

① Without ② But
③ Wish ④ As if

07 우리말을 영어로 옮길 때 빈칸에 알맞은 것은?

그가 우리를 봤었다면 좋았을 텐데.
⇒ I wish he ________ us.

① see ② saw
③ had seen ④ has seen

04
가정법 과거는 현재 사실에 반대되는 일을 가정하며, if절에서 be동사는 주어에 상관없이 언제나 were를 쓰는 것이 원칙이다.

If I were you, I would exercise hard.
만약 내가 너라면 열심히 운동할 텐데.

05
「It is time + 가정법 과거」를 묻는 문제이다.

It is time you went to bed.
= It is time to go to bed.
네가 잠잘 시간이다.

06
Without + 가정법 과거 : ~이 없다면

Without your help, I could not solve this problem.
당신의 도움이 없다면 이 문제를 풀 수 없을 텐데.

07
「I wish + 가정법 과거완료」는 '~했다면 좋을 텐데'라는 뜻으로 과거에 이루지 못했던 소망을 표현한다.

I wish he had seen us.
= I am sorry he didn't see us.

ANSWER
04. ④ 05. ② 06. ① 07. ③

※ 다음 대화의 빈칸에 들어갈 말로 가장 적절한 것을 고르시오. (1~2)

01

A : You can play a violin, ________?
B : Yes, I can.

① aren't you ② don't you
③ can't you ④ did you

01
부가의문문은 주절의 문장이 일반동사일 경우에는 do/does를 쓰고, 조동사일 경우에는 조동사를 쓴다. 주절이 긍정이면 부정으로, 주절이 부정이면 긍정으로 만든다.

A : You can play a violin, can't you?
당신은 바이올린을 연주할 수 있어요, 그렇지 않나요?
B : Yes, I can. 예, 그렇습니다.

02

A : ________ you ever been to Paris?
B : No, I haven't. I'd like to go there someday.

① Are ② Can
③ Does ④ Have

02
현재완료의 have로 물어보면 have로 답한다.

A : Have you ever been to Paris?
너는 파리에 가 본 적이 있니?
B : No, I haven't. I'd like to go there someday.
아니, 나는 언젠가는 거기에 가 보고 싶어.

03 다음 빈칸에 들어갈 말로 적절한 것은?

_______ of the two boys is Susan's brother.
(두 소년 중 하나가 수잔의 남동생이다.)

① Both ② Each
③ Either ④ Neither

03
'둘 중 하나(한쪽)'를 뜻하는 Either가 와야 한다. Neither는 '둘 중 어느 쪽도 아니다'라는 뜻이다.

Either of the two boys is Susan's btother.

ANSWER
01. ③ 02. ④ 03. ③

※ 두 문장의 의미가 같아지도록 빈칸에 들어갈 알맞은 것을 고르시오. (4~5)

04

This pencil is my pencil.
= This pencil is _______.

① I ② me
③ mine ④ yours

05

Are you ready to order?
= _______ I take your order?

① Do ② Have
③ Will ④ May

※ 다음 빈칸에 들어갈 말로 적절한 것을 고르시오. (6~7)

06

He ________ here next Monday.

① leaves ② leaved
③ leaving ④ will leaves

07

It has ________ since last night.

① rain ② raining
③ been rained ④ been raining

04

This pencil is my pencil.
= This pencil is mine.
이 연필은 내 것이다.

05

may 대신 can을 쓸 수도 있지만, may가 조금 더 공손한 표현이다.

May I take your order?
주문하시겠습니까?

06

leave와 같은 왕래발착동사는 미래를 나타내는 부사(next Monday)와 함께 쓰이면 미래의 뜻을 나타내지만 시제는 현재로 쓴다.

He leaves here next Monday.
그는 다음 월요일에 여기를 떠날 것이다.

07

과거에서 시작된 사실이 현재까지 진행 중일 때 현재완료진행형을 쓴다.

It has been raining since last night.
지난밤부터 계속 비가 내리고 있다.

ANSWER
04. ③ 05. ④ 06. ① 07. ④

08 다음 대화의 빈칸에 들어갈 알맞은 것은?

A : Did you _______ your homework?
B : Yes, I did.

① finish ② finishes
③ finished ④ finishing

※ 두 문장의 의미가 같아지도록 빈칸에 알맞은 것을 고르시오. (9~11)

09

He went to America, and he is not here.
= He ________ to America.

① has been ② have been
③ has gone ④ have gone

10

Did Sujin buy it?
= ________ it ________ by Sujin?

① Was, buy ② Was, bought
③ Were, bought ④ Is, bought

11

Tony did not do his work.
= His work was ________ by Tony.

① not done ② done not
③ not do ④ do not

08

Did는 조동사로, 조동사 뒤에는 항상 동사원형이 와야 한다.

A : Did you finish your homework?
숙제는 했니?
B : Yes, I did. 응, 다했어.

09

그는 미국으로 떠나 현재 없는 상태이기 때문에 have(has) gone을 써야 한다. have(has) been은 떠났다가 되돌아온 상황에서 쓰는 완료 경험의 의미를 지니는 현재완료이다. 주어가 3인칭 단수이므로 has를 써야 한다.

He went to America, and he is not here.
그는 미국으로 갔고, 그는 여기에 없다.
= He has gone to America.
그는 미국으로 떠나 버렸다.

10

의문사가 없으므로, be동사가 앞으로 와야 한다. 시제는 과거이기 때문에 is의 과거형인 was가 문장 앞에 와야 한다.

※ 의문문의 수동태
(의문사) + be동사 + 주어 + 과거분사

Was it bought by Sujin?
수진이가 그것을 샀니?

11

부정문의 수동태 : be동사 + not + 과거분사

His work was not done by Tony.
그의 작품은 토니에 의해 이루어진 게 아니었다.

ANSWER
08. ① 09. ③ 10. ② 11. ①

12 다음 문장을 수동태로 바꿀 때 알맞은 것은?

He teaches us English.
(그는 우리에게 영어를 가르친다.)

① He is taught us English.
② We are taught English by him.
③ English taught to us him.
④ We learn English by him.

12

- 간접목적어를 주어로 할 경우
  We are taught English by him.
  우리는 그에 의해 영어를 배운다.
- 직접목적어를 주어로 할 경우
  English is taught (to) us by him.
  영어가 그에 의해 우리에게 가르쳐진다.

※ 목적어가 두 개인 4형식 문장은 간접목적어와 직접목적어를 이용하여 두 개의 수동태를 만들 수 있다. 단, buy, bring, sell 등은 직접목적어만을 주어로 하는 동사이다.

13 다음 밑줄 친 부분에 들어갈 알맞은 말은?

She told me ________ the door.

① don't open　② not open
③ doesn't open　④ not to open

13

to부정사의 부정형은 to부정사 앞에 not이나 never를 쓴다.

She told me not to open the door.
그녀는 나에게 문을 열지 말라고 말했다.

14 다음 두 문장의 뜻이 같도록 할 때, 빈칸에 들어가는 말로 알맞은 것은?

Studying English is not easy.
= ______ is not easy ______ study English.

① It, for　② It, to
③ This, to　④ This, for

14

주어가 길기 때문에 It ~ to 구문을 사용하여 나타낼 수 있다.

It is not easy to study English.
영어를 공부하는 것은 쉽지 않다.

ANSWER
12. ② 13. ④ 14. ②

15 대화의 빈칸에 알맞은 것은?

A : Thank you for _______ me.
B : You're welcome.

① helping ② to help
③ helps ④ helped

16 다음 빈칸에 공통으로 들어갈 말은?

A : What will you do this afternoon?
B : I will ______ a piano lesson.
A : Will you? I will ______ a rest.

① take ② come
③ play ④ raise

17 다음 빈칸에 들어갈 말로 알맞은 것은?

Would you give me ________________?

① anything drink to cold
② to drink cold anything
③ anything cold to drink
④ cold anything to drink

15

Thank you for는 '~해서 고맙다'는 뜻으로, 뒤에 명사나 동명사가 온다.

A : Thank you for helping me.
저를 도와주셔서 감사합니다.
B : You're welcome. 천만에요.

16

A : What will you do this afternoon?
너는 오늘 오후에 무엇을 할 거니?
B : I will take a piano lesson.
나는 피아노 수업을 받을 예정이야.
A : Will you? I will take a rest.
그래? 나는 휴식을 취할 거야.

take a lesson 수업을 받다
take a rest 휴식을 취하다

17

something, anything, nothing 등을 수식하는 형용사는 뒤에 위치한다.

Would you give me anything cold to drink?
나에게 차가운 마실 것 좀 줄래?

ANSWER
15. ① 16. ① 17. ③

18 우리말을 영어로 옮길 때 빈칸에 알맞은 것은?

> Eating _______ much or _______ little is not good for your health.
> (너무 많이 먹거나 너무 적게 먹는 것은 당신의 건강에 좋지 않다.)

① enough　　② too
③ many　　④ a lot of

19 Tom과 Susan의 대화로 보아 빈칸에 들어갈 말로 가장 적절한 것은?

> Tom : Your computer looks nice. Is it new?
> Susan : Yes, I bought it last Friday.
> Tom : I want to get a new one. I bought mine three years ago.

> Tom bought his computer __________ than Susan.

① higher　　② bigger
③ earlier　　④ cheaper

20 두 문장의 의미가 같을 때 빈칸에 들어갈 알맞은 것은?

> He did the work as quickly as he could.
> = He did the work as quickly as ________.

① possible　　② impossible
③ the same　　④ by far

18

형용사인 much와 little을 꾸며 주는 역할은 부사가 한다. 따라서 빈칸에는 too가 들어가야 한다.

※ enough는 형용사나 부사의 뒤에 오고, too는 형용사나 부사의 앞에 위치한다.

Eating too much or too little is not good for your health.

19

톰 : Your computer looks nice. Is it new?
당신의 컴퓨터가 좋아 보이네요. 새 것인가요?
수잔 : Yes, I bought it last Friday.
네, 저는 지난 금요일에 그것을 샀어요.
톰 : I want to get a new one.
I bought mine three years ago.
저는 새것을 사기를 원했어요. 저는 3년 전에 제 것을 샀거든요.

Tom bought his computer earlier than Susan.
톰은 그의 컴퓨터를 수잔보다 더 일찍 샀다.

비교급+than ~보다 더 ~한

20

as + 형용사(부사) + as + possible
= as ~ as + 주어 + can 가능한 ~하게

He did the work as quickly as possible.
그는 가능한 빠르게 일을 했다.

ANSWER
18. ② 19. ③ 20. ①

21 빈칸에 공통으로 들어갈 말로 알맞은 것은?

- School begins at nine ______ finishes at three o'clock.
- The sky is clear ______ blue.

① or ② and
③ so ④ for

※ 다음 빈칸에 알맞은 말을 고르시오. (22~24)

22

He is very kind, ______ I like him.

① but ② for
③ so ④ that

23

We decided to go _____ England.

① in ② from
③ to ④ at

24

I learned a lot by ________ the book.

① read ② reading
③ to read ④ reader

21

'그리고'라는 뜻을 가진 접속사 and가 들어가야 한다.

- School begins at nine and finishes at three o'clock.
  수업은 9시에 시작되고 3시에 끝난다.
- The sky is clear and blue.
  하늘은 맑고 푸르다.

22

'그래서'를 의미하는 접속사인 so가 들어가야 한다.

He is very kind, so I like him.
그는 매우 친절하다. 그래서 나는 그를 좋아한다.

23

'~에'라는 의미로 장소와 방향을 나타내는 전치사는 to이다. decide는 to부정사를 목적어로 삼는 동사로, 앞의 to는 to부정사의 to임을 유의한다.

We decided to go to England.
우리는 영국에 가기로 결정했다.

24

전치사(by) 뒤에는 명사 혹은 동명사가 와야 한다.

I learned a lot by reading the book.
나는 그 책을 읽으면서 많은 것을 배웠다.

by ~ing ~함으로써

ANSWER

21. ② 22. ③ 23. ③ 24. ②

25 우리말을 영어로 옮길 때 빈칸에 알맞은 것은?

He as well as you ________ to know the truth.
(그뿐만 아니라 너도 진실을 알아야 할 필요가 있다.)

① need ② needs
③ needed ④ needing

25

B as well as A는 B에 수 일치를 해야 한다. 따라서 he가 3인칭 단수이므로 단수 동사인 needs가 와야 한다.

He as well as you needs to know the truth.

26 다음 두 문장의 뜻이 같아지도록 밑줄 친 부분에 들어갈 말은?

He said to her, "I am tired."
= He told her that ______ was tired.

① I ② he
③ she ④ me

26

직접화법에서 " " 안의 I는 he이므로 간접화법의 종속절 안에는 he가 들어가야 한다.

He told her that he was tired.
그는 피곤하다고 그녀에게 말했다.

27 다음 빈칸에 들어갈 알맞은 것은?

I took some pictures, ________ I gave to her.

① which ② that
③ what ④ whose

27

관계대명사 앞에 콤마(,)가 있는 경우 관계대명사 that은 사용할 수 없다. 따라서 which가 들어가야 한다.

I took some pictures, which I gave to her.
나는 몇 장의 사진을 찍어서 그녀에게 주었다.

ANSWER
25. ② 26. ② 27. ①

28 다음 두 문장을 한 문장으로 만들 때 빈칸에 알맞은 것은?

> This is the book. + I have been looking for it.
> = This is the book _______ I have been looking.
> (이것은 내가 찾고 있던 책이다.)

① which ② that
③ for which ④ for that

28
목적격 관계대명사는 앞에 전치사가 올 수 있는데, 이때 전치사는 생략할 수 없다. 또 관계대명사 that 앞에는 전치사를 쓸 수 없다. 따라서 문장의 맨 뒤에 전치사 'for'가 없는 것으로 보아 빈칸에는 for which가 들어가야 한다.

This is the book for which I have been looking.
= This is the book (which) I have been looking for.
= This is the book (that) I have been looking for.

※ 다음 우리말을 영어로 옮길 때 빈칸에 알맞은 것을 고르시오. (29~30)

29

> 내가 만일 새라면 너에게 날아갈 텐데.
> ⇒ If I were a bird, I could ________ to you.

① fly ② flied
③ had flied ④ has flied

29
앞 문장의 동사 were로 미루어 보아 가정법 과거라는 것을 알 수 있다. 따라서 빈칸에는 동사원형이 들어가야 한다.

If I were a bird, I could fly to you.
= As I am not a bird, I cannot fly to you.

30

> 내일 비가 오면 우리는 축구를 할 수 없을 것이다.
> ⇒ If it ________ tomorrow, we cannot play soccer.

① rain ② rained
③ raining ④ is raining

30
뒤의 문장에 조동사가 현재형 can이므로 가정법 현재임을 알 수 있다. 현재동사인 rains도 빈칸에 가능하다.

※ 가정법 현재(~한다면 ~할 것이다)
If + 주어 + 동사원형(현재동사),
주어 + will(can, may) + 동사원형 …

If it rain tomorrow, we cannot play soccer.

ANSWER
28. ③ 29. ① 30. ①

독 해

학습 point⁺

독해는 출제범위가 따로 정해져 있지 않기 때문에 평소에 다양한 종류의 글을 접하는 것이 중요합니다. 그러나 현재 적용하고 있는 교육과정의 학습요소 등을 참고하여 이를 유형화해 보면, ① 일상생활이나 친숙한 일반적 주제의 그림 · 사진 · 도표에 관한 글을 읽고 세부정보를 파악하는 유형, ② 일상생활이나 친숙한 일반적 주제의 글을 읽고 문맥을 통해 낱말 · 어구 또는 문장의 함축적 의미를 추론하는 유형, ③ 줄거리 · 주제 · 요지를 파악하는 유형, ④ 필자의 심정이나 태도를 추론하는 유형, ⑤ 필자의 의도나 목적을 추론하는 유형, ⑥ 일어난 사건의 순서나 전후관계를 추론하는 유형, ⑦ 일이나 사건의 원인과 결과를 추론하는 유형, ⑧ 상황 및 필자의 관계를 추론하는 유형, ⑨ 특정 지시대명사가 가리키는 것을 찾는 유형 등을 대표적인 것으로 꼽을 수 있습니다. 이러한 유형의 내용이 문제화되어 출제될 것임을 염두에 두고 학습해 나가길 바랍니다.

독해는 제시된 글을 이해했는지를 파악하는 영역이므로, 문장이나 단어 하나하나에 의미를 두고 이해하기보다는 전체적인 문맥을 파악하는 것이 더 중요하다는 점도 아울러 강조합니다.

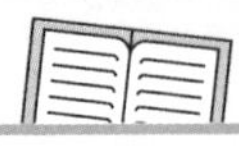

Chapter

01 도표 해석

학습 포인트

도표 해석 문제는 주어진 도표를 보고 4가지 선택지와 일치하는지를 판단하는 문제이다. 따라서 주제를 찾거나 내용을 묻는 지문에 비해 문장의 내용과 길이가 간략하므로 쉽게 풀 수 있다. 서술식의 문장에 비해서 숨어 있는 정보의 사실 유무를 정확히 판단해야 하므로 비록 문장이 짧더라도 하나하나 꼼꼼히 확인해야 한다. 특히 그림으로 나올 경우 무엇이 몇 퍼센트를 차지하고 있는지를 정확하게 파악해야 한다.

① 도표의 내용과 선택지를 하나씩 대조하면서 일치 여부를 확인한다.

② 원그래프, 시간표, 막대그래프 등 다양한 도표가 나오지만 도표의 수치와 선택지를 비교하면서 푸는 방법은 동일하다.

③ 표에 대한 설명으로 비교급 문장이 자주 나온다.

출제 빈도

연 도	2019-2	2019-1	2018-2	2018-1	2017-2	2017-1
문제 수	0	1	1	1	1	1

출제유형 맛보기 01

Jenny의 시간표를 볼 때, _____에 적절한 것은?

Jenny's Time Table

	Mon.	*Tue.*	*Wed.*	*Thu.*	*Fri.*
1	Korean	Math	English	P.E.	Art
2	English	Korean	Korean	Math	Math
3	Science	Computer	Music	Science	Korean
4	Math	Art	P.E.	English	English

Jenny learns music on __________.

① Monday
② Wednesday
③ Thursday
④ Friday

정답 ②

영쌤의 꼼꼼 풀이

먼저 제시된 문장을 보면 제니가 음악을 배운다는 내용인데, 언제 배운다는 내용이 빠져 있어요. 시간표에서 음악을 배우는 요일을 찾아보면 수요일 하나밖에 없어요.

문장분석

Jenny / learns / music / on Wednesday.
제니는 / 배운다 / 음악을 / 수요일에

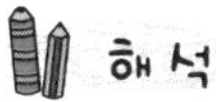

해석

제니의 시간표

	월요일	화요일	수요일	목요일	금요일
1	국어	수학	영어	체육	미술
2	영어	국어	국어	수학	수학
3	과학	컴퓨터	음악	과학	국어
4	수학	미술	체육	영어	영어

제니는 수요일에 음악을 배운다.

어휘

P.E. 명 체육(Physical education)
Monday 명 월요일
Wednesday 명 수요일
Thursday 명 목요일
Friday 명 금요일

출제유형 맛 보 기 **02**

다음 표에 대한 설명으로 옳지 않은 것은?

Name	Height(cm)	Weight(kg)
Jinsu	170	65
Taesik	165	70
Kihun	157	55

① Jinsu is the tallest of all.
② Taesik is taller than Kihun.
③ Kihun is heavier than Jinsu.
④ Taesik is the heaviest of all.

정답 ③

영쌤의 꼼꼼 풀이

표에 대한 설명의 일치 여부를 묻는 문제예요. 보통 표로 나오는 문제는 비교급을 이용한 문제가 자주 나와요. 「문법」 편에서 비교급에 대한 공부를 확실하게 했다면 어렵지 않게 풀 수 있어요. 누가 누구보다 키가 큰지, 몸무게가 무거운지 잘 살펴보며 문제를 풀어야 해요. 표의 내용을 먼저 분석한 뒤 선택지와 비교하면 좀 더 쉽게 문제를 풀 수 있어요. 키가 가장 큰 순서대로 나열하면 진수 - 태식 - 기훈 순이 되고, 몸무게가 가장 많이 나가는 순서대로 나열하면 태식 - 진수 - 기훈 순이 돼요. 이렇게 표를 통해 파악한 내용을 가지고 선택지를 하나씩 비교하면 ③이 정답이라는 것을 금방 알 수 있어요.

해석

이 름	키(cm)	몸무게(kg)
진수	170	65
태식	165	70
기훈	157	55

① 진수는 가장 키가 크다.(○)
② 태식은 기훈보다 키가 더 크다.(○)
③ 기훈은 진수보다 더 무겁다.(×)
→ 기훈은 진수보다 가볍다.
④ 태식은 가장 무겁다.(○)

어휘

height 명 높이, 신장　　weight 명 무게, 체중
tall 형 키가 큰 ※ tall – taller – tallest
heavy 형 무거운 ※ heavy – heavier – heaviest

출제유형 맛보기 **03**

도표에 대한 설명으로 옳은 것은?

Favorite Sports of Mike's Classmates

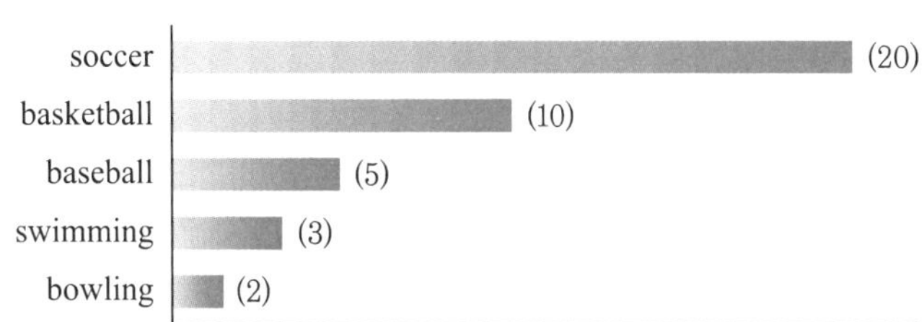

※ ( ) 안의 숫자는 학생수

① 축구보다 농구를 좋아하는 학생이 더 많다.
② 볼링보다 야구를 좋아하는 학생이 더 많다.
③ 수영을 좋아하는 학생의 수가 가장 적다.
④ 농구를 좋아하는 학생의 수가 가장 많다.

정답 ②

영쌤의 꼼꼼 풀이

도표의 괄호 안 숫자는 각 운동 종목을 좋아하는 학생 수를 의미해요. 학생들이 가장 좋아하는 운동 종목을 순서대로 나열하면 축구 - 농구 - 야구 - 수영 - 볼링 순이 돼요. 어떤 유형의 그래프라도 이렇게 미리 도표의 내용을 파악하고 선택지와 비교하면 쉽게 풀 수 있답니다.

해석

마이크의 반 친구들이 가장 좋아하는 운동

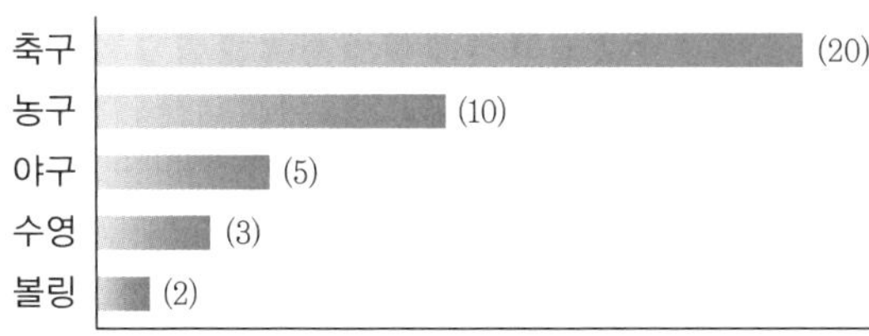

① 축구보다 농구를 좋아하는 학생이 더 많다. → 농구보다 축구를 좋아하는 학생이 더 많다.
② 볼링보다 야구를 좋아하는 학생이 더 많다.(○)
③ 수영을 좋아하는 학생의 수가 가장 적다. → 볼링을 좋아하는 학생의 수가 가장 적다.
④ 농구를 좋아하는 학생의 수가 가장 많다. → 축구를 좋아하는 학생의 수가 가장 많다.

 **어휘**

sport 명 스포츠　　classmate 명 급우, 반 친구

출제유형 맛보기 04

다음 도표는 어떤 질문에 대한 조사 결과인가?

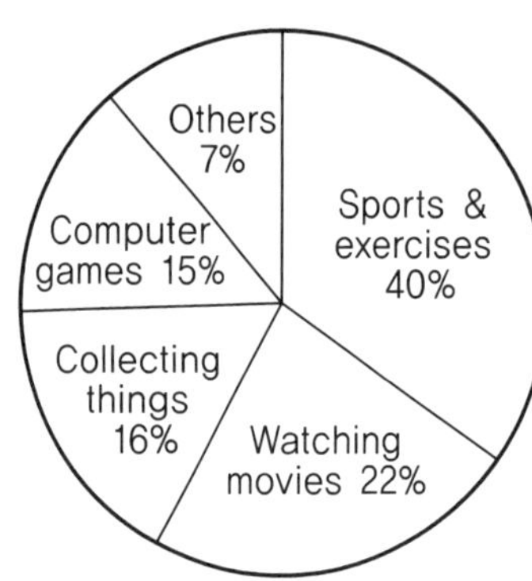

① What's your hobby?
② What will you buy?
③ What do you want to be?
④ What's your favorite subject?

① 답

영쌤의 꼼꼼 풀이

도표의 내용을 파악하여 어떤 질문에 대한 조사 결과인지를 역으로 추측하는 문제예요. 도표를 보면 스포츠 및 운동, 영화 감상, 물건 수집, 컴퓨터 게임 등 다양한 활동들이 나와 있어요. 보통 이러한 활동들이 대답이 되는 질문은 취미를 묻는 질문이지요. 도표의 내용만으로도 질문이 무엇인지 가늠할 수 있지만 선택지와 하나씩 비교해 가며 문제를 풀어야 혹시나 있을 함정을 피할 수 있겠죠?

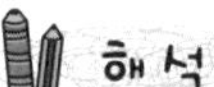

해석

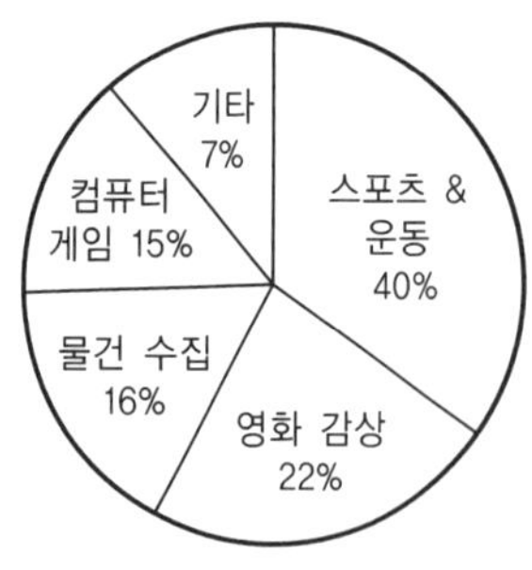

① 당신의 취미는 무엇입니까?
② 무엇을 살 건가요?
③ 무엇이 되고 싶으세요?
④ 가장 좋아하는 과목은 무엇입니까?

어휘 hobby 명 취미 favorite subject 가장 좋아하는 과목

01 기출 다음 표에서 두 학생이 가장 높은 점수를 받은 공통된 활동은?

What is your score?

Activity \ Student	Sumi	Minsu
Role-Play	2	1
Homework	3	3
Group Work	2	3
Report	1	1

① 숙제 ② 보고서
③ 역할극 ④ 조별활동

01

수미와 민수가 가장 높은 점수를 받은 공통된 활동은 각각 3점씩을 받은 Homework, 즉 숙제이다.

당신의 점수는?

활동 \ 학생	수미	민수
역할극	2	1
숙제	3	3
모둠 활동	2	3
보고서	1	1

02 기출 그래프로 보아 빈칸에 들어갈 말로 가장 알맞은 것은?

Hanil Middle School Students' Favorite Sports

soccer(52%)
badminton(11%)
basketball(22%)
swimming(15%)

> Soccer is the most ________ sport among the students at Hanil Middle School.

① spicy ② cloudy
③ popular ④ delicious

02

한일 중학교 학생들이 좋아하는 스포츠는 축구(52%), 농구(22%), 수영(15%), 배드민턴(11%) 순이다. 따라서 축구는 한일 중학교 학생들 사이에서 가장 인기 있는 스포츠이다.

Soccer is the most popular sport among the students at Hanil Middle School.
축구는 한일 중학교 학생들 사이에서 가장 인기 있는 스포츠이다.

among ~사이에(서), ~중에(서)[셋 이상의 것에 대하여 쓰임]
spicy 매운
cloudy 구름 낀, 흐린
popular 인기 있는
delicious 맛있는

ANSWER
01. ① 02. ③

03 다음 표는 두 학생이 할 수 있는 일(○)과 없는 일(×)을 나타낸 것이다. 표를 바르게 설명한 것은?

	take a photo	skate	ride a bike	play the piano
Tom	○	○	×	○
Suji	○	×	○	×

① Tom can play the piano.
② Tom can not take a photo
③ Suji can skate.
④ Suji can not ride a bike.

04 도표의 내용과 일치하도록 빈칸에 알맞은 것은?

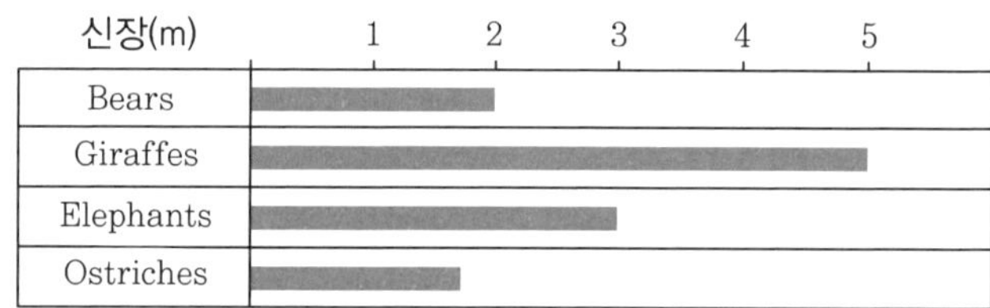

Among the four animals, ________ are the tallest.

① bears ② giraffes
③ elephants ④ ostriches

03

	사진 찍기	스케이트 타기	자전거 타기	피아노 치기
탐	○	○	×	○
수지	○	×	○	×

① 탐은 피아노를 칠 수 있다.(○)
② 탐은 사진을 찍을 수 없다.(×)
→ 탐은 사진을 찍을 수 있다.
③ 수지는 스케이트를 탈 수 있다.(×)
→ 수지는 스케이트를 못 탄다.
④ 수지는 자전거를 탈 수 없다.(×)
→ 수지는 자전거를 탈 수 있다.

04

빈칸 뒤에 최상급 표현인 'the tallest(가장 큰)'가 있으므로 네 마리 중 가장 키가 큰 기린이 빈칸에 들어가야 한다.

Among the four animals, giraffes are the tallest.
네 마리 동물 중 기린이 가장 키가 크다.

bear 명 곰
giraffe 명 기린
elephant 명 코끼리
ostriche 명 타조

ANSWER
03. ① 04. ②

05 다음 표의 내용과 일치하는 것은?

Name	Age
Minho	18
Jinsu	14
Sumin	16
Sujin	11

① Minho is younger than Sumin.
② Sumin is the oldest of all.
③ Sujin is the youngest of all.
④ Jinsu is older than Minho.

06 표의 내용과 일치하는 것은?

기출

Name	Height(cm)
Sora	155
Jiho	160
Mina	165
Insu	170

* Height : 키

① Sora is taller than Jiho.
② Jiho is the shortest.
③ Mina is shorter than Jiho.
④ Insu is the tallest.

05

나이가 많은 순으로 나열해 보면 민호 – 수민 – 진수 – 수진 순이다.

① 민호는 수민보다 어리다.(×)
→ 민호는 수민보다 나이가 많다.
② 수민는 가장 나이가 많다.(×)
→ 나이가 가장 많은 사람은 민호이다.
③ 수진은 가장 어리다.(○)
④ 진수는 민호보다 나이가 많다.(×)
→ 진수는 민호보다 어리다.

06

① 소라는 지호보다 더 크다.(×)
→ 소라(155)는 지호(160)보다 작다.
② 지호는 가장 작다.(×)
→ 가장 작은 사람은 소라이다.
③ 미나는 지호보다 작다.(×)
→ 미나(165)는 지호(160)보다 크다.
④ 인수는 가장 키가 크다.(○)
→ 인수는 170으로 네 사람 중 가장 키가 크다.

ANSWER
05. ③ 06. ④

Chapter

02 그림 묘사

학습 포인트

그림 묘사 문제는 시험에 자주 출제되는 유형 중 하나로, 크게 글이 주어지고 글에서 묘사한 그림을 고르는 문제와 그림이 주어지고 그림을 묘사한 선택지와의 일치 여부를 묻는 문제로 나뉜다. 긴 독해 문장이 없기 때문에 꼼꼼히 읽으면 쉽게 문제를 풀 수 있는 유형이다.

① 글에서 묘사한 그림을 고르는 문제는 먼저 선택지의 그림을 보고 특징을 파악한 뒤 지문을 읽으면서 정답을 찾는다.

② 그림을 설명하는 문제는 선택지를 잘 읽고 그림과 일치하는지를 하나씩 비교하며 푼다.

출제 빈도

연 도	2019-2	2019-1	2018-2	2018-1	2017-2	2017-1
문제 수	4	1	0	1	1	1

출제유형 맛보기 **01**

그림을 바르게 묘사한 것은?

① There is a book on the bed.
② There is a computer on the desk.
③ There are two cats under the chair.
④ There are three pictures on the wall.

정답 ②

영쌤의 꼼꼼 풀이

이번에는 방 안 풍경을 묘사한 그림이네요. 풍경을 묘사한 그림은 조금 더 세세하게 그림을 살펴봐야 해요. 예를 들면 책이 책상 위에 있는지, 아래에 있는지, 옆에 있는지 등을 정확히 파악해야 해요. 인물 묘사의 경우 그림을 보고 선택지를 읽는 것이 좀 더 편한 경우가 많지만, 풍경을 묘사한 경우에는 먼저 선택지를 읽고 그림을 보는 것이 편해요. 그리고 선택지를 읽을 때는 전치사에 유의하여 꼼꼼하게 읽어야 한다는 거 잊지 마세요.

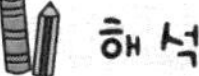 해석

① 침대 위에 책이 있습니다.(×) → 침대 위에는 고양이가 있다.
② 책상 위에 컴퓨터가 있습니다.(○)
③ 의자 아래에 고양이 두 마리가 있습니다.(×) → 의자 아래에는 아무것도 없다.
④ 벽에 그림이 세 개 있습니다.(×) → 그림이 한 개 있다.

 어휘

there is(are) ~가 있다
picture 명 그림, 사진
wall 명 벽

출제유형 맛보기 **02**

민수가 가족 사진을 보며 친구와 대화를 나누고 있다. 사진에서 민수의 아버지는?

> A : Minsu, is this your father?
> B : No, it isn't. It's my uncle. My father is wearing glasses.

① ② ③ ④

정답 ②

영쌤의 꼼꼼 풀이

대화에서 말하고 있는 인물을 찾는 문제예요. 이런 유형의 문제는 보통 인물이 갖고 있는 독특한 특징을 알려 주고 찾는 경우가 많기 때문에 대화 속에 나와 있는 인물의 특징을 파악하는 것이 중요해요. B의 말을 보면 아버지가 안경을 썼다고 했으므로 사진 속에서 안경을 쓴 사람을 찾으면 돼요.

문장분석

❶ Minsu, / is / this / your / father?
민수, / ~이니? / 이것은 / 너의 / 아버지

❷ No, / it isn't. / It's / my uncle.
아니 / 그렇지 않다 / 이것은 ~이다 / 내 삼촌

❸ My father / is wearing glasses.
나의 아버지는 / 안경을 쓰고 있다

해석

A : ❶ 민수야, 이분이 너희 아버지시니?
B : ❷ 아니, 이분은 우리 삼촌이야. ❸ 우리 아버지는 안경을 쓰고 계셔.

어휘

uncle 명 삼촌, 아저씨
wear glasses 안경을 쓰다

출제유형 맛보기 **03**

그림에 대한 표현으로 알맞은 것은?

① I go to bed.
② I play soccer.
③ I take a bath.
④ I listen to the radio.

정답 ③

영쌤의 꼼꼼 풀이

그림을 바르게 표현하고 있는 문장을 고르는 문제예요. 사람이 나오는 그림은 인물의 행동을 묘사하거나 인물의 특징을 묘사하는 문제가 자주 나와요. 한 명만 나올 수도 있고 여러 명이 나올 수도 있어요. 위의 그림은 사람이 한 명만 나오고 있고, 인물이 취하고 있는 행동을 바르게 표현한 문장을 고르는 문제네요. 그림을 보면 여자가 욕조 안에서 목욕을 하고 있는 중이라는 것을 쉽게 알 수 있어요.

해석 ① 나는 잠자러 간다. ② 나는 축구를 한다. ③ 나는 목욕을 한다. ④ 나는 라디오를 듣는다.

어휘 bath 명 욕조, 목욕 take a bath 목욕을 하다

출제유형 맛보기 04

다음 글에서 묘사하는 인물을 나타내는 그림은?

Emily is my best friend. She wears glasses. She has long straight hair.

①  

② 

③ 

④ 

① 정답

영쌤의 꼼꼼 풀이

글에서 묘사하는 인물을 제대로 그린 그림을 고르는 유형이에요. 먼저 선택지의 그림을 보며 각 그림의 특징을 파악한 뒤 제시문을 읽어요. 혹은 제시문을 먼저 읽으면서 머리 속으로 인물을 그리며 선택지와 비교해 보는 풀이 방법도 있어요. 둘 중 편한 방법으로 문제를 풀면 돼요.

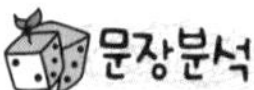

문장분석

❶ Emily / is / my best friend.
에밀리는 / 이다 / 나의 가장 친한 친구

❷ She / wears / glasses.
그녀는 / 쓰다 / 안경을

❸ She / has / long straight hair.
그녀는 / 가지다 / 긴 곧은 머리카락을

해석 ❶ 에밀리는 나의 가장 친한 친구입니다. ❷ 그녀는 안경을 쓰고 있습니다. ❸ 그녀는 긴 생머리를 하고 있습니다.

어휘 glasses 명 안경　　straight hair 직모, 생머리

출제유형 맛보기 05

가족사진을 묘사한 것 중 옳지 <u>않은</u> 것은?

① There are 4 people.
② Mom has curly hair.
③ Dad is wearing a suit.
④ Sister is in short pants.

정답 ④

영쌤의 꼼꼼 풀이

그림 안에 여러 명이 있을 경우, 선택지에서 설명하고 있는 내용이 해당 인물과 일치하는지를 살펴봐야 해요. 예를 들어 인원은 총 몇 명인지, 어떤 옷을 입고 있는지, 머리는 어떤 스타일인지 등 인물의 특징에 대한 설명이 그림과 일치하는지를 봐야 해요. 혹은 인물이 각각 특징적인 행동을 취하고 있다면 인물과 인물이 취하는 행동이 일치하는지를 살펴봐야 해요. 위의 문제에서 누나는 짧은 바지가 아니라 치마를 입고 있으므로 정답은 ④가 돼요.

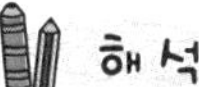

해석

① 4명의 사람들이 있다.(○)
② 엄마는 곱슬머리이다.(○)
③ 아빠는 양복을 입고 있다.(○)
④ 누나는 짧은 바지를 입고 있다.(×) → 누나는 치마를 입고 있다.

어휘

curly 형 곱슬곱슬한　　suit 명 정장, 양복
be in ~을 걸치다

01 그림을 설명한 문장으로 가장 적절한 것은?

기출

① Boram is reading a book.
② Tom is walking around.
③ Jane is talking on the phone.
④ Minho is sitting next to Jane.

02 대화에서 B가 찾고 있는 것은?

기출

A : What are you looking for?
B : I'm looking for the bag with a flower on it.

①

②

③

④

01

① 보람이는 책을 읽고 있다.(×)
→ 보람이는 전화 통화를 하고 있다.
② 톰은 주위를 걷고 있다.(×)
→ 톰은 게임을 하고 있다.
③ 제인은 전화상에서 말하고 있다.(×)
→ 제인은 책을 읽고 있다.
④ 민호는 제인 옆에 앉아 있다.(○)

02

선택지를 보면 가방은 동일하고 가방에 새겨진 그림에서 차이가 있음을 알 수 있다. B는 꽃(flower)이 새겨진 가방을 찾고 있으므로 답은 ③이 된다.

A : 너는 무엇을 찾고 있니?
B : 나는 위에 꽃이 있는 가방을 찾고 있어요.

looking for ~을 찾고 있다

ANSWER
01. ④ 02. ③

03 다음 중 그림에 대한 묘사가 알맞게 된 것은?

①

take a picture

②

see a movie

③

sing a song

④

surf the Internet

03

① take a picture → paint a picture
사진을 찍다(×) → 그림을 그리다
② 영화를 보다(○)
③ sing a song → listen to music
노래를 부르다(×) → 음악을 듣다
④ surf the Internet → surf the waves
인터넷 서핑을 하다(×) → 파도를 타다

04 그림과 일치하지 <u>않는</u> 것은?

① There are two balls in the box.
② There is a box next to the desk.
③ There is a cat under the chair.
④ There are three books on the chair.

04

① 상자 안에 두 개의 공이 있다.(○)
② 책상 옆에 상자가 있다.(○)
③ 의자 아래에 고양이 한 마리가 있다.(○)
④ 의자 위에 세 권의 책이 있다.(×)
→ 책상 위에 세 권의 책이 있다.

ANSWER
03. ② 04. ④

05 A가 찾아가려는 곳의 위치로 옳은 것은?

기출

A : Excuse me, how do I get to the library from here?
B : Go straight for 2 blocks and turn right. It's on your left.
A : Thank you.

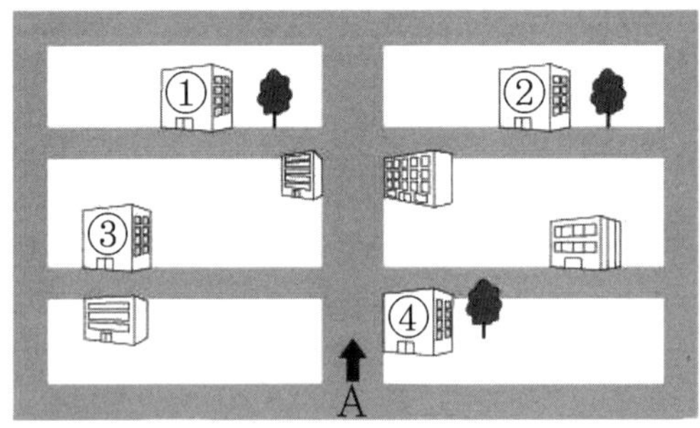

05

이 문제는 블록의 의미와 방향전환에 유의하며 풀어야 한다.
블록은 시가지나 주거지역의 일정한 구획을 뜻하는 말로, 그림에서는 건물이 있는 구역이 각각의 블록이 될 것이다. B가 직진(go straight)으로 블록 2개를 지나 오른쪽으로 돌면(turn right) 왼쪽(left)에 있다고 하였으니, 거기에 해당하는 것은 ②번 건물이다.

A : 실례합니다. 여기서 도서관을 어떻게 가나요?
B : 똑바로 두 블록을 가서 오른쪽으로 도세요. 그것은 당신의 왼쪽에 있을 겁니다.
A : 고맙습니다.

library 명 도서관

06 그림을 바르게 설명한 것은?

기출

① Tom is sleeping on the sofa.
② Bill is eating a sandwich.
③ Alice is talking on the phone.
④ Susan is reading a book.

06

각 인물들의 행동에 유의하며 문제를 풀어야 한다. 탐은 책을 읽고, 빌은 자고 있고, 수잔은 샌드위치를 먹고 있으며, 앨리스는 전화 통화를 하고 있다.

① 탐은 소파에서 자고 있다.(×)
② 빌은 샌드위치를 먹고 있다.(×)
③ 앨리스는 전화 통화를 하고 있다.(○)
④ 수잔은 책을 읽고 있다.(×)

ANSWER
05. ② 06. ③

Chapter

03 글의 주제, 제목

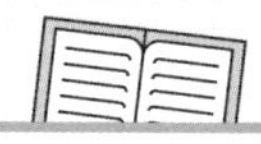

학습 포인트

글의 주제는 글쓴이가 글을 쓴 이유라고 할 수 있다. 따라서 글 안에는 글쓴이의 생각이나 주장이 잘 담겨진 주제문이 있는데, 이 주제문을 찾는 것이 주제 찾기 문제의 핵심이다. 주제를 찾는 문제는 곧 제목을 찾는 문제와도 연결된다. 제목이란 글의 주제를 함축하여 짧은 어구로 나타낸 것이다. 따라서 제목을 찾는 문제를 풀 때는 글의 주제를 포괄할 수 있는 것을 골라야 한다. 이 외에도 요지를 찾는 문제, 주장을 찾는 문제 모두 주제 찾기와 관련되어 있는 문제들이다.

① 보통 주제문은 글의 처음 혹은 마지막에 위치한다.

② 특히, 글의 마지막에 접속사(So, However, But, Therefore 등)가 나오면 바로 뒤에 주제문이 나올 확률이 높다.

③ 간혹 뚜렷한 주제문이 없을 때에는 글 전체의 내용을 파악하여 주제를 찾아야 한다.

④ 주제를 찾을 때 너무 광범위하거나 좁은 개념을 고르지 않도록 주의한다.

출제 빈도

연 도	2019-2	2019-1	2018-2	2018-1	2017-2	2017-1
문제 수	3	3	3	3	3	2

출제유형 맛보기 01

다음 글의 주제로 가장 적절한 것은?

Raising dogs is good for your health. For example, you can get some exercise when you take a walk with your dogs. When you're with your dogs, they can help you relax.

① 애완견을 키우는 것이 건강에 좋은 이유
② 집을 항상 청결하게 유지해야 하는 이유
③ 나무에 적절한 비료를 주어야 하는 이유
④ 건강관리를 위해 식단을 조절해야 하는 이유

① 정답

영쌤의 꼼꼼풀이

이 글의 첫 문장을 보면 글의 주제를 어느 정도 예상할 수 있어요. 첫 문장을 보면 개를 기르는 것은 여러분의 건강을 위하여 좋은 것이라고 쓰여 있어요. 이와 유사한 내용을 선택지에서 고르면 ①이 바로 답이 됨을 알 수 있을 거예요. 이렇게 두괄식으로 된 글의 경우는 첫 문장만 보아도 바로 답을 찾을 수 있기 때문에 굳이 시간낭비하며 뒷 문장까지 읽을 필요는 없지만, 혹시나 뒤에 however나 but 등과 같은 역접의 뜻을 가진 접속사가 있을 경우에는 주의하며 뒷 문장까지 살펴보아야 해요. 이 점은 꼭 염두에 두고 문제를 푸세요.

문장분석

❶ Raising dogs / is / good / for your health. /
개를 기르는 것 / 이다 / 좋은 / 당신의 건강에 /

❷ For example, / you / can get / some exercise / when / you / take a walk / with your dogs. /
예를 들면, / 너는 / 할 수 있다 / 약간의 운동 / ~ 때 / 너가 / 산책하다 / 당신의 개들과 함께 /

❸ When / you're with / your dogs, / they / can help / you / relax.
~ 때 / 당신이 함께 할 / 당신의 개들, / 개들은 / 도와줄 수 있다 / 당신 / 이완되다

해석

❶ 개를 기르는 것은 건강에 좋아요. ❷ 예를 들어, 당신은 개와 산책을 할 때 약간의 운동을 할 수 있어요. ❸ 당신이 개들과 함께 있을 때, 그들은 당신이 이완되도록 도와줄 수 있어요.

어휘

raise 동 높이다, 올리다, 기르다
exercise 명 연습, 운동
relax 동 쉬게 하다, 누그러뜨리다
For example 예를 들면
take a walk 산책하다

출제유형 맛보기 **02**

다음 글에서 주장하고 있는 것은?

Forests are very important to us. They give us fresh air. We can take a deep breath of fresh air in the forests. So, we should take care of them.

① 숲을 보호하자. ② 전기를 아껴 쓰자.
③ 맑은 공기를 마시자. ④ 자동차 매연을 줄이자.

① 정답

영쌤의 꼼꼼 풀이

이 글은 So로 시작하는 마지막 문장이 주제문이에요. 주제문은 글의 첫 문장과 마지막 문장이 될 확률이 높아요. 특히 주장하는 글을 쓸 때, 첫 문장에 주장을 밝히고 근거들을 서술하거나, 근거들을 서술하고 마지막 문장에 주장을 밝히는 경우가 많아요. 마지막 문장에서 take care of는 protect(보호하다)의 의미로 쓰였고, them은 앞 문장의 forests를 받는 대명사예요. 즉, 해석하면 '우리는 숲을 보호해야 한다'는 뜻으로 정답은 ①이 되네요.

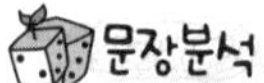

문장분석

❶ Forests / are very important / to us.
숲은 / 매우 중요하다 / 우리에게

❷ They / give / us / fresh air.
그들은 / 주다 / 우리에게 / 신선한 공기를

❸ We / can take a deep breath / of fresh air / in the forests.
우리는 / 깊게 숨 쉴 수 있다 / 신선한 공기를 / 숲 속에서

❹ So, / we / should take care of / them.
그래서, / 우리는 / 돌봐야 한다 / 그들을

해석

❶ 숲은 우리에게 매우 중요하다. ❷ 숲은 우리에게 신선한 공기를 준다. ❸ 우리는 숲에서 신선한 공기를 들이마실 수 있다. ❹ 그래서 숲을 돌봐야 한다.

어휘

take a deep breath 깊이 숨 쉬다, 심호흡하다
take care of ~을 돌보다, 소중히 하다

출제유형 맛보기 03

다음 글의 제목으로 알맞은 것은?

I always get up at seven. I leave my house at eight. School begins at nine and finishes at three o'clock. I do my homework first. I have dinner at seven. I sometimes watch TV and go to bed at ten.

① 자연 보호 ② 쇼핑 계획
③ 나의 일과 ④ 분실물 광고

정답 ③

영쌤의 꼼꼼 풀이

글의 제목을 찾는 문제는 글의 주제와도 밀접하게 연관되어 있어요. 글의 주제를 함축적으로 표현한 것이 제목이니까요. 글을 해석해 보면 특별히 주제문으로 보이는 문장을 찾을 수 없어요. 따라서 이 글은 전체 내용을 파악하고 종합하여 주제를 찾아야 해요. 아침 기상부터 잠자리에 들기까지의 나의 일과에 대해서 이야기하고 있어요. 따라서 정답은 ③이 되겠죠?

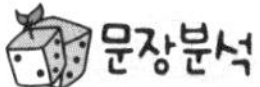

❶ I / always / get up / at seven.
나는 / 항상 / 일어나다 / 일곱 시에

❷ I / leave / my house / at eight.
나는 / 떠나다 / 집을 / 여덟 시에

❸ School / begins / at nine / and / finishes / at three o'clock.
학교는 / 시작하다 / 아홉 시에 / 그리고 / 끝나다 / 세 시에

❹ I / do my homework / first.
나는 / 숙제를 하다 / 먼저

❺ I / have dinner / at seven.
나는 / 저녁을 먹다 / 일곱 시에

❻ I / sometimes / watch TV / and / go to bed / at ten.
나는 / 때때로 / TV를 보다 / 그리고 / 자러 가다 / 열 시에

해석

❶ 나는 항상 7시에 일어난다. ❷ 나는 8시에 집을 나선다. ❸ 수업은 9시에 시작하고 3시에 끝난다. ❹ 나는 먼저 숙제를 한다. ❺ 나는 7시에 저녁을 먹는다. ❻ 나는 가끔 TV를 보고 10시에 잠자리에 든다.

always 부 항상
get up 일어나다
have dinner 저녁을 먹다
sometimes 부 때때로, 가끔
go to bed 잠자리에 들다

출제유형 맛보기 **04**

다음 글의 중심 내용으로 알맞은 것은?

In the past, people went to stores for shopping. Now you need not go to stores. You buy anything through the Internet. Internet shopping is easy. You need not leave your own room.

① 효과적인 공부 방법 ② 자연재해 시 행동 요령
③ 직업 선택 시 고려 사항 ④ 인터넷 쇼핑의 편리한 점

정답 ④

영쌤의 꼼꼼 풀이

글의 중심 내용은 곧 글의 주제를 찾으라는 말씀! 글의 내용을 살펴보면 과거에는 쇼핑하기 위해 직접 가게에 찾아갔지만 지금은 집에서도 인터넷을 통해 쉽게 쇼핑할 수 있다는 내용이네요. ④가 정답이라는 거 금방 알겠죠?

문장분석

❶ In the past, / people / went to stores / for shopping.
과거에는 / 사람들은 / 가게에 갔다 / 쇼핑을 하러

❷ Now / you / need not / go to stores.
지금 / 너는 / 필요가 없다 / 가게에 갈

❸ You / buy / anything / through the Internet.
너는 / 사다 / 어떤 것 / 인터넷을 통해

❹ Internet shopping / is / easy.
인터넷 쇼핑은 / 이다 / 쉬운

❺ You / need not leave / your own room.
너는 / 떠날 필요가 없다 / 너의 자신의 방에서

해석

❶ 과거에는 사람들이 쇼핑을 하기 위해 가게에 갔었다. ❷ 이제 당신은 가게에 갈 필요가 없다. ❸ 당신은 인터넷을 통해 어떤 것이든 구입한다. ❹ 인터넷 쇼핑은 쉽다. ❺ 당신은 당신의 방을 떠날 필요가 없다.

어휘

past 명 과거
through ~을 통해서
need not ~할 필요가 없다
own 형 자신의

출제유형 맛 보 기 **05**

다음 글의 소재는 무엇인가?

> Potato chips are thin pieces of fried potatoes. George Crum made the first potato chips in 1835. He sliced the potatoes as thin as paper.

① 감자칩 ② 감자떡
③ 감자전 ④ 감자볶음

① 정답

영쌤의 꼼꼼 풀이

글의 소재를 찾는 문제는 자주 출제가 되는 유형은 아니지만 그래도 가끔 시험에 나오는 유형이니 알아두어야 하겠죠? 글의 소재는 주제보다 쉽게 찾을 수 있어요. 글에 자주 등장하는 단어가 글의 소재일 확률이 높으니까요. 그래도 글의 전체적인 내용을 파악해야 좀 더 확실하게 정답을 찍고 다음 문제를 풀 수 있겠죠?

문장분석

❶ Potato chips / are / thin pieces of fried potatoes.
감자 칩은 / 이다 / 튀긴 감자의 얇은 조각

❷ George Crum / made / the first potato chips / in 1835.
George Crum은 / 만들었다 / 첫 번째 감자 칩을 / 1835년에

❸ He / sliced / the potatoes / as thin as paper.
그는 / 썰었다 / 감자를 / 종이처럼 얇게

해석

❶ 감자 칩은 튀긴 감자의 얇은 조각이다. ❷ George Crum이 1835년에 처음으로 감자 칩을 만들었다. ❸ 그는 종이처럼 얇게 감자를 썰었다.

어휘

potato chips 감자 칩
thin 형 얇은
fried 형 튀긴
slice 동 썰다, 자르다

01 다음 글의 요지로 적절한 것은?

> Don't waste water. Heating water needs a lot of energy. So, take shorter showers! It is a good way to save water.

① 물을 아껴 쓰자　② 재활용을 하자
③ 물건을 절약하자　④ 쓰레기를 줄이자

01

첫 문장 "Don't waste water(물을 낭비하지 마라)."를 통해 이 글의 요지가 '물을 아껴 쓰자'임을 알 수 있다.

물을 낭비하지 마세요. 물을 데우는 것은 많은 에너지를 필요로 합니다. 그러므로 샤워를 짧게 하세요. 그것이 물을 절약하는 좋은 방법입니다.

waste 동 낭비하다
heat 동 열을 가하다
take shower 샤워하다
save 동 절약하다

02 다음 글의 주제로 가장 알맞은 것은?

기출

> What habits are good for our health? We should exercise regularly and get enough sleep. We should also wash our hands often.

① 친구의 중요성　② 올바른 전화 예절
③ 에너지를 아끼는 방법　④ 건강을 위한 생활 습관

02

건강을 위한 좋은 습관이 무엇인지 묻고, 그 방안으로 규칙적인 운동, 충분한 수면, 손 씻기 등을 제시하고 있다. 따라서 이 글의 주제는 건강을 위한 생활 습관이 될 것이다.

어떤 습관들이 우리의 건강에 좋을까? 우리는 규칙적으로 운동하고 충분히 잠을 자야 한다. 우리는 또한 자주 우리의 손을 씻어야 한다.

habit 명 습관, 관습, 성향
be good for ~에 좋다
regularly 부 정기적으로
enough 형 충분한

03 다음 글의 주제로 적절한 것은?

> If you really want to study well, follow these rules. First, focus on the teacher. Next, find a quiet study place. Finally, do not study with the radio or TV on.

① 공부을 잘하는 방법　② 집중을 잘하는 방법
③ 기억을 잘하는 방법　④ 방송을 잘하는 방법

03

이 글의 주제는 첫 문장을 보면 알 수 있다. 공부를 잘하고 싶은 사람이 따라야 할 규칙에 대해 설명하는 것으로 보아 '공부를 잘하는 방법'이 이 글의 주제임을 알 수 있다.

당신이 정말로 공부를 잘하고 싶다면 다음의 규칙을 따르세요. 첫째, 선생님에게 집중하세요. 다음으로 조용한 공부 장소를 찾으세요. 마지막으로 라디오나 TV를 보면서 공부하지 마세요.

ANSWER
01. ①　02. ④　03. ①

04 다음은 무엇에 관한 글인가?

My name is Jinsu. I'm 14 years old. Let me introduce my friend Yunho. He is good at all kinds of sports. He is the fastest in our school.

① 나의 소개 ② 학교생활
③ 친구 소개 ④ 운동의 종류

05 글의 주장으로 가장 적절한 것은?

기출

Rivers have many benefits. We get fresh water from them. We can go to a river to go fishing and we can even go swimming. If we want to enjoy these good things that rivers give us, we should keep them clean.

① 안전 수칙을 지키자.
② 신선한 공기를 마시자.
③ 수상 스포츠를 즐기자.
④ 강을 깨끗하게 보존하자.

04

글의 첫 문장만 보면 자기소개를 하는 것으로 착각할 수 있다. 그러나 글의 중간에 "Let me introduce my friend Yunho"라는 문장을 통해 이 글이 자기소개가 아닌 친구를 소개하고 있다는 것을 알 수 있다.

저의 이름은 진수입니다. 저는 14살입니다. 저의 친구 윤호를 소개하겠습니다. 그는 모든 종류의 운동을 잘합니다. 그는 우리 학교에서 제일 빠릅니다.

Let me introduce~ ~를 소개하다
(= I'd like to introduce~)

05

이 글의 흐름을 보면, 강은 많은 혜택을 가지고 있으며, 그 혜택은 신선한 물을 얻는 것과 낚시나 수영 등을 즐길 수 있는 것이라고 하고 있다. 그리고 이러한 것을 즐기기 위해서는 우리가 강을 깨끗하게 유지해야 한다고 끝을 맺고 있다. 따라서 이 글에서 주장하는 내용은 ④번 강을 깨끗하게 보존하자는 것이 적절하다.

강들은 많은 혜택을 가지고 있습니다. 우리는 그들로부터 신선한 물을 얻습니다. 우리는 강에 낚시를 하러 가거나 심지어 수영도 하러 갈 수 있습니다. 만약 우리가 강들이 주는 이러한 좋은 것을 즐기기를 원한다면 우리는 그들을 깨끗하게 유지해야만 합니다.

benefit 명 혜택, 이익

ANSWER
04. ③ 05. ④

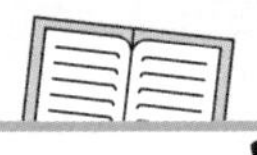

Chapter

04 글의 목적, 종류

학습 포인트

글의 목적을 물어보는 문제는 글쓴이의 의도, 즉 글을 쓴 이유를 파악하는 유형으로, 글의 주제 찾기와 비슷한 유형이다. 글의 종류 또한 목적과 관련된 문제이다. 글의 목적에 따라 글의 종류가 정해지기도 하기 때문이다. 누군가를 초대하고자 하는 목적을 가진 글은 초대문이 되고, 무언가를 알리고자 하는 목적을 가진 글은 안내문이 된다. 최근 경향으로는 글의 종류보다는 목적을 묻는 문제가 더 자주 출제되고 있다.

① 글의 내용을 전체적으로 파악할 수 있어야 한다.

② 글의 목적을 묻는 문제에는 편지글이나 광고문, 안내문 등이 자주 출제된다.

③ 글의 목적이나 종류에 따라 사용하는 단어가 다르므로 자주 등장하는 단어들을 알고 있어야 한다.

- 편지글 : Dear, To
- 광고문 : wanted, sale, advertisement
- 공고문 : inform, notice
- 안내문 : guide
- 초대장 : invite

출제 빈도

연 도	2019-2	2019-1	2018-2	2018-1	2017-2	2017-1
문제 수	2	2	1	2	2	2

출제유형 맛보기 01

다음 글의 종류는?

> June 13, 2020, Cloudy
> I had a practice game this afternoon. I played very well. Playing baseball is my life. But my parents don't understand me. Sometimes I feel lonely.

① 일기문　　② 추천서
③ 초대장　　④ 경고장

① 정답

영쌤의 꼼꼼 풀이

제일 윗줄에 날짜와 날씨가 나와 있고, 하루에 있었던 일에 대해 적은 것으로 보아 일기문이라는 것을 알 수 있어요. 글의 종류는 종류에 따라 형식이 정해져 있어 형식만 알면 풀 수 있는 문제들이 대부분이에요. 편지글은 Dear, To가 제일 윗줄에 나오고, 초대장의 경우에는 invite 등이 나오면서 시간, 일시, 장소 등이 같이 나오므로 평소에 문제를 풀면서 글의 형식을 잘 봐둬야 해요.

문장분석

❶ June 13, 2020, Cloudy
6월 13일, 2020년, 흐린

❷ I / had a practice game / this afternoon.
나는 / 연습 게임을 했다 / 오후에

❸ I / played very well.
나는 / 아주 잘했다

❹ Playing baseball / is / my life.
야구를 하는 것은 / 이다 / 나의 삶

❺ But / my parents / don't understand / me.
그러나 / 나의 부모님은 / 이해하지 못하다 / 나를

❻ Sometimes / I / feel / lonely.
때때로 / 나는 / 느끼다 / 외로운

해석

❶ 2020년 6월 13일, 흐린
❷ 오후에 나는 연습 게임을 했다. ❸ 나는 아주 잘했다. ❹ 야구를 하는 것은 나의 삶이다.
❺ 그러나 부모님은 나를 이해하지 못하신다. ❻ 때때로 나는 외로움을 느낀다.

어휘

practice 동 연습하다 명 실행, 실천, 관습, 연습
afternoon 명 오후　　parents 명 부모님
understand 동 이해하다　　lonely 형 외로운

영 어

출제유형 맛보기 02

다음은 친구가 Jinho에게 보낸 문자 메시지이다. 이 메시지를 보낸 이유는?

> Hi, Jinho. Do you have any plans for this Sunday? I'm thinking about going to see a SF film. Can you come with me?

① 안부가 궁금해서　　② 책을 빌리기 위해서
③ 숙제를 확인하기 위해서　　④ 영화를 함께 보기 위해서

㉮ 정답

영쌤의 꼼꼼 풀이

어떤 글인지 상황을 설명하고 글을 쓴 이유를 묻고 있네요. 상대방의 계획을 묻고, 자신의 계획을 말하면서 함께할 것을 제안하고 있는 글이에요. 마지막 문장인 "Can you come with me(나와 함께 갈래)?"를 통해 무언가 제안하고 있다는 것을 알 수 있어요.

문장분석

❶ Hi, Jinho.
안녕, 진호

❷ Do you have any plans / for this Sunday?
무슨 계획 있니 / 이번 일요일에

❸ I'm thinking about / going to see a SF film.
나는 ~에 대해 생각 중이다 / SF영화를 보러 가는 것

❹ Can you come / with me?
같이 갈래 / 나와 함께

해석

❶ 안녕, 진호야. ❷ 이번 일요일에 무슨 계획 있니? ❸ 난 SF영화를 보러 갈까 해. ❹ 너도 같이 갈래?

어휘

do you have any plans for~ ~에 무슨 계획 있니?
go to see a film 영화를 보러 가다
film 명 영화(= movie)

출제유형 맛 보 기 **03**

다음 글의 의도는?

This is my father. He is a taxi driver. He is kind. This is my mother. She is a science teacher. She cooks well. I love my family.

① 격려　　② 소개
③ 충고　　④ 추천

정답 ②

영쌤의 꼼꼼 풀이

아버지, 어머니를 차례로 소개하고 있는 글이에요. 이 글의 의도는 당연히 '소개'가 되겠죠?

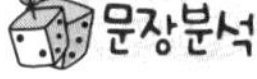

문장분석

❶ This / is / my father.
이것은 / 이다 / 나의 아버지

❷ He / is / a taxi driver.
그는 / 이다 / 택시 운전기사

❸ He / is kind.
그는 / 친절하다

❹ This / is / my mother.
이것은 / 이다 / 나의 어머니

❺ She / is / a science teacher.
그녀는 / 이다 / 과학 선생님

❻ She / cooks well.
그녀는 / 요리를 잘한다

❼ I / love / my family.
나는 / 사랑하다 / 나의 가족을

해 석

❶ 이분은 나의 아버지입니다. ❷ 그는 택시 운전기사입니다. ❸ 그는 친절합니다. ❹ 이분은 나의 어머니입니다. ❺ 그녀는 과학 선생님입니다. ❻ 그녀는 요리를 잘합니다. ❼ 나는 나의 가족을 사랑합니다.

어 휘

driver 명 운전기사　　kind 형 친절한
cook 동 요리하다, 음식을 만들다

출제유형 맛보기 **04**

다음 글을 쓴 목적으로 알맞은 것은?

> Do you want to be her friend? Don't be shy. At first, say hello and be nice to her. Then, tell her that you want to be her friend.

① 거절하기　　② 사과하기
③ 감사하기　　④ 조언하기

정답 ④

영쌤의 꼼꼼 풀이

글의 첫 문장을 보면 '그녀의 친구가 되고 싶니?'란 말로 시작해요. 그리고 다음 문장들을 살짝 보면 At first(처음에는), Then(그러고 나서)이 보여요. 그녀의 친구가 되기 위한 어떤 방법을 알려 주고 있다는 것을 알 수 있어요. 따라서 답은 ④가 되겠죠?

문장분석

❶ Do you want to be / her friend?
~이 되고 싶니? / 그녀의 친구

❷ Don't / be shy.
~하지 마라 / 수줍어하다

❸ At first, / say / hello / and / be nice to her.
처음에는, / 말하다 / 인사 / 그리고 / 그녀에게 잘하다

❹ Then, / tell / her / that you / want to be / her friend.
그러고 나서 / 말하다 / 그녀에게 / 네가 / ~되고 싶다 / 그녀의 친구가

해석

❶ 그녀의 친구가 되고 싶으세요? ❷ 수줍어하지 마세요. ❸ 처음에는 인사를 하고 그녀에게 잘해 주세요. ❹ 그러고 나서 그녀의 친구가 되고 싶다고 그녀에게 말하세요.

어휘

shy 형 수줍어하는　　at first 처음에는
nice 형 다정한, 친절한, 즐거운

출제유형 맛보기 05

다음과 관계 깊은 것은?

There is a handsome boy in my class. He is smart. I really like him. However, last Sunday I saw him with my friend, Mary on the street. They looked very close. What should I do?

① 여행안내 ② 호텔 예약
③ 상품 주문 ④ 고민 상담

정답 ④

영쌤의 꼼꼼 풀이

글의 목적을 찾으라고 직접적으로 질문에 나와 있지는 않지만 선택지를 보면 목적을 찾는 문제와 관련 있다는 것을 알 수 있어요. 마지막 문장인 "What should I do(내가 무엇을 해야 하지)?"는 고민 상담을 하는 글에 자주 나오는 표현이에요.

문장분석

❶ There is / a handsome boy / in my class.
~이 있다 / 잘생긴 소년 / 우리 반에

❷ He / is smart.
그는 / 똑똑하다

❸ I / really like / him.
나는 / 정말 좋아한다 / 그를

❹ However, / last Sunday / I / saw / him / with my friend, Mary / on the street.
그러나, / 지난 일요일 / 나는 / 보았다 / 그를 / 내 친구 메리와 함께 / 거리에서

❺ They / looked / very close.
그들은 / 보였다 / 매우 가까워

❻ What should I do?
내가 무엇을 해야 할까?

해석

❶ 우리 반에 잘생긴 소년이 있습니다. ❷ 그는 똑똑합니다. ❸ 나는 그를 아주 좋아합니다. ❹ 하지만 지난 일요일에 나는 거리에서 내 친구 메리와 같이 있는 그를 보았습니다. ❺ 그들은 매우 친해 보였습니다. ❻ 제가 어떻게 해야 할까요?

어휘

handsome 형 잘생긴, 멋진
smart 형 똑똑한, 영리한
however 부 하지만, 그러나
street 명 거리
close 형 가까운, 친한

실력 탄탄 다지기

실전 예상문제

01 글의 목적으로 가장 적절한 것은?

기출

> Do you like cooking? We can make pizza, bread, cookies, and cakes. Why don't you join our cooking class?

① 조리 기구 광고 ② 요리 교실 수강 권유
③ 음식 주문 안내 ④ 에너지 절약 방법 홍보

01

마지막 문장 "Why don't you join our cooking class?"에서 요리반에 들어올 것을 권유하고 있다.

요리하기를 좋아하세요? 우리는 피자, 빵, 쿠키 그리고 케이크를 만들 수 있어요. 우리 요리반에 들어오는 것이 어떠세요?

cook 동 요리하다
Why don't you ~하는 것이 어때?
join 동 가입하다, 참여하다, 합치다

02 글을 쓴 목적으로 가장 적절한 것은?

기출

> Do you want to have a special weekend? Then, come to Hana Art Museum! We have a lot of paintings from around the world. You can also enjoy many exciting art classes. Come and have a great time!

① 미술관 홍보 ② 시험 일정 안내
③ 체육대회 결과 발표 ④ 그림 보관 방법 설명

02

이 글은 하나 예술 박물관에 오면 전 세계로부터 온 많은 그림을 볼 수 있고, 흥미로운 미술수업도 즐길 수 있음을 알리는 홍보글이다.

당신은 특별한 주말을 원하나요? 그러면 하나 예술 박물관에 오세요! 우리는 전 세계로부터 온 많은 그림들을 가지고 있어요. 당신은 또한 많은 흥미로운 미술 수업을 즐길 수 있어요. 와서 훌륭한 시간을 가지세요!

weekend 명 주말
art 명 예술, 미술(품)
museum 명 박물관
a lot of 많은
painting 명 그림, 페인트칠
around the world 전 세계의, 세계 곳곳에
exciting 형 흥미 있는, 신나는

03 다음 글의 종류로 알맞은 것은?

> Sale, Sale!
> $5, *Five months old, almost new*
> If interested, call 123 – 4567

① 초대장 ② 광고문
③ 편지글 ④ 기행문

03

sale, call은 광고문에 자주 등장하는 단어이다.

세일, 세일!
5달러, 5개월 된 거의 새것
관심 있으면 123-4567로 전화하세요.

almost 부 거의, 대부분
interested 형 관심(흥미) 있어 하는

ANSWER

01. ② 02. ① 03. ②

04 다음 글을 쓴 목적으로 가장 알맞은 것은?

Dear Miss Kim,

Hello. I'm In-ho. Thank you for teaching me English. I enjoyed your class a lot. I want to see you again next year. You are the best English teacher.

Your student, In-ho

① 학교에 입학하기 위해
② 선생님을 소개하기 위해
③ 영어 공부에 대한 조언을 얻기 위해
④ 선생님께 감사의 말을 전하기 위해

04

편지글의 첫 부분에 있는 "Thank you for teaching me English(영어를 가르쳐 주셔서 감사합니다)."라는 문장을 통해 감사의 말을 전하는 편지임을 알 수 있다.

친애하는 김 선생님께,
안녕하세요. 저는 인호입니다. 저에게 영어를 가르쳐 주셔서 감사합니다. 저는 선생님의 수업이 무척 즐거웠습니다. 내년에도 다시 선생님을 뵙기를 원합니다. 선생님은 최고의 영어 선생님입니다.
선생님의 제자, 인호

05 다음 글의 의도로 적절한 것은?

Ladies and gentlemen, the concert will be starting soon. Please have a seat and turn off your cellular phones. Thank you very much.

① 추천　　② 경고
③ 안내　　④ 소개

05

콘서트가 시작됨을 알리며 장내를 정리하고자 하는 안내 방송이다. Ladies and gentlemen(신사 숙녀 여러분)과 같은 표현은 안내 방송이나 연설 등에 자주 나오는 단어이다.

신사 숙녀 여러분, 콘서트가 곧 시작됩니다. 자리에 앉아 주시고, 휴대 전화를 꺼 주시기 바랍니다. 감사합니다.

have a seat 앉다, 착석하다
turn off ~를 끄다
cellular phone 명 휴대 전화
(= mobile phone)

ANSWER

04. ④ 05. ③

Chapter

05 글의 내용

학습 포인트

글의 내용을 묻는 문제는 내용 일치 여부를 묻는 문제와 특정 정보를 파악하는 문제로 나눌 수 있다. 내용 일치 여부를 묻는 문제는 다른 지문들에 비해 문장이 짧거나 쉽게 나오지만, 지문의 내용과 일치하거나 다른 내용을 골라내야 하므로 꼼꼼하게 읽어야 한다. 또한 글의 세부 내용을 정확하게 이해해야 하는 문제이기 때문에 다른 문제 유형보다 시간이 많이 소요된다. 특정 정보를 파악하는 문제는 글의 한 부분 혹은 글 전체 내용을 통해 문제에서 특정 정보를 파악해야 한다.

① 제시된 선택지를 미리 읽어 보면 내용에 대한 단서를 파악할 수 있다.

② 선택지와 지문을 비교해 가며 읽으면서 내용 일치 여부를 판단해 바로바로 확인해야 시간을 줄일 수 있다.

③ 특정 정보를 파악할 때는 지문을 읽을 때 문제에서 제시한 부분을 찾으면 그 부분을 집중적으로 읽는다.

출제 빈도

연 도	2019-2	2019-1	2018-2	2018-1	2017-2	2017-1
문제 수	7	5	4	5	7	6

출제유형 맛보기 01

다음에서 'I'가 오늘 한 일이 아닌 것은?

> Today was my mother's birthday. In the morning, I cleaned the house. My mother and I went shopping and ate dinner at a restaurant. We had a good time.

① 청소 ② 쇼핑
③ 외식 ④ 등산

정답 ④

영쌤의 꼼꼼풀이

이 문제 역시 글의 내용 일치 여부를 묻는 문제네요. 글을 읽으면서 오늘 한 일에 해당하는 선택지를 찾아 지워요. 그러면 오늘 한 일이 아닌 한 가지가 나오겠죠? 글을 읽으면 먼저 집을 청소했다는 내용이 나오고, 엄마와 쇼핑을 했고 식당에서 저녁을 먹었다는 내용이 나와요. 선택지 ①, ②, ③을 차례로 지우면 결국 ④등산만 남게 되네요.

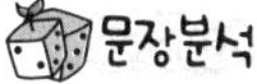

❶ Today / was / my mother's birthday.
오늘 / 이었다 / 나의 엄마의 생일

❷ In the morning, / I / cleaned / the house.
아침에, / 나는 / 청소했다 / 집을

❸ My mother and I / went / shopping / and / ate / dinner / at a restaurant.
나의 엄마와 나는 / 갔다 / 쇼핑을 / 그리고 / 먹었다 / 저녁을 / 식당에서

❹ We / had / a good time.
우리는 / 가졌다 / 좋은 시간을

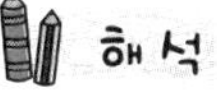

❶ 오늘은 어머니의 생신이었다. ❷ 아침에 나는 집을 청소했다. ❸ 어머니와 나는 쇼핑을 갔고, 식당에서 저녁을 먹었다. ❹ 우리는 즐거운 시간을 보냈다.

clean 동 청소하다
go shopping 쇼핑하러 가다
dinner 명 저녁식사
have a good time 즐겁게 지내다

출제유형 맛보기 **02**

글에 나타난 키위새에 대한 설명으로 알맞은 것은?

> The kiwi lives only in New Zealand. It has no wings. It has hair on its body. The kiwi sleeps during the day because the sunlight hurts its eyes.

① 호주에만 살고 있다. ② 큰 날개를 가지고 있다.
③ 몸이 털로 덮여져 있다. ④ 주로 낮에 활동을 한다.

정답 ③

영쌤의 꼼꼼 풀이

글의 내용 일치 여부를 묻는 문제예요. 키위새에 대한 전반적인 설명을 하고 있는 글이기 때문에 꼼꼼히 읽어야 어떤 설명이 알맞은 것인지 찾을 수 있어요. 대부분 선택지는 글의 순서대로 되어 있는 경우가 많아요. 글을 살펴보면 키위새는 뉴질랜드에 살고, 날개가 없으며, 몸에 털이 있고, 낮에는 주로 잠을 잔다고 하네요. 따라서 키위새에 대한 설명으로 알맞은 것은 ③이에요.

문장분석

❶ The kiwi / lives / only / in New Zealand.
키위새는 / 산다 / 오직 / 뉴질랜드에서

❷ It / has / no wings.
그것은 / 가지다 / 날개가 없는

❸ It / has / hair / on its body.
그것은 / 가지다 / 털을 / 그것의 몸에

❹ The kiwi / sleeps / during the day / because / the sunlight / hurts / its eyes.
키위새는 / 잔다 / 낮 동안 / 왜냐하면 / 햇빛이 / 다치게 하다 / 그것의 눈을

해석

❶ 키위새는 오직 뉴질랜드에서만 산다. ❷ 키위새는 날개가 없다. ❸ 키위새는 몸에 털이 있다. ❹ 키위새는 햇빛이 눈을 다치게 하기 때문에 낮 동안에는 잠을 잔다.

어휘

wing 명 날개 ※ 본문에서 날개는 쌍으로 있기 때문에 복수형 wings를 쓴다.
sunlight 명 햇빛
hurt 동 다치게 하다 형 다친, 기분이 상한

출제유형 맛보기 03

※ 다음 글을 읽고 물음에 답하시오. (1~2)

Welcome to Hanguk Middle School! We have 1,200 students and 60 teachers. There are many classrooms, a music room, an art room, and a library.

01 이 학교에 근무하는 선생님의 수는?

① ten ② twenty
③ forty ④ sixty

02 위 글에서 소개되지 않은 시설은?

① 교실 ② 음악실
③ 도서실 ④ 컴퓨터실

정답 01. ④ 02. ④

영쌤의 꼼꼼풀이

한 지문에 두 개의 문제가 달려 있는 유형이에요. 자주 출제되는 유형은 아니지만 알아두면 좋겠죠? 이렇게 한 지문에 문제가 여러 개가 나올 때는 먼저 문제를 읽고 어떤 내용을 중점으로 봐야 하는지 생각한 다음 지문을 읽으면 좀 더 빨리, 쉽게 문제를 풀 수 있어요.

문장분석

❶ Welcome to / Hanguk Middle School!
환영합니다 / 한국 중학교

❷ We / have / 1,200 students and 60 teachers.
우리는 / 가지다 / 1,200명의 학생과 60명의 선생님을

❸ There are / many classrooms, a music room, an art room, / and a library.
~이 있다 / 많은 교실, 음악실, 미술실, / 그리고 도서관

해석

❶ 한국 중학교에 오신 걸 환영합니다! ❷ 우리는 1,200명의 학생과 60명의 선생님이 있습니다. ❸ 많은 교실, 음악실, 미술실, 그리고 도서관이 있습니다.

어휘

classroom 명 교실

출제유형 맛보기 **04**

다음 자기소개에 <u>없는</u> 내용은?

> Hi, my name is Yuna. I'm 14 years old. I'm from Seoul. I'm a middle school student. I like English and math. I'm glad to see you.

① 나이 ② 출신지
③ 학년 ④ 좋아하는 과목

정답 ③

영쌤의 꼼꼼 풀이

이번에는 글의 내용 일치 여부를 묻는 문제네요. 그런데 상세한 내용의 일치 여부를 묻는 것이 아니라 어떤 항목이 있는지, 없는지를 묻는 문제네요. 즉, 몇 살인지, 어디에서 태어났는지 등 세부적인 것까지 알 필요는 없기 때문에 빠르게 글을 읽으면서 어떤 항목이 있는지, 없는지를 확인하면서 문제를 풀면 돼요. 글을 보면 이름, 나이, 출신지, 신분, 좋아하는 과목을 알 수 있지만 학년까지는 알 수가 없어요.

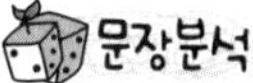

문장분석

❶ Hi, / my name / is / Yuna.
안녕 / 내 이름은 / 이다 / 유나

❷ I'm / 14 years old.
나는 ~이다 / 14살

❸ I'm / from Seoul.
나는 ~이다 / 서울 출신

❹ I'm / a middle school student.
나는 ~이다 / 중학교 학생

❺ I / like / English and math.
나는 / 좋아하다 / 영어와 수학을

❻ I'm glad / to see you.
나는 반갑다 / 너를 만나서

해석

❶ 안녕, 내 이름은 유나야. ❷ 나는 14살이야. ❸ 나는 서울 출신이야. ❹ 나는 중학생이야. ❺ 나는 영어와 수학을 좋아해. ❻ 만나서 반가워.

어휘

math 명 수학 glad 형 기쁜, 반가운

출제유형 맛보기 05

다음 안내문을 읽고 도서관에 대해 알 수 있는 것은?

School Library Now Open!
Many Books to Read
Open : From 9 a.m. to 5 p.m.
Don't bring food or drinks!

① 크기 ② 위치
③ 휴관일 ④ 열람 시간

정답 ④

영쌤의 꼼꼼 풀이

안내문을 통해 알 수 있는 것은 현재 도서관 이용이 가능하다는 점, 열람 시간, 주의사항 등이에요. 크기나 위치, 휴관일에 대한 내용은 없네요.

문장분석

❶ School Library / Now Open!
학교 도서관 / 현재 개방

❷ Many Books / to Read
많은 책 / 읽을 수 있는

❸ Open : / From 9 a.m. to 5 p.m.
개방 : / 오전 9시부터 오후 5시까지

❹ Don't bring / food or drinks!
가져오지 마라 / 음식 또는 음료수를

해석

학교 도서관 현재 개방!
읽을 만한 많은 책
개방 시간 : 오전 9시부터 오후 5시까지
음식이나 음료수는 가져오지 마세요!

어휘

from A to B A에서 B까지
library 명 도서관
bring 동 가져오다, 데려오다

출제유형 맛 보 기 **06**

다음 안내문의 내용과 다른 것은?

Title	Show Time	Start	End	Ticket
Harry Potter	1st	10 : 00 am	11 : 30 am	Adults : 10$ Children : 7$
	2nd	2 : 00 pm	3 : 30 pm	
	3rd	5 : 30 pm	7 : 00 pm	

① 제목은 해리포터이다.
② 상영 시간은 1시간 30분이다.
③ 오전에는 1회만 상영된다.
④ 어린이 요금은 어른의 절반이다.

정답 ④

영쌤의 꼼꼼 풀이

내용 일치 여부를 묻는 문제는 글이 나오기도 하지만 이번 문제처럼 안내문이나 광고 등의 내용 일치 여부를 묻는 문제가 자주 나와요. 먼저 안내문의 내용을 파악해야 해요. 무슨 영화인지, 상영 시간은 어떻게 되는지, 요금은 성인과 어린이가 어떻게 다른지 등을 파악한 뒤 선택지와 하나씩 비교하며 풀어야 해요. 성인의 요금은 10$이고, 어린이의 요금은 7$이므로 ④가 안내문과 다른 내용이네요.

 해석

제 목	상영 시간	시 작	끝	표
해리 포터	1회	오전 10시	오전 11시 30분	성인 : 10달러 어린이 : 7달러
	2회	오후 2시	오후 3시 30분	
	3회	오후 5시 30분	오후 7시	

 어휘

title 명 제목　　adult 명 성인

01 다음 대화에서 미라가 엄마를 도와주지 못하는 이유는?

> Mom : I'm cleaning the house. Can you help me, Mira?
> Mira : Sorry, I'm busy. I'm doing my homework.

① TV를 보고 있기 때문에
② 숙제를 하고 있기 때문에
③ 설거지를 하고 있기 때문에
④ 전화 통화를 하고 있기 때문에

01
엄마가 미라에게 집안 청소를 도와달라고 요청하고 있지만 미라는 숙제를 하는 중이라 도와줄 수가 없다.

엄마 : 집안 청소 중인데 좀 도와주겠니, 미라?
미라 : 죄송해요, 지금 바빠요. 숙제를 하고 있어요.

busy 형 바쁜, 분주한
do one's homework 숙제를 하다

02 기출 이메일에 나타난 'I'의 고민으로 가장 적절한 것은?

> Dear Ann,
> I feel very nervous when I have to speak in front of a lot of people. In this situation, I forget everything I want to say. What should I do? I need your help.
> *Jack*

① 농구 실력이 잘 늘지 않는 것
② 효율적인 학습 방법을 모르는 것
③ 새로운 친구를 잘 사귀지 못하는 것
④ 많은 사람들 앞에서 말할 때 긴장하는 것

02
많은 사람 앞에서 말해야 할 때 긴장하게 되고, 그런 상황에서 해야 할 말을 모두 잊어버리는 것이 고민이다. 이를 극복하기 위해서 무엇을 해야 할지 Ann에게 도움을 요청하고 있는 글이다.

> 친애하는 앤에게
> 나는 많은 사람들 앞에서 말해야 할 때 긴장감을 느껴요. 이런 상황에서 나는 말하기를 원했던 모든 것을 잊어버려요. 나는 무엇을 해야만 할까요? 나는 당신의 도움이 필요해요.
> 잭으로부터

nervous 형 긴장되는
in front of ~앞에
situation 명 상황

ANSWER
01. ② 02. ④

03 전단지 내용에 언급되지 않은 것은?

기출

Lost Cat

Kidi is two years old.
She is a black cat.
She has a white ribbon around her neck.
Please call 546-4985.

① 나이 ② 성별
③ 성격 ④ 전화번호

04 다음 대화에서 B가 여행을 가지 못한 이유는?

기출

A : Did you enjoy your trip to Indonesia?
B : No, I couldn't make it. My puppy got sick and I had to take care of him.

① 더운 날씨를 싫어해서
② 방학이 늦게 시작돼서
③ 비행기 티켓을 못 구해서
④ 아픈 강아지를 돌봐야 해서

03

잃어버린 고양이를 찾는 전단지이다. 고양이의 이름(Kidi)과 나이(two years old), 색깔(black), 목 주위의 흰색 리본, 연락할 전화번호가 언급되어 있다. 또한 대명사 'She'로 보아 고양이는 암컷임을 알 수 있다. 고양이의 성격은 찾아볼 수가 없다.

키디는 2살이에요.
그녀는 검정색 고양이에요.
그녀는 목 주위에 흰색 리본을 달고 있어요.
전화주세요 546-4985

04

'sick'와 'take care of'의 뜻만 알아도 이 문제의 정답을 쉽게 유추할 수 있다. 즉, B는 아픈 강아지를 돌보기 위하여 여행을 가지 못한 것이다.

A : 당신은 인도네시아 여행을 즐겼나요?
B : 아니요, 저는 하지 못했어요. 제 강아지가 아파서 돌봐야만 했거든요.

trip 명 여행
puppy 명 강아지
sick 형 아픈
take care of 돌보다

ANSWER
03. ③ 04. ④

NOTE

Chapter

06 심정 · 성격 · 기분

학습 포인트

글의 분위기나 성격, 심정을 파악하는 문제는 형용사나 부사를 많이 알아야 쉽게 풀 수 있다. 주로 글의 분위기나 등장인물의 성격을 묻는 문제 유형과 심경과 관련된 문제 유형이 있으며, 어느 것이든 난이도가 높지 않은 유형이므로 실수하지 않도록 조심해야 한다.

① 글의 전체적인 흐름을 파악해야 분위기, 심경 등을 파악할 수 있다.

② 형용사나 부사, 동사의 어조에 유의한다. 긍정문일 경우에는 긍정적인 단어가 많이 나오는 반면, 반대의 경우에는 부정적인 단어가 등장할 가능성이 높다.

- 긍정적 단어 : happy, pleased, funny 등
- 부정적 단어 : sad, angry, worried, upset 등

③ 성격이나 감정과 관련된 형용사들을 많이 알아둔다.

- 성격 : kind(친절한), foolish(어리석은), cold(냉정한), bad(나쁜), shy(수줍은), calm(침착한), friendly(친절한, 상냥한), wild(제멋대로 구는, 사나운)
- 감정 : happy(행복한), sad(슬픈), angry(화난), upset(당황한), lonely(외로운), afraid(두려워하는)

출제 빈도

연 도	2019-2	2019-1	2018-2	2018-1	2017-2	2017-1
문제 수	0	0	0	0	0	0

출제유형 맛보기 **01**

글쓴이의 심정으로 적절한 것은?

I love to eat very much. I usually play computer games or watch TV. I know I'm too overweight and have to exercise. Girl students don't want to play with me. I'm worried about it.

① 즐거운　　② 희망찬
③ 행복한　　④ 우울한

정답 ④

영쌤의 꼼꼼 풀이

글의 내용을 살펴보면 먹는 것을 좋아하지만 너무 뚱뚱해서 친구들과 같이 노는 것이 꺼려진다는 내용이에요. 마지막 문장 (I'm worried about it)을 통해 글쓴이가 많이 걱정하고 침울해 한다는 것을 알 수 있어요. 따라서 글쓴이의 심정으로 가장 적절한 것은 ④가 되겠네요.

문장분석

❶ I / love / to eat / very much.
나는 / 사랑하다 / 먹는 것을 / 매우

❷ I / usually / play / computer games / or / watch TV.
나는 / 보통은 / 하다 / 컴퓨터 게임 / 혹은 / TV를 보다

❸ I / know / I'm / too / overweight / and / have to / exercise.
나는 / 알다 / 나는 ~이다 / 너무 / 비만의 / 그리고 / 해야 한다 / 운동을

❹ Girl students / don't want / to play / with me.
여학생들은 / 원하지 않다 / 노는 것을 / 나와 함께

❺ I'm worried / about it.
나는 걱정한다 / 그것에 대해

해석

❶ 저는 먹는 것을 매우 좋아합니다. ❷ 저는 보통 컴퓨터 게임을 하거나 TV를 시청합니다. ❸ 저는 제가 너무 뚱뚱해서 운동을 해야 하는 것을 알고 있습니다. ❹ 여학생들은 저와 함께 노는 것을 원하지 않습니다. ❺ 저는 그것이 고민입니다.

어휘

usually 부 보통, 대개
overweight 형 과체중의, 비만의
have to 해야 한다(= must)
exercise 명 운동

출제유형 맛보기 02

다음 글에서 등장인물들의 감정으로 알맞은 것은?

> Tom and John are playing basketball. Mary is eating ice cream. Ted is reading a book. Judy is listening to music. They are all happy.

① 놀랍다 ② 즐겁다
③ 외롭다 ④ 괴롭다

정답 ②

영쌤의 꼼꼼 풀이

이번엔 등장인물들의 감정을 묻는 문제네요. 이 말은 곧 등장인물들이 모두 같은 감정을 느끼고 있다는 거예요. 특히 이 문제에서는 마지막 문장인 'They are all happy(그들은 모두 행복하다).'를 통해 직접적으로 힌트를 주고 있어요. 선택지에서 행복한 것과 가장 가까운 것은 ②가 되겠죠?

문장분석

❶ Tom and John / are playing / basketball.
탐과 존은 / 하고 있다 / 농구를

❷ Mary / is eating / ice cream.
메리는 / 먹고 있다 / 아이스크림을

❸ Ted / is reading / a book.
테드는 / 읽고 있다 / 책을

❹ Judy / is listening to / music.
주디는 / 듣고 있다 / 음악을

❺ They / are / all / happy.
그들은 / 이다 / 모두 / 행복한

해석

❶ 탐과 존이 농구를 하고 있다. ❷ 메리는 아이스크림을 먹고 있다. ❸ 테드는 책을 읽고 있다. ❹ 주디는 음악을 듣고 있다. ❺ 그들은 모두 행복하다.

어휘

read a book 책을 읽다　　listen to music 음악을 듣다
all 대 모두

출제유형 맛 보 기 03

다음에서 'She'의 성격은?

- She often helps me with my homework.
- She always listens to me well.

① bad　　② kind
③ cold　　④ foolish

정답 ②

영쌤의 꼼꼼 풀이

성격을 묻는 문제는 간혹 출제되는 유형이에요. 이런 유형 역시 글의 전체적인 흐름을 파악하면 쉽게 풀 수 있어요. 지문을 보면 그녀는 내 숙제도 도와주고, 내 말을 항상 잘 들어주는 친절한 성격을 가지고 있네요. 성격이나 감정을 뜻하는 형용사들을 알아두면 문제를 푸는 데 도움이 많이 되겠죠?

문장분석

❶ She / often / helps / me / with my homework.
그녀는 / 자주 / 돕다 / 나를 / 나의 숙제를 함께

❷ She / always / listens to / me / well.
그녀는 / 항상 / 귀를 기울이다 / 나에게 / 잘

해석

❶ 그녀는 종종 내 숙제를 도와준다.
❷ 그녀는 항상 내 말에 잘 귀 기울여 준다.

어휘

often 부 종종, 자주
homework 명 과제, 숙제
kind 형 친절한
foolish 형 어리석은
listen to 귀를 기울이다
bad 형 나쁜
cold 형 냉정한, 차가운

출제유형 맛보기 04

다음 글에서 느꼈을 'I'의 기분은?

> I had a dream last night. I travelled to the moon. I saw many beautiful stars. It was a wonderful dream.

① sad ② angry
③ happy ④ worried

정답 ③

영쌤의 꼼꼼 풀이

'I'의 기분을 정확하게 나타내는 문장이나 단어는 없지만 글의 전체적인 흐름으로 보아 ③이 정답이라는 것을 알 수 있어요. beautiful, wonderful과 같은 단어를 통해 긍정적인 기분이라는 것을 알 수 있는데, 선택지에는 happy를 제외하고는 다 부정적인 기분을 나타내는 단어이기 때문이에요.

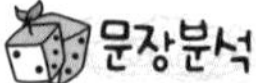

문장분석

❶ I / had / a dream / last night.
나는 / 가지다 / 꿈을 / 지난밤

❷ I / travelled / to the moon.
나는 / 여행했다 / 달로

❸ I / saw / many / beautiful stars.
나는 / 보았다 / 많은 / 아름다운 별들을

❹ It / was / a wonderful dream.
그것은 / 이었다 / 굉장한 꿈

해석

❶ 나는 지난밤에 꿈을 꿨다. ❷ 나는 달로 갔다. ❸ 나는 아름다운 많은 별들을 보았다. ❹ 굉장한 꿈이었다.

어휘

travel 동 여행하다, ~로 가다
moon 명 달
beautiful 형 아름다운, 멋진
star 명 별
wonderful 형 아주 멋진, 훌륭한, 굉장한
sad 형 슬픈
angry 형 화난
worried 형 걱정하는

탄탄 실력 다지기

실전 예상문제

※ 다음 대화에 나타난 B의 기분으로 가장 알맞은 것을 고르시오. (1~2)

01

A : You look sad. What's the problem?
B : Well, I am a little upset. I lost my new cell phone.

① 편안함　② 외로움
③ 속상함　④ 즐거움

02

A : The movie is starting. Let's go inside.
B : Wait! I can't find my ticket. It was in my pocket
A : You're joking!
B : No, I'm not. I can't find it.

① 기쁘다　② 외롭다
③ 자랑스럽다　④ 당황스럽다

03 글쓴이의 심정으로 가장 알맞은 것은?

I'm from Australia. I'm so poor at Korean that I can't understand it at all. It makes me feel terrible.

① 서운함　② 유쾌함
③ 답답함　④ 뿌듯함

01

새 휴대폰을 잃어버려서 속상한 상황이다. sad, upset과 같은 단어를 보면 부정적인 기분이라는 것을 알 수 있다.

A : 너 좀 슬퍼 보여. 무슨 일이야?
B : 음, 기분이 좀 안 좋아. 새 휴대폰 잃어버렸어.

upset 형 속상한, 마음이 상한
cell phone (= cellular phone) 명 휴대폰

02

영화는 시작하는데 주머니에 넣어 두었던 표를 찾지 못하고 있는 상황이므로 B의 기분으로 가장 알맞은 것은 ④이다.

A : 영화가 시작해. 안으로 들어가자.
B : 잠깐만! 내 표를 못 찾겠어. 주머니 속에 넣었는데.
A : 농담이겠지!
B : 아니야, 농담 아냐. 표를 못 찾겠어.

go inside 안으로 들어가다
pocket 명 주머니
You're joking 농담이겠지

03

한국어를 잘하지 못해 답답해 하고 있는 글쓴이의 심정이 드러나 있다.

나는 호주에서 왔다. 나는 한국어 실력이 형편없어서 한국어를 전혀 이해할 수 없다. 그래서 기분이 안 좋다.

poor 형 가난한, (어떤 일을) 잘 못하는, 형편없는
terrible 형 끔찍한

ANSWER
01. ③　02. ④　03. ③

04 글쓴이의 심경으로 가장 적절한 것은?

Today is my birthday. My friends will come to my house to enjoy the birthday party. They will sing a song for me. They will give me presents, too. We will have lots of fun. I can't wait!

① 기대감 ② 실망감
③ 피곤함 ④ 황당함

04

글의 전체적인 흐름을 살펴보면 오늘은 글쓴이의 생일로, 생일 파티에 대한 기대가 크다는 것을 알 수 있다.

오늘은 나의 생일이다. 내 친구들이 생일 파티를 즐기기 위해 우리 집으로 올 것이다. 그들은 나를 위해 노래를 부를 것이다. 그들은 나에게 또한 선물도 줄 것이다. 우리는 재미있게 보낼 것이다. 기다릴 수가 없다!

present 명 선물
have lots of fun 재미있게 보내다

05 다음 글에서 Tom의 성격은?

One day Tom took the subway. When the subway stopped, an old woman got in. The subway was crowded. She couldn't find a seat. Then Tom got up and told her to take his seat. She said "Thank you," with a smile. Tom felt happy.

① 욕심이 많다 ② 친절하다
③ 소극적이다 ④ 낙천적이다

05

사람이 많은 지하철에서 노약자에게 자리를 양보한 이야기이다. 이 이야기를 통해 Tom의 성격이 친절하다는 것을 알 수 있다.

어느 날 탐은 지하철을 탔다. 지하철이 멈췄을 때 한 할머니가 타셨다. 지하철은 사람들로 붐볐다. 그녀는 자리를 찾을 수 없었다. 그때 탐이 일어나 그녀에게 그의 자리에 앉으라고 말했다. 그녀는 웃으면서 "고마워요."라고 말했다. 탐은 행복을 느꼈다.

take the subway 지하철을 타다
crowded 형 붐비는, 복잡한
with a smile 웃으면서

ANSWER
04. ① 05. ②

NOTE

Chapter

07 지칭추론

주로 대명사 'it' 또는 'this'로 된 지시어를 유추하는 유형이다. 밑줄 친 대명사가 가리키는 것이 나머지와 다른 것을 찾는 문제와 밑줄 친 대명사가 가리키는 것을 찾는 문제가 나온다. 혹은 질문에 직접적으로 지문에서 설명하고 있는 것이 무엇인지를 묻는 유형이 나온다.

① 밑줄 친 대명사가 가리키는 것이 나머지와 다른 것을 찾는 문제를 풀 때는 글의 전체 내용을 파악하면서도 밑줄 친 대명사 바로 앞 문장에 특히 주의하며 읽어야 한다. 대명사는 앞에 나온 명사를 받는 품사로, 대부분 바로 앞 문장에 나온 명사를 의미하기 때문이다.

② 밑줄 친 대명사가 가리키는 것을 찾는 문제는 본문 전체에 있는 단서들을 종합해서 찾는 유형이 많다. 간혹 대명사가 앞의 문장에서 무엇을 대신 받고 있는지를 묻는 문제가 나오기도 한다. 이런 문제의 경우 대명사의 앞뒤 문장만 읽어도 풀 수 있다.

③ 문제에서 직접적으로 지문에서 설명하고 있는 것이 무엇인지 묻는 문제는 지문의 전체적인 내용을 파악해야 풀 수 있다.

연 도	2019-2	2019-1	2018-2	2018-1	2017-2	2017-1
문제 수	0	1	1	0	0	0

출제유형 맛보기 01

밑줄 친 단어 중 가리키는 대상이 나머지 셋과 다른 것은?

> My grandmother lives in a small town. ⓐ Mom and I visited ⓑ her yesterday. We gave ⓒ her a present and ⓓ she was very happy.

① ⓐ　　　② ⓑ

③ ⓒ　　　④ ⓓ

① 정답

영쌤의 꼼꼼 풀이

밑줄 친 단어가 가리키는 것이 다른 하나를 고르는 문제예요. 'Mom'을 제외하고는 모두 대명사(her, she)인데, 대명사의 앞 문장을 유심히 읽으면서 대명사가 무엇을 대신 받고 있는지를 알아야 해요. 문제에서 대명사들은 전부 '할머니(grandmother)'를 받고 있네요. 따라서 정답은 ①이에요.

문장분석

❶ My grandmother / lives / in a small town.
나의 할머니는 / 살다 / 작은 마을에

❷ Mom and I / visited / her / yesterday.
엄마와 나는 / 방문했다 / 그녀를 / 어제

❸ We / gave / her / a present / and / she / was / very happy.
우리는 / 주었다 / 그녀에게 / 선물을 / 그리고 / 그녀는 / 였다 / 매우 행복한

해석

❶ 우리 할머니는 작은 마을에 산다. ❷ 엄마와 나는 어제 할머니를 방문하였다. ❸ 우리는 할머니에게 선물을 주었고 할머니는 매우 행복해 하셨다.

어휘

grandmother 명 할머니
town 명 (소)도시, 읍
mom 명 엄마 ※ momma의 단축형
visit 동 방문하다 명 방문

출제유형 맛보기 02

다음은 무엇을 설명하는 글인가?

> I am big. I am a useful animal for people. Some people like my milk. I help farmers, too.

① 개　　② 닭
③ 소　　④ 돼지

정답 ③

영쌤의 꼼꼼 풀이

인칭대명사 'I'가 나타내는 것을 찾는 문제예요. 글의 전체적인 내용만 파악하면 쉽게 풀 수 있는 문제이지요. 'big, milk, help farmers'만 보아도 'I'가 소라는 것을 알 수 있어요.

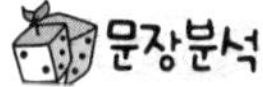

문장분석

❶ I / am big.
나는 / 크다

❷ I / am / a useful animal / for people.
나는 / 이다 / 유용한 동물 / 사람들에게

❸ Some people / like / my milk.
어떤 사람들은 / 좋아하다 / 나의 우유를

❹ I / help / farmers, / too.
나는 / 돕다 / 농부들을 / 또한

해석

❶ 나는 크다. ❷ 나는 사람들에게 유용한 동물이다. ❸ 어떤 사람들은 나의 우유를 좋아한다. ❹ 나는 또한 농부들을 돕는다.

어휘

useful 형 유용한　　help 동 돕다

출제유형 맛보기 03

다음에서 'He'의 직업은?

- He works in the fields.
- He grows rice and vegetables.

① player	② farmer
③ pianist	④ fire fighter

정답 ②

영쌤의 꼼꼼 풀이

지문에서 설명하고 있는 'He'의 직업을 유추하는 문제예요. 들판에서 일하고, 쌀과 채소를 재배하는 것으로 보아 그의 직업이 농부임을 알 수 있어요.

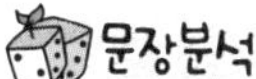

❶ He / works / in the fields.
그는 / 일하다 / 들판에서

❷ He / grows / rice and vegetables.
그는 / 재배하다 / 쌀과 채소를

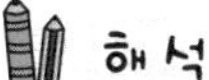

❶ 그는 들판에서 일한다.
❷ 그는 쌀과 채소를 재배한다.

field 명 들판, 밭	vegetable 명 채소, 야채
player 명 (게임, 운동 경기의) 참가자	farmer 명 농부
pianist 명 피아니스트	fire fighter 명 소방관

출제유형 맛보기 **04**

밑줄 친 this가 의미하는 것은?

> People like <u>this</u> very much. Many of them want to listen to <u>this</u> all the time. There are various kinds of <u>this</u> : pop, jazz, rock, hiphop, and so on.

① shopping　　② music
③ money　　④ coffee

정답 ②

영쌤의 꼼꼼 풀이

대명사 This가 의미하는 것을 찾는 문제예요. 대명사 it이나 인칭대명사 외에도 this, they 등이 나올 수 있어요. 글의 전체적인 내용을 파악하여 푸는 문제이지만 마지막 문장에서 이것의 다양한 종류로 팝, 재즈, 록, 힙합 등을 언급한 것으로 보아 'music'이라는 것을 쉽게 알 수 있어요.

문장분석

❶ People / like / this / very much.
사람들은 / 좋아하다 / 이것을 / 매우

❷ Many of them / want / to listen / to this / all the time.
그들 중 많은 사람들이 / 원하다 / 듣는 것을 / 이것을 / 항상

❸ There are / various kinds of this : pop, jazz, rock, hiphop, and so on.
~이 있다 / 이것의 다양한 종류가 : 팝, 재즈, 록, 힙합 등

해석

❶ 사람들은 <u>이것</u>을 매우 좋아합니다. ❷ 그들 중 많은 사람들이 <u>이것</u>을 항상 듣고 싶어 합니다. ❸ <u>이것</u>에는 팝, 재즈, 록, 힙합 등 다양한 종류가 있습니다.

어휘

all the time 내내, 항상
various 형 다양한, 여러 가지의
kind 명 종류, 유형
and so on 기타 등등

출제유형 맛보기 05

밑줄 친 it이 가리키는 것은?

Min-su and Su-jin took a walk with a dog yesterday. On the street, they saw a bag. Su-jin picked it up. The bag was full of money.

① dog ② street
③ bag ④ money

정답 ③

영쌤의 꼼꼼 풀이

대명사 it이 무엇을 받고 있는지를 찾아야 해요. 밑줄 친 it의 바로 앞 문장에 특히 주의하면서 읽으면, 가방을 보았고 그것을 주웠다고 했으므로 it은 가방을 가리키고 있어요.

문장분석

❶ Min-su and Su-jin / took a walk / with a dog / yesterday.
민수와 수진은 / 산책을 했다 / 강아지와 함께 / 어제

❷ On the street, / they / saw / a bag.
길거리에서 / 그들은 / 보았다 / 가방을

❸ Su-jin / picked it up.
수진은 / 그것을 주웠다

❹ The bag / was full of / money.
그 가방은 / 가득 차 있었다 / 돈으로

해석

❶ 민수와 수진이는 어제 개와 함께 산책을 했다. ❷ 길거리에서 그들은 가방을 보았다. ❸ 수진이는 그것을 주웠다. ❹ 그 가방은 돈으로 가득 차 있었다.

어휘

take a walk 산책하다
pick up 줍다
see 보다 ※ saw(과거형) - seen(과거 분사형)
be full of ~로 가득 차 있다

01 다음 설명에 해당하는 동물은?

- It is a black and white bird.
- It can swim, but it can't fly.
- It lives in very cold places.

① 까치　② 토끼
③ 펭귄　④ 타조

01
- 그것은 검고 하얀 새이다.
- 그것은 수영할 수 있으나 날 수는 없다.
- 그것은 아주 추운 지역에 산다.

fly 동 날다
live 동 살다
place 명 장소, 곳

02 'I'의 직업으로 가장 알맞은 것은?

I work for a restaurant. I'm good at making spaghetti. I feel very happy when people like my food.

① 식당 지배인　② 상담원
③ 요리사　④ 변호사

02
레스토랑에서 일한다는 첫 문장에서는 식당 지배인과 요리사 둘 다 가능하다. 그러나 스파게티를 잘 만들고, 사람들이 자신의 음식을 좋아할 때 행복하다는 내용으로 보아 'I'의 직업은 요리사이다.

나는 레스토랑에서 일한다. 나는 스파게티를 잘 만든다. 나는 사람들이 내 음식을 좋아해 줄 때 매우 행복하다.

restaurant 명 레스토랑, 식당
be good at ~ ~을 잘하다

03 밑줄 친 It(it)이 가리키는 것으로 적절한 것은?

기출

It is an important thing for life. We can't see it, but we need it to breathe. Riding bicycles instead of driving cars can keep it clean.

① air　② tree
③ land　④ water

03
눈으로 볼 수 없고 숨 쉬는 데 필요한 것은 공기, 즉 'air'이다. 나무, 땅, 물은 생명에 중요한 요소이기는 하지만 눈으로 볼 수 있기 때문에 내용상 일치하지 않는다.

그것은 생명에 중요한 것이다. 우리는 그것을 볼 수는 없지만 우리는 숨을 쉬기 위해 그것이 필요하다. 차를 운전하는 대신에 자전거를 타는 것은 그것을 깨끗하게 유지하도록 돕는다.

important 형 중요한
breathe 동 숨 쉬다, 생존하다
ride 동 타다
bicycle 명 자전거
instead of ~대신에

ANSWER
01. ③ 02. ③ 03. ①

04 밑줄 친 it이 가리키는 것으로 적절한 것은?

기출

> Salt has been in our lives for a long time. One example is that many people used salt to improve the taste of food. Gandhi also used it to lead the independence movement* in India. So, it makes our food tasty and has historical meaning.
>
> * independence movement : 독립 운동

① 소금 ② 시간

③ 예시 ④ 음식 맛

05 다음 글이 설명하는 것은?

> This is one of the most popular sports in Korea. It started in Korea. It is the art of kicking and striking.

① 테니스 ② 태권도

③ 레슬링 ④ 배드민턴

04

첫 문장에서 소금은 오랫동안 우리의 삶과 같이 해왔다고 언급하고, 그 예로 음식의 맛을 향상시키기 위해서, 독립운동을 이끌기 위해서를 들고 있다. 이는 곧 소금이 음식 맛을 내고 역사적 의미를 가지고 있음을 가리키는 것이다.

소금은 오랫동안 우리의 삶에 있어 왔습니다. 한 예로 사람들은 음식의 맛을 향상시키기 위해 사용했고 간디는 그것을 인도의 독립운동을 이끌기 위해 사용했습니다. 그래서 그것은 우리 음식의 맛을 내고 역사적인 의미를 가지고 있습니다.

for a long time 오랫동안
improve 동 향상시키다, 개선하다
taste 명 맛, 동 맛보다
Gandhi 간디(인도의 옛 정치지도자)
historical 형 역사적인

05

한국에서 시작되었고, 차고 때리는 기술의 스포츠는 태권도이다.

이것은 한국에서 가장 인기 있는 스포츠 중 하나이다. 그것은 한국에서 시작되었다. 그것은 차고 때리는 기술이다.

one of ~중 하나
popular 형 인기 있는
kick 동 (발로) 차다
strike 동 치다, 때리다, 공격하다

ANSWER

04. ① 05. ②

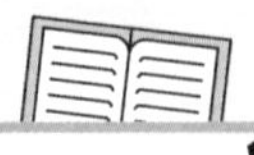

Chapter

08 글의 흐름, 순서

학습 포인트

글의 순서를 묻는 문제는 주어진 문장의 논리적 흐름을 파악하는 것이 중요하다. 평서문보다는 대화문으로 나오는 경우가 많다.

전후 내용을 파악하는 문제는 글의 앞 또는 뒤에 올 수 있는 문장이나 내용을 고르는 유형이다. 주로 뒤에 오는 내용을 고르는 문제가 출제된다.

글의 흐름과 관계없는 문장을 고르는 문제는 글의 전체적인 내용을 파악하고 있어야 쉽게 문제를 풀 수 있다.

① 글의 순서는 글을 읽으면서 사건이 진행되는 과정을 생각해 보거나, 대화의 경우에는 질문과 그에 대한 응답이 적절하게 이루어지는지를 살펴본다.

② 제시된 글의 뒤에 나올 내용을 파악하는 문제는 제시문의 주제와 마지막 문장에 주목하고, 제시된 글의 앞에 나올 내용은 제시문의 주제와 첫 번째 문장에 주의하여야 한다.

③ 글의 흐름과 상관없는 문장을 고를 때는 글의 전체적인 주제를 파악하고 문장이 주제와 일치하는지를 확인해야 한다. 전체적으로 글을 읽다가 어색한 문장이 있으면 그 문장을 뺀 후에도 글이 자연스럽게 이어지는지를 확인해 본다.

출제 빈도

연 도	2019-2	2019-1	2018-2	2018-1	2017-2	2017-1
문제 수	2	4	2	2	3	2

출제유형 맛보기 01

다음 말에 이어질 대화의 내용을 순서에 맞게 배열한 것은?

Let's see a movie tonight.

(a) How about 6 o'clock?
(b) Good idea. What time shall we make it?
(c) Sounds good. See you then.

① (a)-(b)-(c) ② (a)-(c)-(b)
③ (b)-(a)-(c) ④ (b)-(c)-(a)

정답 ③

영쌤의 꼼꼼 풀이

먼저 주어진 말에 대한 질문 혹은 대답을 찾아야 해요. 같이 영화를 보러 가자는 말이 주어졌으므로 그 다음에 (b)가 온다는 것을 알 수 있어요. (c)의 경우에는 마지막에 'See you then(그때 보자).'이라고 말하고 있기 때문에 대화의 마지막에 와야 해요. (a)는 만날 시간에 대해 묻는 질문이므로 (b)와 (c) 사이에 와야 하구요. 따라서 대화의 순서는 (b)-(a)-(c)가 돼요.

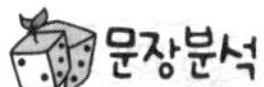

문장분석

❶ Let's see a movie / tonight.
영화 보자 / 오늘밤에

❷ (b) Good idea. / What time / shall we / make it?
좋은 생각이야 / 몇 시에 / 우리 할까 / (약속을) 정하다

❸ (a) How about / 6 o'clock?
어때 / 여섯 시

❹ (c) Sounds good. / See you / then.
좋아 / 보자 / 그때

해석

❶ 오늘밤에 영화 보러 가자.
❷ (b) 좋은 생각이야. 우리 몇 시에 만날까?
❸ (a) 6시 어때?
❹ (c) 좋아. 그때 보자.

어휘

make it 약속을 정하다, 성공하다

출제유형 맛보기 **02**

글의 흐름과 관련이 없는 문장은?

> Today is Parents' Day. ① My brother and I are going to make our parents happy. ② My brother will clean up the rooms. ③ I like playing computer games, too. ④ I will wash the dishes. The house will look very nice and clean.

정답 ③

영쌤의 꼼꼼 풀이

글의 흐름과 관련 없는 문장을 고르는 문제는 글을 처음부터 끝까지 다 읽어야 하기 때문에 시간이 좀 걸린답니다. 문장과 문장의 연결이 자연스러운지, 글의 주제에 벗어나지는 않는지 유의하며 읽어야 해요. 위의 지문은 어버이날에 부모님을 기쁘게 만들 계획에 대한 글이에요. 따라서 컴퓨터 게임을 좋아한다는 ③은 글의 흐름과 관련이 없는 문장이네요.

문장분석

❶ Today / is / Parents' Day.
오늘은 / 이다 / 어버이날

❷ My brother and I / are going to make / our parents / happy.
내 남동생과 나는 / 만들 예정이다 / 우리의 부모님을 / 행복한

❸ My brother / will clean up / the rooms.
내 남동생은 / 청소할 것이다 / 방을

❹ I / like / playing computer games, / too.
나는 / 좋아하다 / 컴퓨터 게임 하는 것을 / 또한

❺ I / will wash / the dishes.
나는 / 닦을 것이다 / 그릇들을

❻ The house / will look / very nice and clean.
집은 / 보일 것이다 / 매우 쾌적하고 깨끗한

해석

❶ 오늘은 어버이날이다. ❷ 동생과 나는 부모님을 행복하게 만들 생각이다. ❸ 동생은 방을 청소할 것이다. ❹ 나도 컴퓨터 게임 하는 것을 좋아한다. ❺ 나는 설거지를 할 것이다. ❻ 집이 매우 쾌적하고, 깨끗해 보일 것이다.

어휘

clean up 치우다, 청소하다
wash the dishes 그릇을 씻다
nice 형 좋은, 쾌적한, 훌륭한
be going to + **동사원형** ~할 예정이다, ~할 생각이다

출제유형 맛보기 **03**

글의 뒤에 바로 이어질 대화로 가장 알맞은 것은?

> Tom is learning how to swim. He is trying to make the right movements with his arms. He is asking his coach about his swimming.

① Tom : What happened?
Coach : I broke my arm.

② Tom : Where are you going?
Coach : I'm going swimming.

③ Tom : Do you like swimming?
Coach : Yes, I do.

④ Tom : Look at my arms. How's this?
Coach : You're doing fine.

정답 ④

영쌤의 꼼꼼 풀이

글의 마지막 문장을 보면 코치에게 자신의 수영에 대해 물었기 때문에 그에 대한 대화가 나와야 한다는 것을 알 수 있어요. 특히 마지막 문장의 바로 앞 문장을 함께 보면 올바른 팔 동작을 연습하고 있는 상태에서 코치에게 질문한 상황이기 때문에 팔 동작에 대한 질문과 그에 대한 코치의 답변이 자연스럽게 이어지는 대화를 찾으면 돼요.

문장분석

❶ Tom / is learning / how to swim.
탐은 / 배우고 있다 / 수영하는 법을

❷ He / is trying to make / the right movements / with his arms.
그는 / 만들기 위해 노력하고 있다 / 올바른 동작을 / 그의 팔로

❸ He / is asking / his coach / about his swimming.
그는 / 묻고 있다 / 그의 코치에게 / 그의 수영에 대해

해석

❶ 탐은 수영하는 방법을 배우는 중이다. ❷ 그는 올바른 팔 동작을 하기 위해 연습하고 있다. ❸ 그는 그의 수영에 대해 코치에게 물어본다.

① 탐 : 무슨 일이에요? / 코치 : 내 팔이 부러졌어.
② 탐 : 어디 가세요? / 코치 : 수영하러 가.
③ 탐 : 수영 좋아하세요? / 코치 : 응, 좋아해.
④ 탐 : 내 팔을 보세요. 어때요? / 코치 : 잘하고 있어.

어휘

learn 동 배우다, 학습하다
arm 명 팔
movement 명 동작, 움직임
ask 동 질문하다

출제유형 맛보기 04

다음의 대화가 자연스럽게 연결된 것은?

(A) Yes. I'm looking for a skirt.
(B) How about this one?
(C) May I help you?

① (A) – (B) – (C) ② (A) – (C) – (B)
③ (B) – (A) – (C) ④ (C) – (A) – (B)

정답 ④

영쌤의 꼼꼼 풀이

대화의 순서를 정할 때는 질문과 그에 대한 답변이 자연스럽게 연결되는지를 파악해야 해요. 먼저 (A)를 해석하면 '네, 치마를 찾고 있어요.'가 되는데, 이와 어울리는 질문은 (C) '제가 도와드릴까요?'가 돼요. 그리고 (A)에서 언급된 'skirt'를 (B)의 'this one(이것)'에서 one이 받고 있어요. 따라서 대화의 순서는 (C)–(A)–(B)가 돼요.

문장분석

❶ (C) May / I / help / you?
… 해도 되다 / 내가 / 돕다 / 너를

❷ (A) Yes. / I'm looking for / a skirt.
네 / 나는 찾고 있다 / 치마를

❸ (B) How about / this one?
어때요 / 이것은

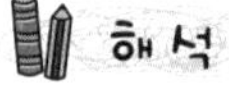

해석

❶ (C) 도와드릴까요?
❷ (A) 네. 치마를 찾고 있어요.
❸ (B) 이것은 어때요?

어휘

May I~? ~할까요?, ~해도 돼요? looking for ~를 찾다
How about~? ~는 어때요?

출제유형 맛보기 05

다음 글 뒤에 이어질 내용으로 알맞은 것은?

The earth is sick nowadays. Have you ever tried to do something to make nature better? Here are some ideas.

① 클럽활동 가입 방법　　② 환경 보호 실천 방법
③ 인터넷 중독 예방법　　④ 전자 제품 사용 설명서

정답 ②

영쌤의 꼼꼼 풀이

글 뒤에 이어질 내용을 고르는 문제는 글의 뒷부분만 보고도 어느 정도 어떤 내용이 올지 유추할 수 있는 유형이에요. 자연을 더 좋게 만들기 위한 몇 가지 생각들이 있다고 말한 것으로 보아 환경 보호 실천 방법에 대한 내용이 글 뒤에 올 것을 알 수 있어요.

문장분석

❶ The earth / is / sick / nowadays.
지구는 / 이다 / 아픈 / 요즘

❷ Have you ever / tried to do something / to make nature better?
해 본 적 있니 / 어떤 일을 하려고 노력하다 / 자연을 더 좋게 만들기 위해

❸ Here are / some ideas.
여기 있다 / 어떤 생각들이

해석

❶ 지구가 요즘 아픕니다. ❷ 당신은 자연을 더 좋게 만들기 위해 어떤 일을 해 본 적이 있나요? ❸ 여기 몇몇 생각들이 있습니다.

어휘

sick 형 아픈, 병든　　nowadays 부 요즘에는
try to ~하려고 노력하다, ~을 시도하다　　nature 명 자연, 천성

01 다음 대화의 순서로 가장 자연스러운 것은?

(A) Why don't you see a doctor?
(B) I have a bad cold.
(C) What's the matter?

① (A) – (B) – (C)　② (A) – (C) – (B)
③ (C) – (A) – (B)　④ (C) – (B) – (A)

02 글 바로 뒤에 이어질 내용으로 가장 적절한 것은? 기출

Hello, everyone! We finally got a new computer room. You can use the new computers at any time during school hours. Please keep the following rules when you use the computer room.

① 식중독 예방법
② 도서관 이용 절차
③ 컴퓨터실 사용 규칙
④ 영어 말하기 대회 홍보

03 다음 글의 흐름으로 보아 어울리지 않는 문장은?

I went to the beach with my family. ①We enjoyed swimming and playing with a beach ball. ②My favorite sport is baseball. ③My sister and I built sand castles. ④We had a good time there.

01

의문문이 2개이고 답변은 1개로 되어 있다. 먼저 어느 질문에 맞는 대답인지를 찾으면 (C)에 대한 답변으로 (B)가 오는 것을 알 수 있다. (A)는 권유하는 문장으로, 감기에 걸린 친구에게 의사를 만날 것을 조언하고 있다. 따라서 (C)–(B)–(A) 순으로 대화가 진행된다.

(C) 무슨 일이야?
(B) 나 독감에 걸렸어.
(A) 의사에게 진찰을 받아보는 것이 어때?

Why don't you~? ~하는 게 어때?
see a doctor 의사에게 보이다
bad cold 독감

02

제시된 글의 뒤에 나올 내용을 파악하는 문제는 마지막 문장에 주목하여야 한다. 즉, 이 글의 끝문장에서 컴퓨터실을 사용할 때 다음의 규칙을 지켜달라고 했으므로, 바로 뒤에 이어질 내용은 컴퓨터실 사용 규칙이 될 것이다.

안녕하세요, 여러분! 우리는 마침내 새로운 컴퓨터실을 가지게 되었어요. 당신은 수업 시간 동안 언제든 새 컴퓨터들을 사용할 수 있어요. 컴퓨터실을 사용할 때 다음의 규칙들을 지켜주세요.

03

가족과 함께 해변에 놀러 간 이야기를 하고 있다. 이에 벗어난 내용의 문장은 ②이다.

나는 가족들과 함께 해변에 갔다. ① 우리는 수영을 즐겼고, 비치 볼을 갖고 놀았다. ② 내가 가장 좋아하는 운동은 야구이다. ③ 내 여동생과 나는 모래성을 만들었다. ④ 우리는 그곳에서 즐거운 시간을 보냈다.

ANSWER
01. ④　02. ③　03. ②

04 주어진 말에 이어질 대화의 순서로 옳은 것은?

May I take your order?

(A) How would you like your steak?
(B) Yes, I like steak.
(C) Well-done, please.

① (A) - (B) - (C) ② (B) - (A) - (C)
③ (C) - (A) - (B) ④ (C) - (B) - (A)

05 글의 흐름으로 보아 어울리지 않는 문장은?

기출

I'm a member of the 'Movie Maker Club.' ① We make movies with digital cameras or cellphones. ② My favorite food is pizza. ③ You can be an actor, a cameraman or a director in our club. ④ Every Friday we have a 'Cinema Day.' On that day we watch movies that we made.

04

주문을 하겠냐는 질문에 어울리는 대답은 (B)이며, 질문 없이 대답할 수는 없기 때문에 (A) 다음에 (C)가 온다. 따라서 순서는 (B)-(A)-(C)가 된다.

주문하시겠습니까?
(B) 네, 스테이크로 주세요.
(A) 스테이크를 어떻게 해 드릴까요?
(C) 완전히 익혀 주세요.

05

이 글은 영화와 관련한 내용을 담고 있다. 즉, ① 디지털카메라와 휴대폰으로 영화를 만들고, ③ 배우나 카메라맨 또는 감독이 될 수 있으며, ④ 매주 금요일 영화의 날을 가진다는 것이 그것이다. 그러나 ② 내가 좋아하는 음식은 피자이다는 영화와 전혀 관계없는 내용이어서 전체적인 흐름과는 동떨어져 있다. 따라서 글의 흐름으로 보아 어울리지 않는 문장은 ②이다.

나는 영화 만들기 클럽의 회원입니다. ① 우리는 디지털 카메라와 휴대폰으로 영화를 만듭니다. ② 나의 가장 좋아하는 음식은 피자입니다. ③ 당신은 우리 클럽에서 배우나 카메라맨 또는 감독이 될 수 있습니다. ④ 매주 금요일마다 우리는 영화의 날을 가집니다. 그 날에 우리는 우리가 만든 영화를 봅니다.

movie 명 영화
cellphone 명 휴대폰
favorite 형 좋아하는
actor 명 배우, 행위자
director 명 감독, 관리자

ANSWER
04. ② 05. ②

쏙쏙 실력 점검하기

단원 마무리문제

01 다음 도표의 설명으로 알맞지 않은 것은?

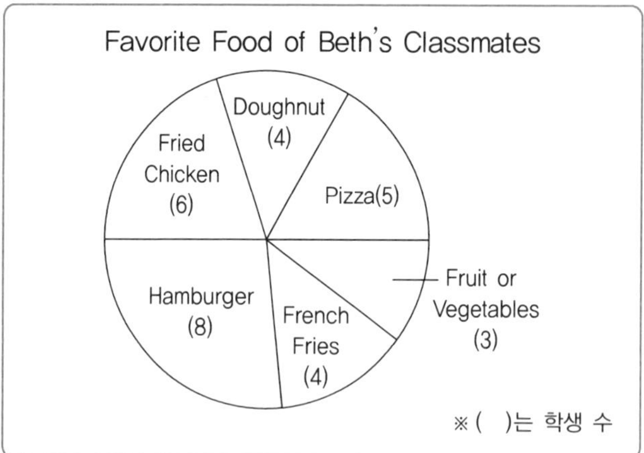

① 감자튀김을 좋아하는 학생은 4명이다.
② 도넛보다는 햄버거를 좋아하는 학생이 더 많다.
③ 과일이나 야채를 좋아하는 학생은 3명이다.
④ 학생들이 가장 좋아하는 음식은 피자이다.

01

가장 좋아하는 음식의 순서뿐만 아니라 각 음식들을 좋아하는 학생 수까지도 파악하여 문제를 풀어야 한다.

④ 학생들이 가장 좋아하는 음식은 피자가 아닌 햄버거이다.

베스의 반 친구들이 가장 좋아하는 음식

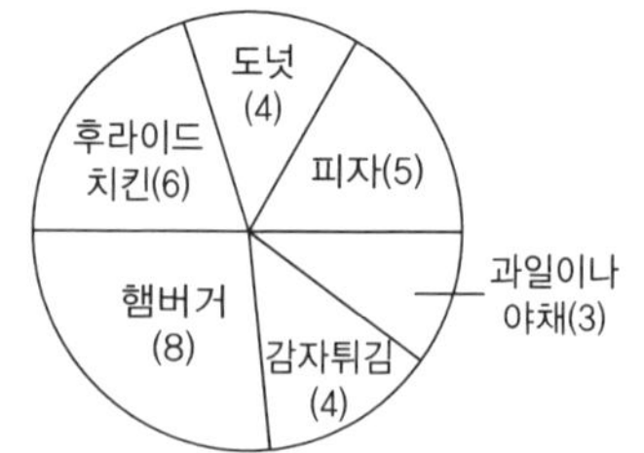

02 다음 글의 종류로 알맞은 것은?

Dear Mr. Park,
Hello. I'm a middle school student. I love cooking. I want to be a cook, but my parents want me to be a scientist. What should I do?
Minsu

① 추천서 ② 편지글
③ 주문서 ④ 초대장

02

자신의 진로에 대해 고민 상담을 원하는 편지글이다.

친애하는 박 선생님께
안녕하세요. 저는 중학교 학생입니다. 저는 요리하는 것을 좋아합니다. 저는 요리사가 되고 싶지만 저의 부모님께서는 제가 과학자가 되기를 원하십니다. 제가 어떻게 해야 할까요? – 민수

cook 동 요리하다 명 요리사

ANSWER
01. ④ 02. ②

03 다음 글의 목적으로 가장 알맞은 것은?

You're Invited

Please come to my birthday party
on August 15th, 2020

① 초대 ② 소개
③ 광고 ④ 감사

03
생일 파티에 초대하는 초대장이다.

초대합니다!
제 생일 파티에 와 주세요.
2020년 8월 15일

04 다음 글에서 묘사하는 사람으로 알맞은 것은?

She is short. She has long hair. She also wears skirt.

①

②
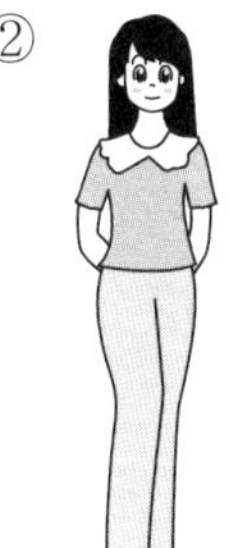

③
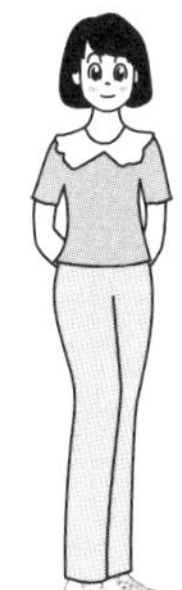

④

04
키가 작고, 머리가 길며 치마를 입고 있는 그림은 ①이다.

그녀는 키가 작다. 그녀는 긴 머리를 하고 있다. 그녀는 또한 치마를 입고 있다.

ANSWER
03. ① 04. ①

05 다음 글의 제목으로 알맞은 것은?

> Here are some tips for making a good learning environment. First, find a quiet place. Second, make sure you have enough light. Third, have pens or pencils near at hand.

① 팁을 주는 방법
② 좋은 학습 환경 조성 방법
③ 조용한 휴식 장소 찾기
④ 필기구 관리 방법

05

첫 문장인 "Here are some tips for making a good learning environment(여기 좋은 학습 환경을 만드는 몇 가지 팁이 있다)."가 이 글의 주제문이다. 제목은 이를 함축한 것이므로 ②가 정답이다.

여기 좋은 학습 환경을 만드는 몇 가지 팁이 있다. 첫째, 조용한 장소를 찾아라. 둘째, 빛이 충분한지 확인하라. 셋째, 펜과 연필을 가까이에 두어라.

environment 명 환경
enough 형 충분한, ~하기에 족한
make sure 반드시 (~하도록) 하다, (~임을) 확인하다
near at hand 가까이에

06 광고의 내용과 일치하는 것은?

> I lost my dog, "Happy". If you find it, please call me!
> • Age : Two years old
> • Shape : Long, white hair and a short tail
> • Time & Place : 5 p.m. around the city park
> • Phone number : 12) 345 – 6789

① 잃어버린 고양이를 찾는 것이다.
② 이름은 Happy이고 나이는 세 살이다.
③ 긴 흰색 털과 짧은 꼬리를 갖고 있다.
④ 5일에 도시 공원 근처에서 잃어버렸다.

06

광고의 내용을 보면 잃어버린 개는 길고 하얀 털과 짧은 꼬리를 갖고 있다.

해피라는 개를 잃어버렸습니다. 개를 발견하시면 제게 연락해 주세요!
• 나이 : 2살
• 생김새 : 길고 하얀 털과 짧은 꼬리
• 시간 & 장소 : 오후 5시 & 도시 공원 주변
• 전화번호 : 12) 345–6789

shape 명 생김새, 모양
tail 명 꼬리

ANSWER
05. ② 06. ③

07 다음 대화에서 Yuri가 지불한 돈의 액수는 얼마인가?

Yuri : How much is this desk?
Clerk : Fifty-five dollars.
Yuri : How much is that chair?
Clerk : It's Twenty dollars.
Yuri : Good. I'll take the desk and the chair.

① 55달러 ② 60달러
③ 75달러 ④ 80달러

07

책상(55달러) + 의자(20달러) = 75달러

유리 : 이 책상은 얼마입니까?
점원 : 55달러입니다.
유리 : 저 의자는 얼마입니까?
점원 : 20달러입니다.
유리 : 좋아요. 책상과 의자를 사겠습니다.

08 다음 글에서 'I'의 심정으로 가장 알맞은 것은?

I'm from America. I moved to Korea last year. I'm so lonely here because I don't have any friends.

① 즐거움 ② 놀람
③ 외로움 ④ 슬픔

08

외국에서 왔기 때문에 친구가 없어 외롭다는 내용이다. 글에 화자의 심정으로 'lonely(외로운)'가 직접적으로 나와 있다.

나는 미국 출신이다. 나는 작년에 한국으로 이사하였다. 나는 친구가 없기 때문에 매우 외롭다.

move 동 움직이다, 바뀌다, 이사하다
lonely 형 외로운, 쓸쓸한

09 밑줄 친 it이 가리키는 것은?

Today many people use <u>it</u>. We can do a lot of things with <u>it</u>. We can take a picture, play games, and listen to music. <u>It</u> is very small, so we can put <u>it</u> in our pocket.

① 사진기 ② 휴대폰
③ 계산기 ④ 컴퓨터

09

앞부분만 읽어 보면 휴대폰과 컴퓨터 둘 다 정답이 될 수 있지만, 마지막 문장에서 매우 작아서 주머니 속에 넣을 수 있다고 했으므로 휴대폰이 정답이다.

오늘날 많은 사람들이 <u>이것</u>을 이용합니다. 우리는 <u>이것</u>으로 많은 일들을 할 수 있습니다. 사진을 찍거나, 게임을 하거나 음악을 들을 수도 있습니다. <u>이것</u>은 매우 작아서 우리는 주머니 속에 <u>이것</u>을 넣을 수도 있습니다.

put in ~을 집어넣다
pocket 명 주머니

ANSWER

07. ③ 08. ③ 09. ②

10 다음 글 바로 뒤에 이어질 내용으로 가장 알맞은 것은?

Do you have any pet animals? Why do you like them? The studies show that pet animals are good for people who are sick or lonely. How can animals help people?

① 애완동물의 기원　② 애완동물의 종류
③ 애완동물의 위험　④ 애완동물의 혜택

10

마지막 문장을 통해 어떻게 애완동물이 사람들에게 도움을 주는지에 대한 내용이 올 것을 알 수 있다.

당신은 애완동물을 가지고 있나요? 왜 그들을 좋아하나요? 연구 결과들은 애완동물들이 아프거나 외로운 사람들에게 좋다는 것을 보여 주고 있습니다. 동물들이 어떻게 사람들을 도와줄 수 있다는 것일까요?

pet animals 애완동물
study 명 연구

11 다음 대화의 순서로 가장 자연스러운 것은?

(A) Oh, what's it?
(B) How about eating out tonight?
(C) All right. I know a great place.
(D) I've got an idea.

① (D) − (A) − (B) − (C)
② (D) − (A) − (C) − (B)
③ (B) − (D) − (A) − (C)
④ (B) − (C) − (D) − (A)

11

생각이 있다는 문장이 먼저 오고, 무슨 생각인지 묻고 답하는 문장이 이어져야 한다.

(D) 내게 생각이 있어.
(A) 오, 그게 뭔데?
(B) 오늘 저녁에 외식하는 거 어때?
(C) 그러자. 내가 좋은 장소를 알아.

I've got = I have의 의미
All right 그래 좋아.

12 글의 흐름상 어울리지 <u>않는</u> 문장은?

I got up early. ⓐ<u>I read a book in the morning.</u> At lunch time, my parent took me to the restaurant. ⓑ<u>I like playing Tennis.</u> ⓒ<u>The food was delicious.</u> In the afternoon, Amy came to my house. ⓓ<u>We went to see a movie.</u>

① ⓐ　② ⓑ
③ ⓒ　④ ⓓ

12

하루의 일과에 대한 글이다. ⓑ는 하루의 일과에 맞지 않는 문장이다.

나는 일찍 일어났다. ⓐ나는 아침에 책을 읽었다. 점심때, 부모님께서 나를 식당으로 데려가셨다. ⓑ나는 테니스를 좋아한다. ⓒ음식은 맛있었다. 오후에는, 에이미가 우리 집에 왔다. ⓓ우리는 영화를 보러 갔다.

see a movie 영화를 보다

ANSWER
10. ④ 11. ① 12. ②

PART Ⅲ

생활영어

Chapter 01 기본 표현

Chapter 02 상대방과의 대화

Chapter 03 상황별 대화

단원 마무리 문제

학습 point⁺

생활영어는 말 그대로 일상생활에서 자주 쓰이는 영어를 일컫는 말로서, 인사하기 · 소개하기 · 사과하기 · 축하하기 · 위로하기 · 제안하기 · 권유하기 · 동의하기 · 거절하기 · 초대하기 · 주문하기 · 길 묻고 안내하기 · 전화하기 · 물건사기 · 개별장소(병원/공항/관공서/서점/극장/도서관 등)에서의 대화 · 표지판 안내 · 나이 · 날짜 · 요일 · 시간 · 날씨 등에 관한 내용이 주를 이루기 때문에 이와 관련된 정형화된 표현은 정리하여 학습해 두어야 합니다. 이러한 내용은 대화가 자연스럽지 않은 것, 빈칸에 들어갈 말, 밑줄 친 말의 의도, 대화자의 심정, 두 사람의 관계, 위치 찾기, 대화가 이루어지는 장소, 대화의 상황, 대화와 관련 있는 표지판, A에 대한 B의 응답, 대화의 순서 등의 유형으로 출제됩니다. 이 책에서는 이와 관련된 예문을 일목요연하게 주제별로 정리하여 수록하였으니 학습에 참조하기 바라며, 실제로 대화하듯 소리 내어 반복적으로 읽어 나가면 기억에 더 오래 남을 것입니다.

Chapter

01 기본 표현

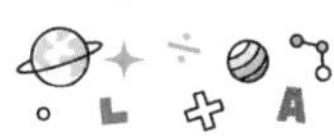

1 인사하기

(1) 아침, 낮, 저녁 인사

Good morning. (아침 인사) 좋은 아침. 안녕하십니까. 안녕.

Good afternoon. (낮 인사) 안녕하십니까. 안녕.

Good evening. (저녁 인사) 안녕하십니까. 안녕.

보충 허물없는 사이에서는 Hello, Hi를 쓸 수 있다.

(2) 헤어질 때 하는 인사

Good-bye. 잘 가. / 잘 있어.

= Bye-bye.

Good night. 잘 가. / 잘 자.

See you later. 또 봐요.

= See you again.

See you then. 나중에 봐요.

See you next time. 다음에 봐요.

(3) 안부 인사하기

How are you doing? 어떻게 지내니?

= How are you?

= How have you been?

= How's everthing?

= How's it going?

What's up? 어떻게 지내?

보충 What's up은 친한 친구 사이에서 사용하는 표현이다.

바로바로 CHECK

B의 응답으로 알맞지 않은 것은?

A : It's time to go now. See you later.
B : ____________________

① Bye-bye.
② Nice to meet you.
③ Have a nice day.
④ See you next time.

해설 ② '만나서 반가워요.'는 처음에 만났을 때 하는 인사말이다.

A : 가야 할 시간이에요. 나중에 봐요.
B : ① 잘 가요.
③ 좋은 하루 보내요.
④ 다음에 봐요.

(4) 안부 인사에 대답하기

I'm fine. 잘 지내.
Fine, thanks. 잘 지내요.
Pretty good(well). 아주 잘 지내.
= Very well(good).
Not bad, thanks. 나쁘지 않아, 고마워.

Not too bad. 그저 그래요.
= So so.
= Nothing much.
Not good. 별로 좋지 않아요.
= Not so good(well).

Communication

A : Hi, Mike! How are you doing? 안녕, 마이크! 어떻게 지내?
B : Fine, thanks. 잘 지내, 고마워.

2 소개하기

(1) 자기 소개하기

Let me introduce myself to you. 제 소개를 하겠습니다.
My name is Justin. 내 이름은 저스틴입니다.
= I am Justin. 나는 저스틴입니다.

(2) 가족 소개하기

Let me introduce my family to you. 제 가족을 소개하겠습니다.
This is my sister. 이 사람은 내 여동생입니다.

Communication

A : My sister is a runner. 내 여동생은 달리기 선수야.
B : Really? That's cool! 정말? 멋지다!
A : She's the best player on the team. 그녀는 팀에서 최고의 선수야.
B : You must be very proud of your sister. 네 여동생이 몹시 자랑스럽겠구나.

보충 「This is ~.」는 "이 사람은 ~입니다"라는 뜻으로, 다른 사람을 소개할 때에는 「This is + 소개하고 싶은 사람」으로 표현한다.

(3) 처음 만난 사람에게 하는 인사

How do you do? 처음 뵙겠습니다.

Nice to meet you. 만나서 반갑습니다.

= Glad to meet you.

– Nice(Glad) to meet you, too.
나도 만나서 반갑습니다.

(4) 이 름

What's your name? 당신의 이름은 무엇입니까?

– My name is Justin. 내 이름은 저스틴입니다.

✔ 바로바로 CHECK

다음 대화의 빈칸에 들어갈 알맞은 것은?

> Tom : Hi, Jack. Nice to meet you.
> Jack : Hi, Tom. ____________, too.

✔ Nice to meet you
② Thank you
③ Good morning
④ See you tomorrow

해설 'Nice to meet you.'에 대한 응답은 'Nice to meet you, too.'이다.

Communication

A : Hi, I am Andrew. 안녕, 난 앤드류야.
B : Hi, I am Jennifer. Glad to meet you. 안녕, 난 제니퍼야. 만나서 반가워.

A : Mr. Kim, this is my friend, Mi–na. 김 선생님, 이 아이는 내 친구 미나예요.
Mi–na, this is Mr. Kim. 미나야, 이분은 김 선생님이셔.
B : How do you do, Mr. Kim? 김 선생님, 처음 뵙겠습니다.
Glad to meet you. 만나서 반갑습니다.
C : Glad to meet you, too. 나도 만나서 반가워요.

3 출 신

Where are you from?
당신은 어디에서 왔습니까? (어디 출신입니까?)

– I'm from Korea. 나는 한국에서 왔습니다.

✔ 바로바로 CHECK

다음 빈칸에 공통으로 들어갈 알맞은 것은?

> A : Where are you ______?
> B : I'm ______ England.

① by ② up
③ with ✔ from

4 나 이

How old are you? 당신은 몇 살입니까?

– I'm fifteen. 나는 열다섯 살입니다.

= I'm fifteen years old.

How old is he(she)? 그는(그녀는) 몇 살입니까?

How old is your father(mother)? 당신의 아버지(어머니)는 나이가 어떻게 됩니까?

– He(She) is forty–two years old. 그는(그녀는) 마흔두 살입니다.

Communication

A : How old is your brother? 당신의 동생은 몇 살입니까?
B : He is eleven. He is in the fourth grade. 그는 11살입니다. 그는 4학년입니다.

5 날 짜

What's the date today? 오늘이 며칠입니까?

= What date is it?

– It is August 8th. 8월 8일입니다.

January 1월	February 2월	March 3월
April 4월	May 5월	June 6월
July 7월	August 8월	September 9월
October 10월	November 11월	December 12월

6 요 일

What day is it today? 오늘이 무슨 요일입니까?

– It is Monday. 월요일입니다.

Monday 월요일	Tuesday 화요일
Wednesday 수요일	Thursday 목요일
Friday 금요일	Saturday 토요일
Sunday 일요일	

7 시 간

What time is it? 몇 시입니까?

= Do you have the time?

= What time do you have?

보충 Do you have time?은 '시간 있으세요?'라는 의미이다.

– It's 7 : 40. 7시 40분입니다.

= It's seven forty.

It's six (o'clock). 6시입니다.

= It's 6 o'clock.

보충 정각에만 o'clock을 붙인다.

It is one–fifteen. 1시 15분입니다.

= It's a quarter after (past) one.

바로바로 CHECK

대화의 _____에 알맞은 것은?

A : What time is it?
B : It's _________.

① four twenty ② five thirty
③ six forty ④ seven fifty

해설 ① 4시 20분 ② 5시 30분
③ 6시 40분 ④ 7시 50분

Communication

A : Excuse me. What time is it? 실례합니다. 지금 몇 시죠?
B : It is 5 o'clock now. 5시 정각입니다.

A : When do you go to school? 언제 학교에 가니?
B : At 8 o'clock. 8시요.

8 날 씨

(1) 오늘의 날씨

How is the weather today? 오늘 날씨가 어떻습니까?

– It's sunny. 화창합니다.

It's warm. 따뜻합니다.

It's hot. 덥습니다.

It's rainy. 비가 내립니다.

= It's raining.

It's snowy. 눈이 내립니다.

It's cloudy. 흐립니다.

It's foggy. 안개가 자욱합니다.

It's windy. 바람이 붑니다.

보충 날씨를 말할 때에는 「It is (It's) + 날씨를 나타내는 단어」로 표현한다.

(2) 특정 장소의 날씨

How is the weather in Korea? 한국의 날씨는 어떻습니까?

– It's rainy in Korea. 한국에는 비가 옵니다.

Communication

A : How is the weather today? 오늘 날씨가 어때요?
B : It's raining. 비가 옵니다.

A : What's the weather like in Busan? 부산의 날씨는 어떤가요?
B : It's rainy and windy. 비가 오고 바람이 붑니다.

9 묘사하기

(1) 사람의 외모에 대한 표현

What does he(she) look like?
그는(그녀는) 어떻게 생겼습니까?

= How does he(she) look?

– He is (very) tall. 그는 키가 (매우) 큽니다.

He has short hair. 그는 짧은 머리입니다.

brown eyes 갈색 눈	curly hair 곱슬머리
cute 귀여운	pretty 예쁜
fat 뚱뚱한	thin 마른
handsome 잘생긴	ugly 못생긴
old 늙은	young 젊은
short 짧은	tall 큰

He wears glasses. 그는 안경을 끼고 있습니다.

He looks handsome. 그는 잘생겼습니다.

She is short and fat. 그녀는 작고 뚱뚱합니다.

She has blue eyes. 그녀의 눈은 파란색입니다.

She wears long pants. 그녀는 긴 바지를 입고 있습니다.

Communication

A : What does she look like? 그녀는 어떻게 생겼니?
B : Well, she is tall. She has short hair. 그녀는 키가 커. 머리는 짧아.
She also wears long pants. 그녀는 또한 긴 바지를 입고 있어.

(2) 사람의 성격에 대한 표현

What is he(she) like? 그는(그녀는) 어떻습니까?

– He is very kind. 그는 매우 친절합니다.
She is outgoing. 그녀는 외향적입니다.

honest 정직한	kind 친절한
nice 좋은, 친절한	good 좋은, 훌륭한
gentle 상냥한, 부드러운	polite 예의바른
lazy 게으른	diligent 부지런한
smart 세련된, 재치 있는	
big 큰	large 큰, 넓은
small 작은, 좁은	little 작은
thin 얇은	light 가벼운

(3) 사물에 대한 표현

What does it look like? 그것은 어떻게 생겼습니까?

– It's long and straight. 그것은 길고 곧습니다.
It's cute but heavy. 그것은 귀엽지만 무겁습니다.

Communication

A : What does it look like? 그것은 어떻게 생겼죠?
B : It's small and light brown. 작고 연한 갈색입니다.

01 다음 대화의 빈칸에 들어갈 말로 가장 적절한 것은?

기출

> A : ____________________
> B : How about at 5 o'clock?

① Where are you going?
② Who opens that store?
③ How much is this book?
④ What time do you want to meet?

02 대화의 빈칸에 들어갈 알맞은 것은?

> A : Hi, my name is Mimi.
> What's your name?
> B : I am Insu. Nice to meet you, Mimi.
> A : ____________________, too.

① Feeling blue　　② Sorry to hear that
③ Nice to meet you　　④ Terrible to see you

03 두 사람이 처음 만난 상황일 때 적절하지 않은 것은?

> A : Hello, I'm Susan Smith. ① I'm your English teacher.
> B : ② Nice to meet you.
> A : ③ Happy to see you again. Where are you from?
> B : ④ I come from Korea.

01

B가 '5시가 어떨까요?'라고 답했기 때문에 A는 몇 시에 만날지를 물었을 것이다. 따라서 정답은 ④가 된다.

① 너는 어디를 가니?
② 누가 그 가게를 여니?
③ 이 책은 얼마니?
④ 너는 몇 시에 만나고 싶니?

02

A의 대답 마지막에 too(역시, 마찬가지로)가 있으므로, B와 같은 대답을 했음을 알 수 있다.

A : 안녕, 내 이름은 미미야.
네 이름은 뭐니?
B : 나는 인수야. 만나서 반가워, 미미.
A : 나도 역시 만나서 반가워.

03

처음 만난 상황에서 '다시 만나서 좋다'는 말을 하는 것은 어울리지 않는다.

A : 안녕하세요. 수잔 스미스입니다. ① 나는 당신의 영어 선생님입니다.
B : ② 만나서 반갑습니다.
A : ③ 당신을 다시 만나게 되어서 좋네요. 당신은 어디서 왔습니까?
B : ④ 나는 한국에서 왔습니다.

come from ~의 출신(고향 · 사는 지역)이다

ANSWER

01. ④　02. ③　03. ③

04 다음 대화의 빈칸에 들어갈 알맞은 것은?

A : Where are you from?
B : ______________________

① I'm in the kitchen. ② I am a nurse.
③ See you then. ④ I'm from Canada.

04
① 나는 부엌에 있습니다.
② 나는 간호사입니다.
③ 나중에 봐요.
A : 당신은 어디에서 왔습니까?
B : 캐나다에서 왔습니다.
be from ~출신이다

※ 다음 대화의 빈칸에 들어갈 알맞은 것을 고르시오. (5~7)

05

A : What's the ______ today?
B : It's August 15th.

① weather ② time
③ day ④ date

05
① 날씨 ② 시간
③ 날 ④ 날짜
A : 오늘이 며칠입니까?
B : 8월 15일입니다.

06

A : How old is your father?
B : ______ is forty-two years old.

① You ② He
③ She ④ It

06
아버지의 나이를 묻고 있다. 아버지는 남자이므로, 남자를 지칭하는 He가 정답이다.
A : 당신의 아버지는 나이가 어떻게 됩니까?
B : 그는 42세입니다.

07

A : What day is it today?
B : It's ___________.

① 2012 ② April
③ Monday ④ tomorrow

07
② 4월
③ 월요일
④ 내일
A : 오늘이 무슨 요일입니까?
B : 월요일입니다.

ANSWER
04. ④ 05. ④ 06. ② 07. ③

08 다음 대화에서 현재 시각으로 알맞은 것은?

A : What time is it? Is it three fifteen?
B : No. It's three fifty.
A : Oh, you're right.

① 3시 15분 ② 3시 30분
③ 3시 45분 ④ 3시 50분

08
3시 50분이라고 말한 B의 말이 맞다고 했으므로 ④가 정답이다.

A : 몇 시야? 3시 15분이야?
B : 아니. 3시 50분이야.
A : 네 말이 맞아.

09 다음 대화의 빈칸에 들어갈 말로 가장 알맞은 것은?

기출

A : What do you call your mother's borther?
B : He is called my ____________.

① aunt ② uncle
③ cousin ④ grandfather

09
엄마의 남자형제는 한국에서는 외삼촌이라고 부르며, 영어권에서는 uncle(삼촌)로 통칭한다.

A : 너는 엄마의 남자형제를 뭐라고 부르니?
B : 그는 나의 삼촌이라고 불려.

① 이모(고모) ② 삼촌
③ 사촌 ④ 할아버지

10 다음 그림과 관련지어 대화를 완성할 때 빈칸에 들어갈 알맞은 것은?

A : How is the weather on Thursday?
B : It's ________.

① rainy ② cloudy
③ sunny ④ snowy

10
① 비가 오는
② 흐린
③ 화창한

A : 목요일 날씨는 어떻습니까?
B : 눈이 옵니다.

Monday 명 월요일
Tuesday 명 화요일
Wednesday 명 수요일
Thursday 명 목요일

ANSWER
08. ④ 09. ② 10. ④

영 어

11 다음 대화의 빈칸에 알맞지 않은 것은?

> A : What does she look like?
> B : ______________________________

① She is very kind.
② She is tall.
③ She wears long pants.
④ She has short hair.

11

① 그녀는 매우 친절합니다.
② 그녀는 키가 큽니다.
③ 그녀는 긴 바지를 입었습니다.
④ 그녀는 머리가 짧습니다.

A : 그녀는 어떻게 생겼습니까?
B : ____________

※ A에 대한 B의 응답이 적절하지 않은 것을 고르시오. (12~13)

12 ① A : What time is it?
B : It's three fifty.
② A : What's the date today?
B : It's Sunday.
③ A : Thank you for helping me.
B : You're welcome.
④ A : How is the weather?
B : It's very hot.

12

① A : 몇 시예요?
B : 3시 50분입니다.
② A : 오늘이 며칠입니까?
B : 일요일입니다.
③ A : 도와주셔서 감사합니다.
B : 천만에요.
④ A : 날씨가 어때요?
B : 매우 더워요.

13 ① A : How are you?
B : I'm fine.
② A : How much is it?
B : I have ten dollars.
③ A : How was your vacation?
B : It was great.
④ A : How often do you go hiking?
B : Once a month.

13

① A : 어떻게 지내?
B : 잘 지내.
② A : 이거 얼마예요?
B : 난 10달러를 가지고 있어요.
③ A : 휴가는 어땠어요?
B : 최고였어요.
④ A : 얼마나 자주 하이킹 하니?
B : 한 달에 한 번.

ANSWER

11. ① 12. ② 13. ②

※ 대화가 가장 자연스러운 것을 고르시오. (14~15)

14 ① A : Let me introduce my mother.
B : I am a firefighter.
② A : How old is your sister?
B : She is ten years old.
③ A : This is my father.
B : It's sunny.
④ A : My aunt is a writer.
B : That's so bad.

15 ① A : How are you?
B : He is very fine.
② A : May I help you?
B : See you then.
③ A : I have a cold.
B : Glad to hear that.
④ A : Thank you for the present.
B : My pleasure.

14
① A : 우리 어머니를 소개할게.
B : 나는 소방관이야.
② A : 네 여동생은 몇 살이니?
B : 그녀는 열 살이야.
③ A : 이 분은 우리 아버지이셔.
B : 화창하구나.
④ A : 우리 이모는 작가야.
B : 그것 참 안됐구나.

15
① A : 어떻게 지내니?
B : 그는 매우 잘 지내.
② A : 도와드릴까요?
B : 그럼 그때 봐요.
③ A : 감기에 걸렸어요.
B : 반가운 소리군요.
④ A : 선물 고마워.
B : 별말씀을.

ANSWER
14. ② 15. ④

Chapter

02 상대방과의 대화

1 감사의 표현

Thanks (a lot). 고마워. – 친한 사이에서 사용
= Thank you.

Thank you very much. 매우 감사합니다.

Thank you for helping me.
도와주셔서 감사합니다.
= Thanks to you for your help.

감사에 대한 대답

– You're welcome. 천만에요. (별말씀을.)
= Don't mention it.
= (It's) My pleasure.
= Not at all.

It's nothing. 아무것도 아냐.

Communication

A : Thank you for helping me. 도와주셔서 감사합니다.
B : Don't mention it. 별말씀을요.

A : You look very hungry. Help yourself. 매우 배가 고파 보여요. 마음껏 드세요.
B : Thank you. Oh, it tastes good. 감사합니다. 맛있네요.

2 사과하기

I'm really very sorry. 대단히 죄송합니다.

I'm sorry to be late. 늦어서 미안합니다.

보충 I'm sorry about ~ : ~에 대해 유감이다

사과에 대한 대답

– That's all right. 괜찮습니다.
= That's OK.
= No problem.

Never mind. 신경 쓰지 마세요.

3 칭찬 · 축하하기

(1) 칭찬하기

Good for you! 정말 잘했다!
= You did a good job.

I'm proud of you. 당신이 자랑스럽다.

Excellent! 훌륭해!

(2) 축하하기

Congratulations! 축하합니다!

Congratulations on your passing the exam! 시험 합격을 축하합니다!

보충 Congratulations는 상대방이 노력을 하여 경쟁에서 이겼을 때 축하하는 말이므로, 결혼식이나 기념일을 축하할 때는 적절하지 않다.

Happy 15th birthday! 당신의 15번째 생일을 축하합니다.

(3) 칭찬 · 축하에 대한 대답

You're so(very) kind. 참 친절하시군요.
= How nice(kind) of you!

It's nice of you to say so.
그렇게 말씀해 주시니 고맙습니다.

Thank you. 고마워요.

보충 칭찬의 말에는 "Thank you."라고 응답하여야 한다.

I'm glad you like it. 네가 좋아한다니 나도 기뻐.

바로바로 CHECK

밑줄 친 말의 의도로 알맞은 것은?

A : I won the first prize in the dancing contest.
B : Great! Congratulations!

① 축하하기 ② 권유하기
③ 불평하기 ④ 설득하기

해설 A가 춤 경연 대회에서 1등을 했다고 하자 B가 축하해 주고 있다.

Communication

A : I won the English speaking contest. 영어 말하기 대회에서 1등을 했어.
B : Great. I'm proud of you. 잘했어. 네가 자랑스러워.

A : We won the game. 우리가 이겼어.
B : Good for you. 잘했어.

4 위로 · 격려하기

What's up? 무슨 일이야?
= What's the problem?
= What's the matter (with you)?
= What's wrong with you?

You look down (unhappy). 기분이 안 좋아 보여.

You look upset. 너 화나 보여.

That's too bad. 그것 참 안됐다.

Cheer up! 기운 내!
= Come on!

Sorry to hear that. 정말 유감이다.

Don't give up. 포기하지 마.

Look on the bright side. 긍정적으로 생각해.

바로바로 CHECK

다음 ______에 들어갈 알맞은 표현은?

A : I broke my leg.
B : ______________

① It is exciting.
② That's too bad. (✓)
③ That sounds great.
④ I'd love to, but I can't.

해설 A : 다리가 부러졌어.
B : 안됐구나.

Communication

A : My cat died yesterday. I'm so sad. 고양이가 어제 죽었어. 너무 슬퍼.
B : Sorry to hear that. 정말 유감이다.

A : I lost your book. It's my fault. 너의 책을 잃어버렸어. 나의 실수야.
B : Don't worry. 걱정 마. / Never mind. 신경 쓰지 마. / That's all right. 괜찮아.

5 제안(권유)하기

(1) 제안(권유)하기

① How (What) about ~ing? ~하는 게 어때요?

How about going to the dentist? 치과에 가는 게 어때요?
What about having dinner with me tonight? 오늘 밤 저와 식사를 함께하는 게 어때요?

② Why don't you ~? ~하는 것이 어때요?

Why don't you see a doctor? 의사에게 가 보는 게 어때요?

③ Would you like to ~? ~하시겠습니까?

Would you like to have some more cookies? 과자 좀 더 드실래요?

④ Let's + 동사원형 ~ 우리 ~하자

Let's see a movie tonight.
오늘 밤에 영화 보러 가자.

Let's go to the concert together.
같이 음악회에 가자.

Let's go hiking. What do you say?
하이킹 가자. 어때?

바로바로 CHECK

밑줄 친 말의 의도로 알맞은 것은?

A : I don't know where to go this summer.
B : How about visiting Gyeongju?
A : O.K. Let's go there.

✓ 제안 ② 칭찬
③ 충고 ④ 동의

해설 A : 나는 이번 여름에 어디로 가야 할지 모르겠어.
B : 경주를 방문하는 게 어때?
A : 좋아. 거기에 가자.

Communication

A : I have a toothache. 치통이 있어요.
B : How about going to the dentist? 치과에 가 보는 게 어때요?

기초학습 음식 권하기

Help yourself. 마음껏 드세요.
Would you like some cake? 케이크 좀 드실래요?
= Do you want some cake?
Do you want some more? 좀 더 먹을래요?
– Yes, please. 네, 주세요. [수락할 때]
= Thank you.
– No, thanks. I'm full. 괜찮아요. 배불러요. [사양할 때]

(2) 제안(권유) 수락하기

수락하기

Yes, I'd love (like) to. 좋아, 그렇게 할게.

That's a good idea. 좋은 생각이야.

= Good idea.

Sounds great (good). 좋아.

= Sure. / OK.

Of course. 물론이지.

거절하기

I'm sorry, but I can't.
미안하지만 안 될 것 같아.

= Sorry, I can't.

= I'm afraid, I can't.

I'd like (love) to, but I can't.
나도 그러고 싶지만 안 돼.

No, thanks. 괜찮습니다 (됐습니다).

Communication

A : Why don't we go to the game after school? 방과 후에 게임하러 가는 게 어때?
B : I'd like to, but I can't. 그러고 싶지만 안 돼.
A : Why not? 왜?
B : I have to help my mom. 엄마를 도와드려야 해.

A : Let's go swimming this Sunday. 이번 일요일에 수영하러 가자.
B : Great! What time? 좋아! 몇 시에?
A : How about ten o'clock? 10시가 어때?

6 동의 · 승낙하기

(1) 동의 · 반대하기

동의하기

You're right. 맞는 말입니다.

= You can say that again.

I couldn't agree (with you) more.
전적으로 동감입니다.

= I think so. / I agree (with you).

So do I. [긍정] 나 역시 그래.

Neither do I. [부정]

반대하기

I don't think so. 그렇게 생각하지 않습니다.

= I don't agree (with you).

Not really. 그렇지 않습니다.

= I'm afraid not.

(2) 승낙 · 거절하기

승낙하기

That sounds good. 그거 좋은 것 같군요.

I'd love to. 그렇게 하고 싶어요.

= I'd be happy to.

거절하기

I'd love to, but I can't.
그러고는 싶지만 안 돼요.

No, thanks. 아니요, 괜찮습니다.

Communication

A : I like '*Harry Potter*' series. 나는 '해리포터' 시리즈를 좋아해요.
How about you? 당신은 어때요?
B : So do I. 나도 그래요.

7 허락 구하기

Do (Would) you mind opening the window? 창문 좀 열어도 될까요?
= Do you mind if I open the window? [현재시제 Do = open]
= Would you mind if I opened the window? [과거시제 Would = opened]
– Of course not. Not at all! Absolutely not! Go right ahead! It's all yours. [승낙의 의미]
– I'm sorry, but I can't. I'm afraid I can't. [거절의 의미]

보충 직역하면 "내가 창문을 여는 것이 언짢은가요?"라는 뜻이 된다. 따라서 창문을 여는 것이 싫으면 긍정으로 대답하고, 열어도 좋으면 부정으로 대답한다.

Is it OK if I open the window?
창문을 열어도 괜찮을까요?

보충 Is it OK if ~? : ~해도 괜찮습니까?

바로바로 CHECK

밑줄 친 말의 의도로 알맞은 것은?

A : Do you mind if I use the computer?
B : <u>Of course not. Go ahead.</u>

① 승낙하기 ② 조언하기
③ 축하하기 ④ 소개하기

해설 A : 내가 너의 컴퓨터를 써도 될까?
B : <u>물론. 어서 써.</u>

Can I use your pen? 펜 좀 써도 될까요?

– Yes, you can. 네.
  Of course. 물론이죠.
  OK. All right. 네. 괜찮아요.
  Go ahead. 그러세요.

– No, you can't. 안 돼요.
  Sorry, but you can't. 미안하지만 안 돼요.
  I'm afraid you can't.

A : It's very hot here. 여기 매우 덥네요.
Do you mind if I open the window? 창문을 열어도 괜찮을까요?
B : Of course not. Go ahead. 네, 열어도 됩니다.
A : Thanks a lot. 대단히 감사합니다.

A : Can I have some cake? 케이크 좀 먹어도 될까요?
B : Yes. Help yourself. 네. 마음껏 드세요.

보충 Help yourself(마음껏 드세요)는 음식을 권할 때 쓰는 표현이다.

A : Do you mind if I use this computer? 이 컴퓨터 제가 좀 써도 될까요?
B : No. Go ahead. I'm finished. 예. 그러세요. 저는 다 썼습니다.

A : Let me ask you a question. 질문 하나 해도 될까요?
B : Sure, go ahead. 그럼요, 하세요.

심화학습 **도움 요청하기**

Can you help me? 좀 도와줄래?
= Can (Could) you give me a hand?
  Do(Would) you mind helping me?
  Will (Can, Would) you do me a favor?

– No, problem. / Of course. / Sure. / OK. 그래. [승낙의 의미]
– Sorry. 미안해. [거절의 의미]
  Sorry, I can't. I'm busy now. 미안해. 그럴 수가 없어. 지금 바빠.

8 기 타

(1) 의견 묻고 대답하기

What do you think of my plan? 내 계획을 어떻게 생각하십니까?

보충 What do you think of (about) ~? : ~에 대해 어떻게 생각하십니까?

How about you? 당신은 어떻습니까?

– I think it's exciting. 흥미롭다고 생각합니다.

보충 I think (guess) ~ : 나는 ~라고 생각한다

A : Do you like cats? 고양이를 좋아하니?
B : Yes, I do. How about you? 그래. 너는 어때?
A : I like them, too. 나도 역시 그것들을 좋아해.

A : What are you going to do next vacation? 너는 다음 방학에 무엇을 할 거니?
B : I'm going to Europe. 나는 유럽에 갈 거야

(2) 초대하기

Will you come to the party? 파티에 올래요?

– Yes, I'd love to. / Sure. [승낙의 의미]

– I'd love to, but I can't. / No, thanks. [거절의 의미]

보충 'Will (Would) you come to~?'는 '~에 올래요?'라는 뜻으로 초대할 때 쓰는 표현이다.

Communication

A : Will you come to my house for dinner? 저녁 식사하러 우리 집에 올래?
B : I'd love to, but I can't. 그러고 싶지만, 갈 수 없어.
I have to finish my homework. 숙제를 끝내야 해.

(3) 직 업

What does he do? 그는 어떤 일을 하죠? – He is a doctor. 그는 의사입니다.

(4) 장래 희망

What would you like to be when you grow up? 커서 무엇이 되기를 원하니?
– I want to be a teacher. 나는 선생님이 되고 싶어.

What do you want to be in the future? 미래에 무엇이 되고 싶니?
– I want to be a policeman. 나는 경찰이 되고 싶어.

(5) 좋아하는 것

What is your favorite sport? 좋아하는 스포츠가 무엇입니까?
– My favorite sport is soccer. 내가 좋아하는 스포츠는 축구입니다.

Which do you like better, science or math? 수학과 과학 중에 어떤 과목을 더 좋아합니까?
– Science is my favorite subject. 과학은 내가 가장 좋아하는 과목입니다.

Who is your favorite singer? 좋아하는 가수가 누구입니까?
– I like Michael Jackson best. 마이클 잭슨을 제일 좋아합니다.

A : Which season do you like best? 어느 계절을 가장 좋아하세요?
B : I like winter best. 겨울을 제일 좋아합니다.
A : Why? 왜죠?
B : Because I can ski. 왜냐하면 스키를 탈 수 있으니까요.

A : What's your favorite food? 좋아하는 음식이 무엇입니까?
B : I like pizza. 나는 피자를 좋아합니다.

A : What color do you like best? 가장 좋아하는 색깔이 무엇입니까?
B : I like green. What about you? 녹색을 좋아합니다. 당신은요?
A : I like sky blue. 나는 하늘색을 좋아합니다.

A : What's your favorite color? 좋아하는 색깔이 무엇입니까?
B : I like black. 검정을 좋아합니다.

(6) 취 미

What is your hobby? 취미가 무엇입니까?

– I like playing computer games. 컴퓨터 게임하는 것을 좋아합니다.

(7) 경험 묻고 답하기

What did you do yesterday (last Saturday / on Sunday)?
어제(지난 토요일에 / 일요일에) 뭐 했어요?

보충 요일 앞에는 on을 쓴다.

– I watched TV. TV를 봤어요.
I visited my uncle. 나의 삼촌을 방문했어요.
I played computer games. 컴퓨터 게임을 했어요.

How was your holiday (vacation)? 휴일(방학) 어땠어요?

– It was great. I visited my grandparents in Busan.
아주 좋았어요. 부산의 조부모님 댁에 다녀왔어요.
It was fun. I played baseball with my friends. 재미있었어요. 친구들과 야구를 했어요.

Did you have a nice vacation? 방학 재미있게 보냈어요?

– Yes, I did. 네.

Communication

A : What was your weekend? 주말 어떻게 보냈어?
B : It was good. I had a good time. 좋았어. 즐거웠어.

(8) 횟수, 기간

How often do you go to the movie? 얼마나 자주 영화를 보러 가나요?

How often do you go hiking? 얼마나 자주 하이킹을 가나요?

How often do you exercise? 얼마나 자주 운동합니까?

– Once a month. 한 달에 한 번 정도.
Once a week. 일주일에 한 번.
Twice a day. 하루에 두 번.

Once 한 번	Twice 두 번
Triple, Three times 세 번	Four times 네 번
Five times 다섯 번	

How long does it take? 얼마나 걸리니?

– It takes about 15 minutes. 약 15분쯤 걸려.

A : How long did you stay at the hotel? 그 호텔에 얼마나 머물렀습니까?
B : For two weeks. 2주 동안요.

Minsu : How many books do you read? 몇 권의 책을 읽니?
Juwon : Two books a week. 일주일에 두 권.
Minsu : How much money do you spend? 돈을 얼마나 쓰니?
Juwon : About 50,000 won a month. 한 달에 5만 원 정도.

A : Where have you been? 어디에 있었니?
B : I have been to Paris. 파리에 있었어.
A : How long were you in Paris? 파리에 얼마 동안 있었어?
B : Five days. 5일 동안.

(9) 교통수단

Do you go to school by bus? 버스 타고 학교에 가니?

How do you go to school? 학교에 어떻게 가니?

– I go to school by subway. 지하철 타고 학교에 가.
  I go to school by bus. 버스를 타고 학교에 가.

보충 「by + 교통수단」은 '~를 타고'의 의미이다.

(10) 현재의 활동

What are you doing? 당신은 무엇을 하고 있습니까?

– I'm studying English. 나는 영어 공부를 합니다.
  I'm chatting on line. 나는 온라인상으로 채팅을 하고 있습니다.

What's he (she) doing? 그는(그녀는) 무엇을 하고 있습니까?

– He (She) is reading. 그는(그녀는) 책을 읽고 있습니다.
  He (She) is playing baseball. 그는(그녀는) 야구를 하고 있습니다.

※ 다음 대화의 빈칸에 들어갈 말로 가장 적절한 것을 고르시오. (1~2)

01 기출

A : I passed my English test.
B : ________. I'm glad to hear that.

① I'm sorry ② No, thanks
③ Good for you ④ You're welcome

02

A : Hey. You look so happy.
B : Well, I had studied hard for the English exam. And finally I passed it.
A : ____________________

① Cheer up! ② I'm sorry to hear that.
③ You can't miss it. ④ That's great.

03 빈칸에 들어갈 말로 적절하지 않은 것은?

A : ____________________?
B : Sounds great.

① Shall we go out for lunch
② How about playing soccer
③ When do you study English
④ Why don't we go fishing together

01

영어시험에 통과되어서 기쁘다는 대화이므로, 축하의 의미를 가진 말이 와야 할 것이다.

① 미안합니다.
② 고맙지만 괜찮아요
③ 잘 되었구나
④ 천만에요

A : 나는 영어시험에서 통과했다.
B : ______. 그 말을 들으니 기쁘다.

02

① 힘내라!
② 그 말을 들으니 유감이다.
③ 틀림없이 찾을 거야. (길을 가르쳐 줄 때)

A : 야. 너 아주 기뻐 보여.
B : 음, 나는 영어 시험 공부를 열심히 했어. 그리고 마침내 합격했어.
A : 잘했어.

03

B의 대답은 무언가 권유를 받았을 때 동의하는 답변이다.

① 점심 먹으러 같이 나갈까
② 축구 하는 게 어때
③ 언제 영어 공부할 거니
④ 같이 낚시하러 가지 않을래

A : ____________?
B : 좋은 생각이야.

ANSWER

01. ③ 02. ④ 03. ③

04 다음 밑줄 친 말의 의도로 가장 적절한 것은?

A : Help yourself to pizza.
B : Thanks. This is really delicious.

① 감사 ② 칭찬
③ 권유 ④ 거절

04
A : 피자를 마음껏 드세요.
B : 감사합니다. 이거 정말 맛있네요.

05 대화에서 B가 말한 의도로 알맞은 것은?

A : I just study, sleep, and eat.
I don't exercise at all.
B : If I were you, I would exercise hard.

① 거절 ② 기원
③ 초대 ④ 충고

05
A : 나는 단지 공부하고 자고 먹기만 해.
나는 전혀 운동을 안 해.
B : 내가 너라면 열심히 운동할 거야.

just 부 오직, 단지, 겨우
at all 전혀, 조금도
exercise 명 운동
hard 부 열심히, 심하게

06 대화에서 밑줄 친 말의 의도로 가장 적절한 것은?

기출

A : Hi, Susan. What's wrong?
B : I think I have a bad cold.
A : Oh, then you should see a doctor right away.
B : Okay, that's a good idea. Thanks.

① 칭찬하기 ② 조언하기
③ 감사하기 ④ 사과하기

06
B가 독감에 걸렸다고 말했고, 이에 A는 의사에게 진찰을 받아보라고 하는 상황이다. 즉, A는 B에게 조언을 하고 있다.

A : 안녕, 수잔. 뭐가 잘못되었니?
B : 나는 심한 감기에 걸린 것 같아.
A : 오, 그럼 너는 지금 바로 의사에게 가봐야 해.
B : 알겠어, 그것은 좋은 생각이야. 고마워.

bad cold 독감
see a doctor 진찰을 받다

ANSWER
04. ③ 05. ④ 06. ②

07 다음 밑줄 친 문장이 의미하는 것은?

A : Will you go to the movie with me?
B : I'm sorry, but I can't.

① 승낙 ② 안부
③ 거절 ④ 희망

※ 대화의 빈칸에 들어갈 말로 알맞은 것을 고르시오. (8~9)

08

A : Would you mind if I open the window?
B : ____________________

① It's a shame. ② Of course, not.
③ You're welcome. ④ Yes, go ahead.

09

A : ____________________
B : My favorite sport is soccer.

① Who do you like?
② Why do you like soccer?
③ When do you play soccer?
④ What's your favorite sport?

07

A : 나랑 영화 보러 갈래?
B : 미안하지만 갈 수 없어.

08

상대방의 허락을 구하는 질문에 대한 응답으로 적절한 것은 ②이다.
④ Yes라고 대답할 경우, Yes, I mind(네, 신경 쓰여요.)와 같은 의미가 되므로 적절하지 않다.

① 유감이에요.
③ 천만에요.

A : 창문 좀 열어도 될까요?
B : 물론이죠.

09

① 누구를 좋아합니까?
② 축구를 왜 좋아합니까?
③ 언제 축구를 합니까?

A : 좋아하는 스포츠가 무엇입니까?
B : 내가 좋아하는 스포츠는 축구입니다.

favorite 형 마음에 드는, 매우 좋아하는
play soccer 축구를 하다

ANSWER
07. ③ 08. ② 09. ④

10 대화의 밑줄 친 부분과 같은 의미를 가진 것은?

A : How does your mother go to work?
B : <u>She goes to work on foot.</u>

① She walks to work.
② She takes the bus to work.
③ She drives her car to work.
④ She takes the subway to work.

10

on foot은 '걸어서'라는 의미이므로, 동사 walk(걷다)를 써야 한다.

※ 이동 수단에 관한 전치사 표현 : 탈것은 by를 쓰고, '걸어서'라는 의미일 경우에는 on foot을 쓴다.

① 그녀는 걸어서 직장에 간다.
② 그녀는 버스를 타고 직장에 간다.
③ 그녀는 그녀의 차를 운전하여 직장에 간다.
④ 그녀는 지하철을 타고 직장에 간다.

A : 당신의 어머니는 직장에 어떻게 가시나요?
B : <u>그녀는 걸어서 직장에 갑니다.</u>

11 다음 대화의 빈칸에 들어갈 알맞은 것은?

A : What fruit do you like?
B : I like apples. ________________
A : Me, too.

① How about you? ② Why not?
③ How come? ④ What's wrong?

11

② 왜 안 돼?
③ 왜?
④ 무슨 일이야?

A : 무슨 과일을 좋아하니?
B : 사과를 좋아해. <u>너는 어때?</u>
A : 나도 역시 사과를 좋아해.

12 다음 대화에 나타난 B의 기분으로 가장 알맞은 것은?

A : What's up? You look sad.
B : Well, I am a little upset. I didn't get good grades.

① 기쁨 ② 속상함
③ 외로움 ④ 놀라움

12

B는 시험을 잘 보지 못해서 속상해 하고 있다.

A : 무슨 일 있어? 슬퍼 보여.
B : 음, 조금 속상해. 좋은 점수를 받지 못했어.

upset 형 심란한, 속상한, 화가 난

ANSWER

10. ① 11. ① 12. ②

※ 다음 중 대화가 자연스러운 것을 고르시오. (13~14)

13 ① A : Have you ever been to Jeju-do?
B : Yes, I did.
② A : What are you doing?
B : Let's see a movie.
③ A : How do you go to school?
B : I walk to school.
④ A : Which season do you like best?
B : I like baseball best.

14 ① A : What's wrong?
B : I have a headache.
② A : How was your day?
B : Good for you.
③ A : Why don't you see a doctor?
B : Well done.
④ A : How long do you sleep a day?
B : Almost every day.

15 다음 중 대화가 자연스럽지 않은 것은?

① A : Whose book is this?
B : It's mine.
② A : Will you do me a favor?
B : Sure. What is it?
③ A : Where do you live?
B : I live in Busan.
④ A : Can I use your pen?
B : Yes, I am.

13
① A : 제주도에 가 본 적이 있니?
B : 응, 가 봤어. → Yes, I have.
※ 'Have you ~'.로 물어보면 Yes, I have(긍정)나 No, I haven't(부정)로 대답한다.
② A : 뭐 하고 있어?
B : 영화 보러 가자.
③ A : 학교에 어떻게 가니?
B : 걸어서 가.
④ A : 어느 계절을 제일 좋아하니?
B : 나는 야구를 제일 좋아해.

14
① A : 무슨 일이죠?
B : 나는 두통이 있어요.
② A : 오늘 어땠어요?
B : 잘했어.
③ A : 의사를 만나 보는 게 어때요?
B : 잘했어.
④ A : 하루에 얼마나 자나요?
B : 거의 매일이요.

15
① A : 이것은 누구의 책이니?
B : 내 거야.
② A : 부탁 하나 들어줄래요?
B : 그래요. 뭐죠?
③ A : 너는 어디에서 사니?
B : 나는 부산에 살아.
④ A : 네 펜 좀 써도 될까?
※ 조동사(Can)로 시작하는 의문문이므로 "Yes, I am."으로 답하면 안 된다.

ANSWER
13. ③ 14. ① 15. ④

Chapter

03 상황별 대화

1 식 당

주문 받을 때

May I take your order, please?
= Are you ready to order? 주문하시겠어요?

Anything to drink? 마실 것은요?

Would you like anything else?
= Anything else?
그밖에 더 필요하신 것 있나요?

주문할 때

– I'd like a hamburger and a coke.
햄버거와 콜라로 주세요.
I'll have steak. 스테이크로 주세요.

보충 I'd like (to have) + 음식명.
I'll have + 음식명.

Here or to go?
여기서 드실 건가요, 아니면 가지고 가시겠어요?

– For here. 여기서 먹을게요.
To go. 가져갈게요.

How would you like your steak?
= How do you want your steak?
스테이크를 어떻게 해 드릴까요?

– Well–done, please. 잘 익혀 주세요.
= Make it well–done, please.
= I'd like it well–done.
Medium, please. 중간 정도로 익혀 주세요.
= Make it medium, please.
= I'd like it medium.
Rare, please. 살짝만 익혀 주세요.
= Make it rare, please.
= I'd like it rare.

May I see the menu? 메뉴 좀 볼까요?

What do you recommend? 무엇을 먹으면 좋을까요?

It's fine. 맛이 좋습니다.
= It's very good.

Can I make a reservation (for two)?
(두 사람) 자리를 예약할 수 있습니까?

Do you have a reservation? 예약을 하셨습니까?

Communication

A : May I take your order? 주문하시겠습니까?
B : Yes, I like beef and vegetable soup. 네, 소고기와 야채 수프로 주세요.
A : How would you like your beef? 소고기는 어떻게 해 드릴까요?
B : Well-done, please. 완전히 익혀 주세요.

A : May I take your order? 주문하시겠습니까?
B : Yes, I would like a beef sandwich and a chicken salad. 네, 소고기 샌드위치와 치킨 샐러드 주세요.
A : OK. Anything else? 알겠습니다. 그 밖에 다른 것은요?

A : Good evening. Do you have a reservation? 안녕하세요. 예약을 하셨습니까?
B : Yes. A table for two at seven o'clock. 네. 7시 정각에 두 사람 자리로요.
A : Ah, yes, Miss. Kim? 그렇군요. 미스 김이신가요?
B : That's right. 맞습니다.

2 길 묻고 안내하기

(1) 길 물어보기

Can you tell me where the station is? 역이 어디 있는지 말씀해 주시겠어요?

Can you tell me how to get there?
거기에 어떻게 가는지 알려 주시겠어요?

Can you show me the way to the nearest bookstore?

가까운 서점까지 가는 길을 알려 주시겠어요?

보충 Can (Could / Will / Would) you tell (show) me ~? ~을 말해 주시겠어요?

Where is the bus stop (supermarket / hospital / bookstore)?

버스 정류장(슈퍼마켓 / 병원 / 서점)이 어디에 있습니까?

바로바로 CHECK

대화에서 A가 가려고 하는 곳의 위치는?

A : Excuse me. Where is the bookstore?
B : Go straight and then turn right at the first corner. It's on your right.

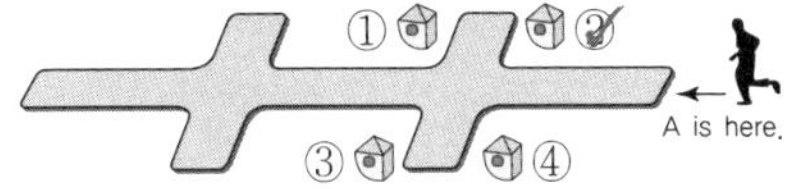

해설 A : 실례합니다. 서점이 어디에 있죠?
B : 직진하다가 첫 번째 모퉁이에서 오른쪽으로 도세요. 당신의 오른쪽에 있습니다.

How can I get to the bus station?

버스 터미널에 어떻게 가죠?

보충 bus station은 버스 터미널을 말하고, 버스 정류장은 bus stop이다.

Is there a bookstore nearby?

이 근처에 서점이 있습니까?

(2) 길 안내하기

Go straight. 곧장 가십시오.

Go straight two blocks. 두 블록 직진하십시오.

Turn right (left) at the first corner. 첫 번째 모퉁이에서 오른쪽(왼쪽)으로 도세요.

It's on your right (left). 당신의 오른쪽(왼쪽)에 있습니다.

It's next to the bookstore. 서점 옆에 있습니다.

You can't miss it. 바로 찾을 것입니다.

I'm sorry, I'm a stranger here myself. 죄송하지만, 저도 여기는 초행입니다.

Communication

A : Excuse me, but where is the hospital? 실례지만, 병원이 어디에 있나요?
B : It's next to the bookstore. 서점 옆에 있습니다.

A : Excuse me, how do I get to the bookstore? 실례합니다. 서점에 어떻게 가죠?
B : Go straight one block and turn left. 한 블록 직진하셔서 왼쪽으로 도세요.
A : Thank you very much. 감사합니다.
B : You're welcome. 천만에요.

A : Excuse me. How can I get to the City Hall? 실례합니다. 시청에 어떻게 가죠?
B : Go straight and turn right at the corner. 직진해서 모퉁이에서 오른쪽으로 도세요.
You can see it on your left. 당신의 왼쪽에 있습니다.
A : Thank you very much. 정말 감사합니다.

3 전화하기

(1) 전화를 거는 경우

① 저는 ~입니다.

Hello, this is David. 여보세요, 저는 데이비드입니다.

보충 'Hello(여보세요)'는 전화를 걸 때, 받을 때 사용한다. 자신이 누구인지 말할 때에는 「This is + 이름.」으로 표현한다.

② 통화하고 싶은 사람 찾기

May (Can) I speak to Jane, please? 제인 좀 바꾸어 주시겠어요?

I'd like to speak to Jane, please. 제인과 통화하고 싶습니다.

Is Jane there? 제인 있어요?

③ 메시지를 남기고 싶을 때

Can I leave a message? 메시지를 남길 수 있을까요?

(2) 전화를 받는 경우

① 누구세요?

Who's calling (speaking), please?

= Who's this, please?

보충 전화상에서 상대방이 누구냐고 물어볼 때 'Who are you?'라고 하지 않는다.

② 제가 ~입니다. – 전화 건 사람이 찾는 사람이 자신일 때

This is he (she). 접니다.

= This is he (she) speaking.

= Speaking.

This is Justin. 제가 저스틴입니다.

= This is Justin speaking.

보충 전화상에서 자신을 표현할 때는 'I am~.'을 사용하지 않고 'This is~.'를 사용한다.

바로바로 CHECK

다음 대화의 빈칸에 적절하지 않은 것은?

A : May I speak to Jane, please?
B : ______________.

① Speaking ② So am I
③ Jane's speaking ④ This is she

③ 찾는 사람이 부재중일 경우

May (Can) I take a message? 메시지를 남기시겠어요? (메시지 전해 드릴까요?)
= Would you like to leave a message?

I'm sorry, but he (she) not in. 죄송하지만 없는데요.

Sorry, he's not here. 죄송하지만 그는 여기 없습니다.

She's out. 그녀는 외출했습니다.

④ 기 타

I'm sorry, but you have the wrong number. 죄송하지만 전화를 잘못 거셨습니다.
= You've got the wrong number.

Hold on, please. 끊지 말고 기다리세요.

The line is busy. 통화 중입니다.

He is on the another line. 그는 다른 전화를 받고 있습니다.

Communication

A : Hello. May I speak to Tom, please? 안녕하세요. 탐과 통화할 수 있을까요?
B : Speaking. Who's calling, please? 전데요. 누구세요?
A : This is David. 나 데이비드야.

Mi-na : Hello. This is Mina. 여보세요. 저 미나인데요.
May I speak to Jack? 잭 좀 바꿔 주시겠어요?
Jane : Sorry, he's not here. 미안하지만, 그는 여기 없어요.
Mi-na : May I leave a message? 메시지를 남겨도 될까요?
Jane : Of course. What is it? 물론이죠. 뭐죠?
Mi-na : We're going on a picnic this Sunday. 이번 일요일에 피크닉을 갈 거예요.

4 물건 사기

(1) 상점에 들어갔을 때

May (Can) I help you? 도와드릴까요?

What are you looking for? 무엇을 찾으세요?

What can I do for you? 무엇을 도와드릴까요?

– I'd like to buy an umbrella. 우산을 사고 싶습니다.

= I'd like an umbrella.

= I need (want) an umbrella.

I'm looking for an umbrella. 우산을 찾는 중입니다.

– I'm just looking (around). 구경 좀 하려고요.

– I'd like to exchange these pants. 이 바지를 교환하고 싶습니다.

보충 I'm looking for~, I'd like to buy~, I need (want)~ : ~을 사고 싶습니다

(2) 물건을 고를 때

① 치 수

What's your size? 치수는 어떻게 되세요?

= What size are you?

What size do you want? 어떤 치수를 입으세요?

– Small size, please. 작은 치수요.

기초학습 전화번호 읽는 방법

전화번호는 숫자를 하나씩 영어로 읽는다. 숫자 '0'는 zero/o[ou]로 말한다.

540 – 2376
five – four – zero – two – three – seven – six

A : Is this 301 – 9852?
거기 three – zero – one – nine – eight – five – two 아닌가요?

B : No, it's 301 – 9853.
아니요, three – zero – one – nine – eight – five – three 입니다.

② 물건 권하기

How about this one? 이것은 어떠세요?

– Show me another one. 다른 것으로 보여 주세요.

보충 How do you like ~? : ~이 마음에 드세요?

③ 물건 사기

I like this one. 이걸로 주세요.

= I'll take it. 이것을 사겠습니다.

– Here you are. 여기 있습니다. – 물건 등을 건네줄 때

= Here it is. [단수]

= Here they are. [복수]

④ 기 타

May (Can) I try it on? 입어 봐도 되겠습니까?

(3) 가격 물어보기

How much is it? 얼마입니까?

= How much is this one?

How much is it all together? 모두 얼마입니까?

– It's ten dollars. / It's 10 dollars. 10달러입니다.

This skirt is 10 dollars. 이 치마는 10달러입니다.

Give me the change and receipt, please. 영수증과 잔돈을 주세요.

Here is the change. 거스름돈 여기 있습니다.

Keep the change. 잔돈은 가지세요.

바로바로 CHECK

다음 빈칸에 가장 어울리는 것은?

A : ______________
B : It's 20 dollars.

① How far is it?
② How much is it?
③ How long is it?
④ How tall are you?

change 잔돈, 거스름돈　receipt 영수증
bill 계산서　cash 현금
charge 카드 결제

Communication

A : May I help you? 도와드릴까요?
B : Yes, I'd like to buy a shirt. 네, 셔츠를 사려고요.
A : How about this blue one? 이 파란색 셔츠 어떠세요?
B : O.K. How much is it? 좋은데요. 얼마죠?
A : It's ten dollars. 10달러입니다.

A : May I help you? 도와드릴까요?
B : I'm looking for a shirt. 셔츠를 찾고 있어요.
A : What size do you want? 어떤 치수를 원하세요?
B : Small size, please. 작은 치수요.

A : This skirt is 30,000 won. 이 치마는 30,000원입니다.
How would you like to pay, cash or charge? 어떻게 계산하시겠습니까? 현금 아니면 카드?
B : Cash. Here's 30,000 won. 현금이요. 여기 30,000원이요.

5 병 원

의 사

What's the matter? 어떻게 오셨습니까?

Where does it hurt? 어디가 아프세요?

Let me check. 검진을 해 봅시다.

You have a cold. 감기입니다.
= You caught a cold.

Here is the prescription.
여기 처방전이 있습니다.

Take this medicine. 이 약을 복용하세요.

환 자

I have a cold. 감기에 걸렸습니다.

I have a cough. 기침을 합니다.

I'm coughing. 기침이 나옵니다.

I have the flu. 독감에 걸렸습니다.

I have a fever. 열이 납니다.

I don't feel well. 몸이 좋지 않습니다.
= I feel sick.

I have a headache. 머리가 아픕니다.

보충 특정 부위에 접미사 –ache가 붙으면 질병이나 질환을 의미하는 단어로 쓰인다.
예 stomachache (복통), heartache (심적 고통), backache (요통), headache (두통), toothache (치통)

Communication

A : What's the matter? 어떻게 오셨습니까?
B : I have a headache and a cough. 두통이 있고 기침을 해요.
A : Oh, you have a cold. You should get some rest. 감기입니다. 좀 쉬어야 해요.

A : Good morning. What's the problem? 안녕하세요. 어디가 아프시죠?
B : Doctor, my leg hurts a lot. 선생님, 다리가 많이 아파요.
A : I see. Let me take a look. 알겠습니다. 제가 한번 볼게요.

6 공 항

May (Can) I see your passport, please?
여권 좀 보여 주시겠어요?

May (Can) I see your ticket and passport, please? 표와 여권을 보여 주시겠어요?

– Sure. Here it is. 네, 여기 있습니다. (단수)
Sure. Here you are. 네, 여기 있습니다. (복수)

airport 공항	passport 여권
gate 탑승구	flight 비행
one–way 편도	round trip 왕복
land 착륙하다	take off 이륙하다
flight number 항공편 번호	
departure time 출발 시간	
check in 탑승 수속을 하다	

Where are you going to stay? 어디에 머무르실 건가요?

심화학습 약 국

Do you have(carry) anything for a cold? 감기약 있나요?
= Is there any medicine(drugs) for a cold?
I'd like to buy some medicine(drugs) for a cold. 감기약 좀 사려고 합니다.
Do you have the doctor's prescription? 의사의 처방전이 있나요?
– Yes, I do. Here it is. 예. 여기 있습니다.

Communication

A : May I see your passport, please? 여권 좀 보여 주시겠어요?
B : Sure. Here it is. 네. 여기요.
A : Is this your first trip to Korea? 한국 여행은 이번이 처음이세요?
B : Yes, it is. 네.

7 우체국, 서점, 극장, 도서관

우체국

A : May I help you? 무엇을 도와드릴까요?
B : I'd like to send this letter to Korea. 이 편지를 한국에 부치고 싶은데요.
What's the postage for this letter? 이 편지의 우편 요금은 얼마입니까?

서 점

A : May I help you? 무엇을 도와드릴까요?
B : Yes, please. I want to buy storybooks.
네. 동화책을 사고 싶은데요.
A : Storybooks are on the second floor. 동화책은 2층에 있습니다.

극 장

A : May I see your movie ticket, please? 영화 티켓을 보여 주시겠어요?
B : Here you are. 여기 있습니다.
A : Thank you. 고맙습니다.
Please go to Theater 3. 3관으로 가세요.
Enjoy the movie. 영화 재미있게 보세요.

도서관

A : Can I help you? 도와드릴까요?
B : Yes, please. I'd like to borrow some books.
네. 책을 빌리고 싶은데요?
A : Your name, please. 성함을 말씀해 주세요.
B : Kim Sunhee. 김선희입니다.

8 표지판

 Turn left 좌회전	 Turn right 우회전	 No left turn 좌회전 금지	 No right turn 우회전 금지	 No parking 주차 금지
 No jaywalking 횡단 금지	 Stop 정지	 No smoking 금연	 No bike 자전거를 타지 마시오.	 No swimming 수영 금지

✔ 바로바로 CHECK

다음 대화의 내용과 관련이 있는 표지판은?

A : Excuse me, sir. You can't park here.
B : I'm sorry. I didn't know that.

해설 A : 실례합니다. 여기에 주차할 수 없습니다.
B : 죄송합니다. 몰랐습니다.

① 
②  
③
④ 

01 기출 주어진 말에 이어질 두 사람의 대화를 〈보기〉에서 찾아 순서대로 가장 적절하게 배열한 것은?

Welcome to Coco's Restaurant! May I take your order?

보기
(A) No, thank you. Just water, please.
(B) I'd like to order a small cheese pizza.
(C) OK. Do you want a cola with your pizza?

① (B) – (A) – (C) ② (B) – (C) – (A)
③ (C) – (A) – (B) ④ (C) – (B) – (A)

02 대화가 이루어지는 장소는?

A : Are you ready to order?
B : Yes, I'd like a hamburger and a coke.
A : Here or to go?

① bank ② hotel
③ grocery shop ④ fast-food restaurant

01

식당에서 주문을 받는 상황이다.
일반적으로 고객이 식당에 들어가면, 점원이 무엇을 주문할 것인지 물어보고, 고객은 자신이 원하는 음식을 주문하게 된다. 주문을 받은 점원은 고객에게 더 필요한 것이 없는지 한 번 더 확인하고, 고객은 더 필요한 것이 있으면 주문하고 더 없으면 없다고 할 것이다. 이러한 과정을 생각하고 그 순서대로 보기에서 찾으면 정답이 된다.

코코 식당에 오신 걸 환영합니다! 주문을 받아도 될까요?
(A) 아니요, 고맙지만 물만 주세요.
(B) 저는 작은 치즈 피자를 주문하고 싶어요.
(C) 좋아요. 당신은 피자와 함께 콜라를 원하나요?

order 명 주문, 순서, 질서, 관례 동 명령하다

02

햄버거와 콜라를 파는 것으로 보아 패스트푸드점임을 알 수 있다.

① 은행 ② 호텔
③ 식료품점 ④ 패스트푸드점

A : 주문하시겠습니까?
B : 네, 햄버거와 콜라를 주세요.
A : 여기서 드실 건가요, 가져가실 건가요?

ANSWER
01. ② 02. ④

03 다음 대화에서 버스 정류장의 위치는?

A : Excuse me. Can you tell me where the bus stop is?
B : Go straight for two blocks and turn left. It's on your right. You can't miss it.

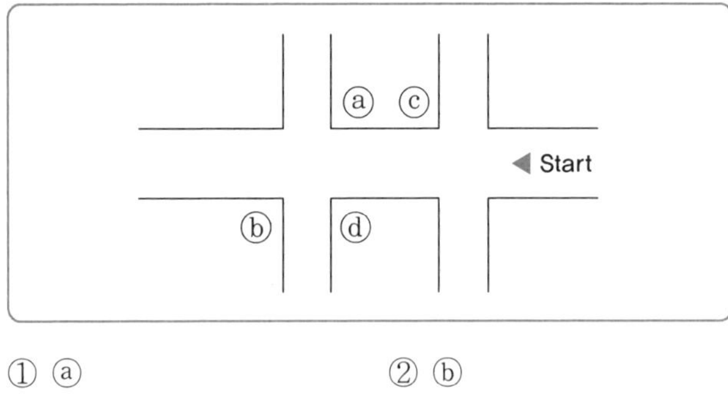

① ⓐ ② ⓑ
③ ⓒ ④ ⓓ

03
A : 실례합니다. 버스 정류장이 어디에 있는지 알려 주시겠어요?
B : 곧장 두 블록 가서 왼쪽으로 도세요. 당신의 오른쪽에 있습니다. 쉽게 찾을 것입니다.

You can't miss it 쉽게(틀림없이) 찾을 수 있을 것이다.

04 다음 대화에서 A가 찾고 있는 곳은?

A : Excuse me, but where is the hospital?
B : It's next to the bookstore.

① 
② 
③ 
④ 

04
A : 실례지만, 병원이 어디 있나요?
B : 서점 옆에 있습니다.

hospital 명 병원
bookstore 명 서점

ANSWER
03. ② 04. ③

05 다음 대화에서 Suji가 Sumin에게 전화를 건 목적은?

Suji : Hello. May I speak to Sumin?
Sumin : This is she. Who's calling?
Suji : This is Suji. I'll have my birthday party at five o'clock tomorrow. Can you come to the party?
Sumin : Sure. Thank you.

① 추천 ② 감사
③ 격려 ④ 초대

06 다음 대화에서 B에 대한 A의 질문으로 가장 적절한 것은?

기출

A : ______________________________?
B : I'm feeling good because the weather is so nice today.

① How's your father
② How are you feeling
③ Where is your brother
④ What's your favorite movie

07 다음 대화에서 두 사람의 관계는?

A : May I help you?
B : Yes, please. I want to buy a blue pants.
A : Will you try this on?
B : No. That looks too small.

① 판매원 – 고객 ② 의사 – 환자
③ 교사 – 학생 ④ 요리사 – 손님

05

수지 : 여보세요. 수민이 좀 바꿔 주세요.
수민 : 전데요, 누구십니까?
수지 : 수지야. 내일 5시에 생일 파티를 할 거야. 파티에 올 수 있어?
수민 : 물론이지. 고마워.

06

B의 대답에서 A의 질문을 유추할 수 있다. B의 대답이 오늘 날씨가 좋아서 기분이 좋다는 것이므로, A는 B에게 기분이 어떠냐고 물었을 것이다.

① 너의 아버지는 잘 지내시니?
② 넌 기분이 어때?
③ 너의 남자형제는 어디 있니?
④ 네가 가장 좋아하는 영화는 무엇이니?

A : ________________?
B : 나는 기분이 좋아. 왜냐하면 오늘 날씨가 너무 좋아서.

weather 명 날씨, 기상

07

판매원과 고객의 대화이다.

A : 도와드릴까요?
B : 네. 파란색 바지를 사려고요.
A : 이걸로 입어 보시겠어요?
B : 아뇨. 그것은 너무 작아 보이는데요.

ANSWER
05. ④ 06. ② 07. ①

08 주어진 말에 이어질 두 사람의 대화를 〈보기〉에서 찾아 순서대로 가장 적절하게 배열한 것은?

기출

Where are you going on your holiday?

보기

(A) How long will you stay in Paris?
(B) I'll stay there for a week.
(C) I'm going to Paris.

① (A) – (B) – (C) ② (C) – (A) – (B)
③ (A) – (C) – (B) ④ (B) – (C) – (A)

08

너는 휴가에 어디를 갈 예정이니?
(C) 나는 파리를 갈 예정이야.
(A) 너는 파리에서 얼마나 오래 머무를 거니?
(B) 나는 일주일 동안 머무를 예정이야.

09 다음 대화의 빈칸에 들어갈 말로 알맞은 것은?

A : Can I help you?
B : Yes, please. ______________
A : It's 50,000won.
B : Here you are.

① How about this one?
② What's the matter?
③ What size do you want?
④ How much is this bag?

09

① 이것은 어떠세요?
② 무슨 일이에요?
③ 어떤 치수를 원하세요?

A : 도와드릴까요?
B : 네. 이 가방은 얼마입니까?
A : 50,000원입니다.
B : 여기 있습니다.

※ 다음 대화가 이루어지는 장소로 알맞은 것을 고르시오. (10~11)

10

A : May I see your ticket and passport, please?
B : Sure. Here you are.
A : Thanks. Go to Gate 3. Enjoy your travel.

① 공항 ② 학교
③ 약국 ④ 극장

10

ticket(표), passport(여권) 등으로 보아 공항(airport)임을 알 수 있다.

A : 표와 여권을 보여 주시겠어요?
B : 물론이죠. 여기 있습니다.
A : 감사합니다. 3번 게이트로 가세요. 즐거운 여행하세요.

ANSWER

08. ② 09. ④ 10. ①

11

A : What's wrong?
B : I have a headache.
A : Do you have a fever, too?
B : I think so.
A : Let me check. You have a cold. Take this medicine.

① 도서관 ② 병원
③ 은행 ④ 경찰서

11

A : 어디가 아프세요?
B : 머리가 아파요.
A : 열도 있나요?
B : 그런 것 같아요.
A : 검진을 해 보죠. 감기에 걸렸습니다. 이 약을 드세요.

fever 명 열
check 동 살피다, 알아보다
medicine 명 약

12 대화에서 두 사람의 관계로 가장 알맞은 것은?

기출

A : How can I help you, sir?
B : I'd like to mail this letter and I need five stamps.
A : Okay. Here you are.

① 교통경찰 – 시민 ② 도서관 사서 – 학생
③ 택시 기사 – 승객 ④ 우체국 직원 – 고객

12

B는 편지를 부치려고 우표를 사러 온 손님이고, A는 우체국 직원이다.

A : 무엇을 도와드릴까요, 손님?
B : 이 편지를 부치고 싶은데요. 우표 5장 주세요.
A : 알겠습니다. 여기 있습니다.

would like to do ~하고 싶다
mail 동 부치다, 보내다
stamp 명 우표

13 다음 대화의 내용과 관련 있는 표지판은?

A : Can I park here?
B : No, you must not. It's for the handicapped.

① 
② 
③ 
④ 

13

A : 여기에 주차해도 되나요?
B : 주차하면 안 돼요. 장애인들을 위한 곳이에요.

handicapped 형 장애가 있는
※ the handicaped 명 장애인들

ANSWER
11. ② 12. ④ 13. ③

※ 다음 중 대화가 자연스럽지 않은 것을 고르시오. (14~15)

14 ① A : Where is a bus stop?
B : Just over there.
② A : Where is the bank?
B : It's nine o'clock.
③ A : How much is this book?
B : It's ten dollars.
④ A : May I take your order?
B : Yes. I'd like two hamburgers.

15 ① A : May I speak to Minju?
B : Speaking.
② A : How tall is your brother?
B : He is fat.
③ A : Where do you work?
B : I work for a company.
④ A : What time does your school begin?
B : It begins at nine in the morning.

14
① A : 버스 정류장이 어디에 있죠?
B : 저쪽이요.
② A : 은행이 어디에 있어요?
B : 9시입니다.
③ A : 이 책 얼마입니까?
B : 10달러입니다.
④ A : 주문하시겠어요?
B : 네. 햄버거 두 개요.

15
① A : 민주와 통화할 수 있을까요?
B : 제가 민주입니다.
② A : 네 남자 형제는 키가 몇이니?
B : 그는 뚱뚱해.
③ A : 어디에서 일을 하시죠?
B : 회사에서 일합니다.
④ A : 수업은 몇 시에 시작하니?
B : 아침 9시에 시작해.

Speaking (전화 받을 때) 접니다.
work for ~에서 일하다, ~를 다니다
company 명 회사, 단체

ANSWER
14. ② 15. ②

쑥쑥 실력 점검하기

단원 마무리문제

01 다음 대화에서 밑줄 친 A의 의도로 가장 알맞은 것은?

> A : Today, we're having a talent show at our school.
> B : Wow, great!
> A : <u>I want to invite you to our show.</u>
> B : Okay. See you there.

① 초대하기 ② 항의하기
③ 거절하기 ④ 비난하기

02 대화에서 알 수 있는 서울의 현재 날씨는?

> A : What's the weather like in Busan?
> B : It's cloudy. How's the weather in Seoul?
> A : It's sunny now.

① 
② 
③ 
④ 

※ 다음 대화의 빈칸에 들어갈 알맞은 것을 고르시오. (3~5)

03

> A : How are you doing?
> B : ____________________.

① Great ② Me, too
③ Three hours ④ You're welcome

01
학교 장기자랑 공연에 초대하기를 원한다는 내용이다.

A : 오늘 우리는 학교에서 장기자랑을 할 예정이야.
B : 와우, 멋지다!
A : <u>나는 너를 우리 공연에 초대하고 싶어.</u>
B : 좋아. 거기에서 봐.

invite 동 초대하다

02
부산의 날씨와 서울의 날씨를 혼돈하지 않도록 주의한다.

① rainy ② snowy
③ cloudy ④ sunny

A : 부산 날씨는 어떻습니까?
B : 흐립니다. 서울 날씨는 어떻습니까?
A : 지금 화창합니다.

03
② 나도 그래
③ 3시간
④ 천만에요

A : 어떻게 지내니?
B : <u>아주 잘 지내.</u>

ANSWER
01. ① 02. ④ 03. ①

04

A : ______________________
B : She has short hair and wears glasses.

① What does she look like?
② What does she do?
③ What does she like?
④ What is she?

05

A : You must be tired.
B : __________ I need some rest.

① That's a good idea. ② That's right.
③ Fine, thanks. ④ I'm afraid I can't.

06 빈칸에 들어갈 적절한 표현이 아닌 것은?

A : Why don't we go on a picnic tomorrow?
B : ________________

① I'd love to. ② That sounds good.
③ Sorry, but I can't. ④ That's really true.

07 다음 밑줄 친 부분과 같이 말한 의도는?

A : Will you go to the theater with me?
B : Sure. I'd love to.

① 거절 ② 제안
③ 감사 ④ 승낙

04

② 그녀의 직업은 무엇입니까?
③ 그녀는 무엇을 좋아합니까?
④ 그녀의 직업은 무엇입니까?

A : 그녀는 어떻게 생겼습니까?
B : 그녀는 짧은 머리에 안경을 썼습니다.

look like ~처럼 보이다

05

A는 B에게 피곤해 보인다고 하였고, B는 휴식이 필요하다고 하였다. 따라서 A의 말에 긍정의 대답이 와야 하므로 ②가 정답이다.

① 그거 좋은 생각이다.
③ 주로 How are you?(어떻게 지내?)에 대한 대답으로 '좋아'라는 의미이다.
④ 유감이지만 안 되겠다. (거절의 의미)

A : 너 피곤하구나.
B : 맞아. 좀 쉬고 싶네.

06

① 가고 싶어요.
② 좋은 생각이네요.
③ 미안하지만, 못 가겠어요.
④ 그것은 정말로 사실입니다.

A : 우리 내일 소풍 가는 게 어때요?
B : ________________

why don't we~? why don't you~?
~하는 게 어때요? (권유나 제안의 표현)

07

A : 나랑 극장에 갈래?
B : 그래. 좋아.

ANSWER

04. ① 05. ② 06. ④ 07. ④

※ 다음 대화의 빈칸에 알맞은 것을 고르시오. (8~10)

08

A : ________________________?
B : Because he sings very well.

① What is your hobby
② When do you sing a song
③ Why do you like the singer
④ Who is your favorite singer

08
① 너의 취미는 무엇이니?
② 너는 언제 노래를 부르니?
④ 네가 제일 좋아하는 가수는 누구니?

A : 너는 왜 그 가수를 좋아하니?
B : 왜냐하면 그는 노래를 매우 잘하거든.

09

A : How often do you go to the library?
B : ________________________.

① 3 hours
② By bus
③ Two days later
④ Once a week

09
How often(얼마나 자주)이 들어간 횟수를 묻는 질문에 적절한 답은 ④이다.
① 3시간
② 버스로
③ 이틀 후에

A : 얼마나 자주 도서관에 갑니까?
B : 일주일에 한 번.

library 명 도서관

10

A : What's your favorite color?
B : I like red. ________________________
A : I don't like red. I like yellow.

① What about you?
② What's your hobby?
③ What will you buy?
④ What do you want to be?

10
② 취미가 무엇이니?
③ 무엇을 살 거니?
④ 너는 무엇이 되고 싶니?

A : 좋아하는 색깔이 무엇이니?
B : 빨간색을 좋아해. 너는?
A : 나는 빨간색을 싫어해. 나는 노란색을 좋아해.

ANSWER
08. ③ 09. ④ 10. ①

11 대화가 이루어지는 장소로 가장 알맞은 것은?

A : May I take your order?
B : Sure. I'd like beef steak.

① 서점　　② 식당
③ 병원　　④ 우체국

11

A : 주문하시겠어요?
B : 네, 소고기 스테이크로 할게요.

12 다음 지시에 따라 도착한 장소에서 이루어질 수 있는 가장 적당한 대화는?

Go straight and turn right at the first corner. You'll find it on your left.

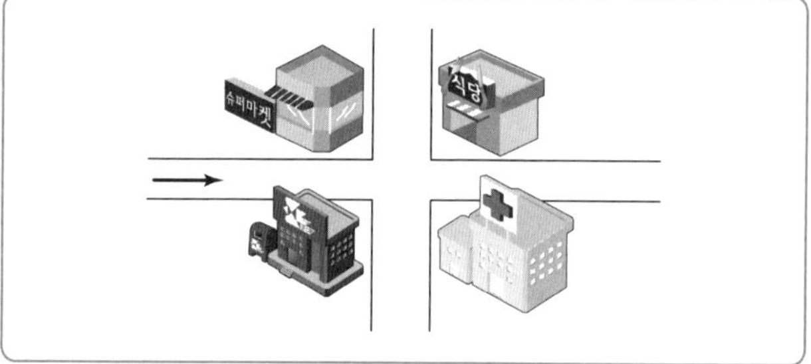

① A : What's wrong with you?
　B : I have a runny nose.
② A : What would you like to have?
　B : Spaghetti, please.
③ A : May I help you, sir?
　B : Well, I'd like to send this letter to Canada by airmail.
④ A : May I help you?
　B : I want to buy some apples.

12

곧장 가셔서 첫 번째 모퉁이에서 오른쪽으로 도세요. 당신의 왼쪽에서 찾을 수 있습니다. ⇒ 병원(hospital)

① A : 무슨 문제 있어요?
　B : 콧물이 흐르네요.
② A : 무엇을 드시겠어요?
　B : 스파게티요.
③ A : 도와드릴까요?
　B : 항공우편으로 캐나다에 이 편지를 보내고 싶은데요.
④ A : 도와드릴까요?
　B : 사과 좀 사려고요.

runny 형 콧물이 나는
send 동 보내다
airmail 명 항공우편

ANSWER
11. ② 12. ①

13 다음 전화 대화에서 빈칸에 알맞은 것은?

A : May I speak to Amy?
B : ______________ (그녀는 지금 외출 중입니다.)
A : When will she be back?

① She is on the another line.
② She's here now.
③ She's out now.
④ She can talk now.

13
① 그녀는 다른 전화를 받고 있습니다.
② 그녀는 지금 여기에 있습니다.
④ 그녀는 지금 말할 수 있습니다.

A : 에이미와 통화할 수 있나요?
B : 그녀는 지금 외출 중입니다.
A : 언제쯤 돌아오나요?

14 자연스러운 대화가 되도록 순서대로 연결한 것은?

A : Hello, may I help you?
B : Yes, please. I'm looking for a sweater.

(A) Of course. Here it is.
(B) How about this blue sweater?
(C) Oh, I like it. Do you have it in size 10?

① (A) – (B) – (C)　② (A) – (C) – (B)
③ (B) – (A) – (C)　④ (B) – (C) – (A)

14
A : 무엇을 도와드릴까요?
B : 네, 저는 스웨터를 찾고 있어요.
(B) 이 파란 스웨터는 어떻습니까?
(C) 맘에 들어요. 10사이즈가 있나요?
(A) 물론이에요. 여기 있습니다.

15 다음 대화의 밑줄 친 곳에 들어갈 적절한 것은?

A : ______________
B : Yes. How much is this ruler?
A : It's five dollars.
B : OK. I'll take it.

① What are you doing? ② May I help you?
③ What do you want? ④ How are you?

15
① 뭘 하고 있어요?
③ 무엇을 원하죠?
④ 어떻게 지내세요?

A : 무엇을 도와드릴까요?
B : 예, 이 자는 얼마예요?
A : 5달러입니다.
B : 좋아요. 이것으로 살게요.

ANSWER
13. ③ 14. ④ 15. ②

16 대화에서 두 사람의 관계로 가장 알맞은 것은?

A : Hi, Tom. What's wrong?
B : I have a terrible headache.
A : Let me check. Don't worry. It's not so serious. Here is the prescription.

① 의사 – 환자　② 기자 – 배우
③ 점원 – 고객　④ 경찰 – 범인

17 다음에서 알 수 있는 Tim의 현재 상태로 적절한 것은?

A : Tim, what's the matter?
B : I have a toothache.

① 배가 아프다.　② 머리가 아프다.
③ 이가 아프다.　④ 허리가 아프다.

18 다음 대화의 내용과 관계있는 것은?

A : Don't swim here.
B : Why not?
A : Look at that sign.
B : Oh, sorry. I missed it.

① 
② 
③ 
④ 

16

headache(두통), prescription(처방전)을 통해 두 사람이 의사와 환자의 관계임을 유추할 수 있다.

A : 안녕하세요, 탐. 무슨 일이시죠?
B : 두통이 심해요.
A : 한번 보죠. 걱정 마세요. 심각한 것은 아닙니다. 여기 처방전을 드릴게요.

17

A : 팀, 무슨 일이 있니?
B : 이가 아파요.

18

① 금연
② 수영 금지
③ 좌회전 금지
④ 우회전

A : 여기에서 수영하지 마.
B : 왜 안 돼?
A : 저 표지판을 봐.
B : 미안해. 못 봤어.

ANSWER
16. ①　17. ③　18. ②

※ 다음 중 대화가 자연스럽지 않은 것을 고르시오. (19~20)

19 ① A : Which do you like, coffee or tea?
B : Yes, please.
② A : Who's that lady?
B : I don't know.
③ A : I'm sorry. I'm late.
B : That's all right.
④ A : Can I have some cake?
B : Yes. Help yourself.

19
① A : 커피와 차 중에 어느 것을 좋아하나요?
B : 네, 주세요.
② A : 저 숙녀는 누군가요?
B : 저도 모르겠어요.
③ A : 늦어서 죄송합니다.
B : 괜찮아요.
④ A : 케이크를 좀 먹어도 될까요?
B : 네. 맘껏 드세요.

20 ① A : Can you swim?
B : Yes, I do.
② A : May I have some water?
B : Sure. Here you are.
③ A : What time shall we meet?
B : How about five o'clock?
④ A : Will you pass me the sugar?
B : Sure.

20
① A : 수영할 수 있니?
B : 할 수 있어. → Yes, I can.
② A : 물 좀 마실 수 있을까요?
B : 물론이죠. 여기 있습니다.
③ A : 우리 몇 시에 만날까?
B : 5시 정각 어때?
④ A : 설탕 좀 건네주시겠어요?
B : 그러죠.

ANSWER
19. ① 20. ①

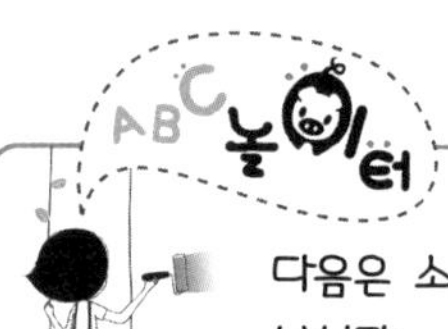

정답 331쪽

다음은 소라의 하루 일과에 대한 글이다. 빈칸에 들어갈 말을 골라 써 넣어 봅시다.

[Sora's Day]

6 : 40 a.m.	6 : 50 ~ 7 : 40 a.m.	7 : 40 ~ 8 : 10 a.m.
I'm busy in the morning. I usually __①__ at 6 : 40 a.m..	I __②__ my face and __③__ my hair. Then I __④__ breakfast.	I usually __⑤__ for school at 7 : 40 a.m.. I always __⑥__ to school.
8 : 30 a.m. ~ 3 : 30 p.m.	**12 : 10 p.m.**	**4 : 00 p.m.**
I __⑦__ six classes a day until 3 : 30 p.m.	I usually __⑧__ lunch with my friends at 12 : 10 p.m.	I usually __⑨__ home at 4 : 00 p.m.
4 : 00 ~ 6 : 00 p.m.	**8 : 00 ~ 10 : 00 p.m.**	**10 : 30 p.m.**
I __⑩__ my homework. Then I __⑪__ badminton with my mom until 6 : 00 p.m..	In the evening, I __⑫__ listening to music and reading books untill 10 : 00 p.m..	I usually __⑬__ to bed at 10 : 30 p.m..

do, walk, enjoy, get, leave, wash, play,
go, have, eat, comb, have, get up

PART Ⅳ

단어 · 숙어

학습 point⁺

중졸 학력 검정고시에서 사용할 수 있는 어휘 수는 1,250 낱말 내외입니다. 이 범위에서 단어나 숙어의 의미를 묻고, 각 단어들을 대등 · 유사 · 반대 · 포함 등의 관계로 조합하여 이를 구별하라는 식으로 문제화하고 있습니다. 대표적으로 두 단어의 의미 관계가 나머지 셋과 다른 것을 찾는 유형, 제시된 단어들을 모두 포괄할 수 있는 것을 찾는 유형, 빈칸에 공통으로 들어갈 단어를 찾는 유형, 빈칸에 들어갈 수 있는(없는) 단어를 찾는 유형, 직접적으로 단어나 숙어의 의미를 묻는 유형 등이 있으나, 결과적으로는 모두 단어나 숙어의 의미를 정확하게 알고 있어야 해결할 수 있다는 것입니다. 따라서 매일 꾸준히 반복적으로 단어와 숙어를 암기하는 것이 중요합니다.

Chapter

01 시험에 잘 나오는 단어

A a

☐ a.m. [éiém] 오전, 아침
※ ante meridiem의 약어

☐ about [əbáut] 전 ~에 대하여

☐ above [əbʌ́v] 전 ~보다 위에, ~을 넘는

☐ across [əkrɔ́s] 전 ~을 건너서, ~의 맞은편에

☐ act [ækt] 명 행동 동 행동하다

☐ address [ədrés ; ǽdres] 명 주소

☐ adult [ədʌ́lt ; ǽdʌlt]
형 성장한, 어른의 명 어른, 성인

☐ adventure [ædvéntʃər] 명 모험, 도전

☐ advise [ædváiz] 동 충고하다, 조언을 구하다

☐ afraid [əfréid]
형 ~을 무서워하여, ~에 대하여 걱정하여

☐ after [ǽftər] 전 ~의 뒤에, ~후에

☐ afternoon [ǽftərnu:n] 명 오후

☐ again [əgén ; əgéin] 부 다시 한 번, 다시

☐ against [əgénst ; əgéinst] 전 ~에 반대하여

☐ age [eidʒ] 명 나이, 시대

☐ ago [əgóu] 부 ~전에

☐ agree [əgri:] 동 동의하다, 합의하다

☐ ahead [əhéd] 부 앞쪽에, 미리

☐ air [εər] 명 공기, 대기

☐ airport [εərpɔ:rt] 명 공항

☐ alive [əláiv] 형 살아 있는

☐ all [ɔ:l] 형 모두, 전부의

☐ almost [ɔ́:lmoust] 부 거의, 하마터면

☐ alone [əlóun] 전 혼자, 홀로

☐ aloud [əláud] 부 소리를 내어

☐ already [ɔ:lrédi] 부 이미, 벌써

☐ alright [ɔ:lráit] 부 좋아, 알았어, 괜찮아

☐ also [ɔ́:lsou] 부 …도 또한, 역시

☐ always [ɔ́:lweiz ; ɔ́:lwi:z] 부 언제나, 항상

☐ among [əmʌŋ] 전 … 사이에, … 중에

☐ and [ənd] 접 ~과, 그리고

☐ animal [ǽnəməl] 명 동물

☐ another [ənʌðər] 대 또, 하나, 다른 사람(것)

☐ answer [ǽnsər] 명 대답, 응답 동 대답하다

☐ ant [ænt] 명 개미

☐ any [əni ; éni] 형 아무것도, 어떤, 무슨

☐ apart [əpá:rt] 부 따로따로, 떨어져

☐ apple [ǽpl] 명 사과

- ▢ area [ɛ́əriə] 명 지역
- ▢ arm [aːrm] 명 팔
- ▢ around [əráund] 부 주위에 전 약…
- ▢ arrive [əráiv] 동 도착하다, 오다, 가다
- ▢ art [aːrt] 명 예술, 미술
- ▢ as [əz ; ǽz] 부 ~처럼, ~으로서
- ▢ ask [ǽsk] 동 ~을 묻다 ↔ answer 동 대답하다
- ▢ at [ǽt ; æt] 전 ~에, ~으로
- ▢ attend [əténd] 동 출석하다
- ▢ aunt [ænt] 명 이모
- ▢ avoid [əvɔ́id] 동 피하다
- ▢ away [əwéi] 부 떨어져, 다른 방향으로

B

- ▢ baby [béibi] 명 아기, 새끼
- ▢ back [bæk] 명 등, 뒤
- ▢ background [bǽkgraund] 명 배경, 출신
- ▢ bad [bæd] 형 나쁜, 좋지 않은
- ▢ bake [beik] 동 굽다
- ▢ ball [bɔːl] 명 공
- ▢ balloon [bəlúːn] 명 기구, 풍선
- ▢ band [bænd] 명 밴드, 묶는 것 동 묶다
- ▢ bank [bæŋk] 명 은행
- ▢ base [beis] 명 기초, 토대
- ▢ baseball [béisbɔ̀ːl] 명 야구
- ▢ basic [béisik] 형 기초적인, 근본적인
- ▢ basketball [bǽskitbɔ̀ːl] 명 농구
- ▢ bat [bæt] 명 배트, 야구 방망이 ; 박쥐
- ▢ bath [bæθ] 명 목욕
- ▢ be [bi ; biː] 동 ~이다, 있다, 존재하다
  ※ 과거 분사형 been [bin]
- ▢ beach [biːʧ] 명 해변, 바닷가
- ▢ bean [biːn] 명 콩
- ▢ bear [bɛər] 동 견디다, 지탱하다 명 곰
- ▢ beautiful [bjúːtəfəl] 형 아름다운, 예쁜
- ▢ because [bikɔ́ːz ; bikʌz] 접 왜냐하면, ~때문에
- ▢ bed [bed] 명 침대
- ▢ bee [biː] 명 벌
- ▢ beef [biːf] 명 쇠고기
- ▢ before [bifɔ́ːr] 부 앞에, 전에
- ▢ begin [bigin] 동 시작하다
- ▢ behave [bihéiv] 동 행동하다
- ▢ believe [bilíːv] 동 믿다
- ▢ belong [bilɔ́ːŋ] 동 속하다
- ▢ beside [bisáid]
  전 ~의 옆에, ~의 가까이에, ~과 나란히
- ▢ between [bitwíːn ; bətwíːn] 전 ~사이에
- ▢ beyond [biánd ; bijánd] 전 ~의 저쪽에

□ bicycle [báisikl] 명 자전거

□ big [big] 형 큰
※ big(원급) – bigger(비교급) – biggest(최상급)

□ bill [bil] 명 법안, 계산서, 지폐

□ bird [bə:rd] 명 새

□ birthday [bə́:rθdèi] 명 생일

□ bite [bait] 동 ~을 물다

□ black [blæk] 명 검정 형 검은, 흑색의

□ blanket [blǽŋkit] 명 담요

□ blind [blaind] 형 눈먼, 장님의

□ block [blak] 명 덩어리, 블록

□ blood [blʌd] 명 피, 생명

□ blue [blu:] 명 청색, 푸른색

□ board [bɔ:rd] 명 널빤지, 판자

□ boat [bout] 명 배, 보트

□ body [bádi] 명 몸, 신체

□ boil [bɔil] 동 끓다, 익다

□ bomb [bomb] 명 폭탄 동 폭발하다

□ bone [boun] 명 뼈, 유골

□ book [buk] 명 책, 서적

□ boot [bu:t] 명 부츠 동 세게 차다

□ bored [bɔ:rd] 형 지루한, 지겨운

□ borrow [bárou] 동 ~을 빌리다

□ boss [bɔ:s] 명 보스, 우두머리

□ both [bouθ] 형 둘 다, 양쪽의

□ bottle [bátl] 명 병

□ bottom [bátəm] 명 아랫부분

□ bowl [boul] 명 그릇

□ boy [bɔi] 명 소년

□ branch [bræntʃ] 명 나뭇가지

□ brand [brænd] 명 브랜드, 상표, 상품

□ brave [breiv] 명 용기 형 용감한

□ bread [bred] 명 빵

□ break [breik] 동 ~을 깨뜨리다

□ breakfast [brékfəst] 명 아침식사

□ breath [breθ] 명 숨, 호흡

□ bridge [bridʒ] 명 다리

□ bright [brait] 형 빛나는 ↔ dark 형 어두운

□ bring [briŋ] 동 ~을 가져오다

□ brother [brʌðər] 명 형제, 형

□ brown [braun] 명 갈색 형 갈색의

□ brush [brʌʃ] 명 붓 동 빗다, 닦다

□ bubble [bʌbl] 명 거품, 과열

□ build [bild] 동 ~을 짓다
※ 과거·과거 분사형 built [bilt]

□ bug [bʌg] 명 벌레, 곤충, 바이러스

□ bush [buʃ] 명 관목, 덤불

□ business [bíznis] 명 사업, 업무

□ busy [bízi] 형 분주한, 바쁜

□ but [bət ; bʌt] 접 그러나, 하지만

□ button [bʌtən] 명 단추, 버튼

□ buy [bai] 동 사다 ↔ sell 동 팔다
※ 과거·과거 분사형 bought [bɔ:t]

□ by [bai] 전 ~에 의하여, 곁에

C

□ calendar [kǽləndər] 명 달력

□ call [kɔːl] 동 전화하다, ~을 부르다

□ calm [kaːm] 형 고요한, 차분한

□ can [kən ; kǽn] 동 ~할 수 있다
※ 과거형 could [kəd ; kud]

□ candy [kǽndi] 명 사탕

□ cap [kæp] 명 모자, 병뚜껑

□ capital [kǽpətl] 명 수도

□ captain [kǽptən] 명 선장, (스포츠팀) 주장

□ car [kaːr] 명 자동차

□ care [kɛər] 명 걱정, 돌봄 동 걱정하다, 염려하다

□ carrot [kǽrət] 명 당근

□ carry [kǽri] 동 ~을 운반하다

□ carrying [kǽriiŋ] 명 운송

□ case [keis] 명 경우, 상자

□ cash [kæʃ] 명 현금

□ castle [kǽsl] 명 성

□ cat [kæt] 명 고양이

□ catch [kæʧ] 동 ~을 잡다
※ 과거 · 과거 분사형 caught [kɔːt]

□ cause [kɔːz] 명 원인, 이유

□ celebrate [séləbrèit] 동 기념하다, 축하하다

□ cellular phone [seljələ(r) foun] 명 휴대 전화
※ cellphone [selfoun] 명 휴대 전화

□ certain [sə́ːrtn] 형 어떤, 특정한, 확실한

□ chair [ʧɛər] 명 의자

□ chalk [ʧɔːk] 명 분필

□ chance [ʧæns] 명 가능성, 기회, 우연

□ change [ʧeindʒ] 동 ~를 바꾸다

□ charge [ʧaːrdʒ] 동 ~을 청구하다 명 요금

□ chatting [ʧǽtiŋ] 명 잡담, 채팅

□ cheap [ʧiːp] 형 값싼, 염가의
※ cheap(원급) – cheaper(비교급) – cheapest(최상급)

□ check [ʧek] 동 확인하다 명 확인, 수표

□ chicken [ʧíkən] 명 닭, 닭고기

□ child [ʧaild] 명 아이, 어린이
※ 복수형 children [ʧildrən]

□ chip [ʧip] 명 조각, 부스러기

□ choice [ʧɔis] 명 선택, 고르기

□ church [ʧəːrʧ] 명 교회

□ city [síti] 명 도시

□ class [klæs] 명 학급, 수업

□ classmate [klæsmeit] 명 급우, 반 친구

□ classroom [klǽsrùːm] 명 교실

□ clean [kliːn] 동 청소하다 형 깨끗한
↔ dirty 형 더러운

□ clear [kliər] 형 맑은, 투명한

□ clever [klévər] 형 영리한, 재치 있는

□ climate [kláimit] 명 기후

□ close [klouz] 형 가까운 동 닫다

- ▢ clothes [klouz ; klouðz] 명 옷, 의류
- ▢ cloudy [kláudi] 형 흐린, 구름이 낀
- ▢ club [klʌb] 명 클럽, 동호회
- ▢ coach [koutʃ] 명 코치 동 코치하다, 지도하다
- ▢ coast [koust] 명 해안, 해변
- ▢ coat [kout] 명 코트, 외투
- ▢ coffee [kɔ́:fi] 명 커피
- ▢ coin [kɔin] 명 동전
- ▢ cold [kould] 형 추운, 차가운 명 추위, 감기
- ▢ collect [kəlékt] 동 ~을 모으다
- ▢ college [kálidʒ] 명 대학, 연구소
- ▢ color [kʌlər] 명 색깔
- ▢ colorful [kʌlərfəl] 형 화려한
- ▢ come [kʌm] 동 오다
  ※ 과거형 came [keim]
- ▢ comfort [kʌmfərt] 동 위로하다 명 편안, 위로
- ▢ common [kámən] 형 공통의
- ▢ company [kʌmpəni] 명 회사, 친구
- ▢ compare [kəmpέər] 동 ~을 비교하다
- ▢ complain [kəmpléin] 동 불평하다
- ▢ concert [kánsə:rt ; kɔ́nsət] 명 연주회, 콘서트
- ▢ congratulation [kəngrætʃuléiʃən] 명 축하
- ▢ contest [kántest ; kɔ́ntest] 명 경쟁, 대회, 시합
- ▢ control [kəntróul] 동 제어하다, 지배하다
- ▢ cook [kuk] 동 요리하다 명 요리사
- ▢ cookie [kúki] 명 쿠키, 과자, 비스킷
  ※ 복수형 cookies
- ▢ cool [ku:l] 형 서늘한, 냉정한
- ▢ copy [kápi] 명 사본, 복사 동 베끼다
- ▢ corner [kɔ́:rnər] 명 구석, 모서리, 모퉁이
- ▢ correct [kərékt] 형 정확한 동 정정하다
- ▢ cost [kɔ:st] 명 값, 비용 동 ~가 들다
- ▢ cough [kɔ:f] 명 기침 동 기침하다
- ▢ country [kʌntri] 명 나라, 지역, 시골, 교외
- ▢ course [kɔ:rs] 명 진행, 진로, 과정, 강의
- ▢ cousin [kʌzn] 명 사촌
- ▢ cover [kʌvər] 동 ~을 씌우다, ~을 덮다 명 덮개
- ▢ cow [kau] 명 암소
- ▢ crazy [kréizi] 형 미친, 열광한
- ▢ cross [krɔ:s] 동 건너다, 교차하다 형 상호의
- ▢ crowd [kraud] 명 군중
- ▢ culture [kʌltʃər] 명 문화
- ▢ curly [kə́:rli] 형 머리칼이 곱슬곱슬한
- ▢ custom [kʌstəm] 명 관습, 습관, 풍습
- ▢ customer [kʌstəmər] 명 손님
- ▢ cut [kʌt] 동 ~을 베다, 자르다
- ▢ cute [kju:t] 형 귀여운
- ▢ cycle [sáikl] 명 주기, 자전거 동 순환하다

D

- ▢ dad [dæd] / daddy [dǽdi] 명 아빠
- ▢ dance [dæns] 동 춤추다 명 댄스, 춤
- ▢ danger [déindʒər] 명 위험
- ▢ dark [da:rk] 형 어두운
- ▢ data [déitə] 명 자료
- ▢ date [deit] 명 날짜
- ▢ day [dei] 명 낮, 날, 하루
- ▢ deal [di:l] 동 다루다, 처리하다, 거래하다
- ▢ dear [diər] 형 친애하는
- ▢ death [deθ] 명 죽음
- ▢ decide [disáid] 동 결정하다, 결심하다
- ▢ deep [di:p] 형 깊은
- ▢ defeat [difí:t] 동 ~을 패배시키다, 이기다
- ▢ delete [dilí:t] 동 지우다, 제거하다
- ▢ delicious [dilíʃəs] 형 아주 맛있는, 냄새가 좋은
- ▢ delight [diláit] 명 기쁨, 즐거움
- ▢ dentist [déntist] 명 치과 의사
- ▢ design [dizáin] 동 설계하다, 계획하다
- ▢ desk [desk] 명 책상
- ▢ desire [dizáiər] 동 ~을 바라다(원하다)
- ▢ dessert [dizə́:rt] 명 후식, 디저트
- ▢ destroy [distrɔ́i] 동 ~을 파괴하다
- ▢ develop [divéləp] 동 ~을 발전시키다
- ▢ diary [dáiəri] 명 일기, 수첩
- ▢ die [dai] 동 죽다
- ▢ different [dífərənt] 형 다른
- ▢ difficult [dífikʌlt] 형 어려운, 곤란한
- ▢ dig [dig] 동 파다, 발굴하다
- ▢ dinner [dínər] 명 정찬, 저녁식사
- ▢ dirty [də́:rti] 형 더러운 동 ~을 더럽히다
- ▢ discuss [diskʌ́s] 동 의논하다
- ▢ dish [diʃ] 명 접시
- ▢ do [du] 동 하다, 행동하다 ※ 과거형 did [did]
- ▢ doctor [dáktər] 명 의사
- ▢ dog [dɔ:g] 명 개
- ▢ doing [dú:iŋ] 명 하기, 행위, 행동
- ▢ doll [dal] 명 인형
- ▢ dollar [dálər] 명 달러
- ▢ dolphin [dálfin] 명 돌고래
- ▢ down [daun] 부 낮은 곳으로, 아래로
- ▢ draw [drɔ:] 동 끌어당기다, 선으로 그리다
  ※ 과거형 drew [dru:]
- ▢ drawing [drɔ́:iŋ] 명 그림
- ▢ dream [dri:m] 명 꿈
- ▢ drink [driŋk] 동 마시다
- ▢ drive [draiv] 동 운전하다
- ▢ drop [drap] 동 떨어지다, 내리다
- ▢ drug [drʌg] 명 약물, 마약

- dry [drai] 형 마른, 건조한
- duck [dʌk] 명 오리
- dull [dʌl] 형 지루한, 둔한
- during [djúəriŋ] 전 ~동안(내내)

- each [iːtʃ] 형 각자의, 개개의
- ear [iər] 명 귀
- early [ə́ːrli] 부 일찍이, 이른 ↔ late 형 늦은
- earn [əːrn] 동 벌다, 얻다
- earth [əːrθ] 명 지구
- earthquake [ə̀ːrθkwèik] 명 지진
- east [iːst] 명 동쪽
- easy [íːzi] 형 쉬운 ↔ difficult 형 어려운
- eat [iːt] 동 ~을 먹다 ※ 과거형 ate [eit]
- educate [édʒukèit] 동 ~을 교육하다
- effort [éfərt] 명 노력, 수고
- egg [eg] 명 달걀
- eight [eit] 명 8
- either [íːðər] 형 어느 하나의, 양쪽의
- elephant [éləfənt] 명 코끼리
- eleven [ilévən] 명 11
- else [els] 형 그 밖의, 다른
- e-mail [íːméil] 명 이메일, 전자 우편
- empire [émpaiər] 명 제국
- end [end] 명 끝, 최후
- enemy [énəmi] 명 적, 적군
- engine [éndʒin] 명 기관, 동력
- engineer [èndʒiníər] 명 기술자
- enjoy [indʒɔ́i] 동 ~을 즐기다
- enough [inʌf] 형 충분한, ~할 만큼의
- enter [éntər] 동 들어가다
- environment [inváiərənmənt] 명 환경
- equal [íːkwəl] 형 같은, 동일한, 평등한
- eraser [iréisər] 명 지우개
- error [érər] 명 실수, 오류
- especially [ispéʃəli] 부 특히, 특별히
- evening [íːvniŋ] 명 저녁, 밤
- ever [évər] 부 언제나, 항상
- every [évri] 형 모든, ~마다
- everybody [évribàdi] 대 누구나, 모두
- everyday [évridèi] 형 매일의
- everyone [évriwʌ̀n] 대 누구나, 모두, 모든 사람
- everything [évriθiŋ] 대 모든 것
- exactly [igzǽktli] 부 정확하게
- exam [igzǽm] 명 시험
- example [igzǽmpl] 명 사례, 본보기
- excite [iksáit] 동 흥분시키다

☐ excuse [ikskjúː:z]
동 용서하다, 변명하다, 양해를 구하다

☐ exercise [éksərsàiz]
명 운동, 연습 동 연습하다, 운동하다

☐ exit [égzit ; éksit] 명 출구 동 나가다, 퇴장하다

☐ expensive [ikspénsiv] 형 비싼, 고가의

☐ experience [ikspíəriəns] 명 경험, 체험

☐ explain [ikspléin] 동 설명하다

☐ eye [ai] 명 눈, 시력

F

☐ face [feis] 명 얼굴

☐ fact [fækt] 명 사실

☐ fair [fɛər] 형 공평한, 공정한

☐ fall [fɔːl] 동 떨어지다, 내리다 명 가을

☐ fame [feim] 명 명예, 명성

☐ family [fǽməli] 명 가족

☐ famous [féiməs] 형 유명한, 명성이 있는

☐ far [faːr] 부 멀리

☐ farm [faːrm] 명 농장

☐ farmer [fáːrmər] 명 농부

☐ fast [fæst] 형 빠른
※ fast(원급) – faster(비교급) – fastest(최상급)

☐ fast–food [fǽstfùːd] 명 패스트푸드, 즉석 식품

☐ fat [fæt] 형 살찐, 비만한

☐ father [fáːðər] 명 아버지

☐ fault [fɔːlt] 명 결점, 단점, 잘못

☐ favorite [féivərit] 형 아주 좋아하는

☐ fear [fiər] 명 두려움, 공포

☐ February [fébruèri] 명 2월

☐ feed [fiːd] 동 먹이를 먹다 명 먹이

☐ feel [fiːl] 동 ~을 느끼다
※ 과거·과거 분사형 felt [felt]

☐ feeling [fíːliŋ] 명 느낌, 감정, 기분

☐ fever [fíːvər] 명 열

☐ few [fjuː] 형 많지 않은, 소수의

☐ field [fiːld] 명 들판, 분야

☐ fight [fait] 동 싸우다

☐ figure [fígjər] 명 수치, 숫자

☐ fill [fil] 동 채우다, 메우다

☐ finally [fáinəli] 부 마침내, 마지막으로

☐ find [faind] 동 발견하다, 찾아내다

☐ fine [fain] 형 훌륭한, 좋은, 멋진

☐ finish [fíniʃ] 동 끝내다 ↔ start 형 시작하다

☐ fire [faiər] 명 불, 화재

☐ first [fəːrst] 형 첫(번)째의

☐ fish [fiʃ] 명 물고기

☐ fit [fit] 형 알맞은, 적합한 동 맞다

☐ flag [flæg] 명 깃발

☐ flood [flʌd] 명 홍수 동 범람하다

☐ floor [flɔːr] 명 바닥, 층

☐ flow [flou] 동 흐르다

☐ flower [fláuər] 명 꽃

☐ fly [flai] 동 날다

☐ focus [fóukəs]
명 초점 동 초점을 맞추다, 집중시키다

☐ foggy [fɔ́ːgi] 형 안개가 낀

☐ follow [fálou] 동 따르다, 따라가다

☐ food [fuːd] 명 음식, 식량

☐ foolish [fúːliʃ] 형 어리석은, 바보 같은, 시시한

☐ foot [fut] 명 발 ※ 복수형 feet [fiːt]

☐ for [fər ; fɔ́ːr] 전 ~을 위하여, ~하기 위해

☐ forecaster [fɔːrkæstər] 명 일기 예보자, 예측자

☐ foreigner [fɔ́ːrənər] 명 외국인

☐ forest [fɔ́ːrist] 명 숲, 삼림

☐ forever [fərevə(r)] 부 영원히

☐ forget [fərgét] 동 ~을 잊다

☐ forgive [fərgív] 동 ~을 용서하다

☐ form [fɔːrm] 명 모양, 형태 동 형성하다

☐ forward [fɔ́ːrwərd] 부 앞으로 형 진보적인

☐ foundation [faundéiʃən] 명 기반, 재단

☐ fox [faks] 명 여우

☐ free [friː] 형 자유로운, 무료의

☐ fresh [freʃ] 형 신선한, 새로운

☐ Friday [fráidei] 명 금요일

☐ fried [fraid] 형 기름에 튀긴

☐ friend [frend] 명 친구

☐ friendly [fréndli] 형 친한, 친절한

☐ friendship [fréndʃip] 명 우정

☐ frog [frɔːg ; frag] 명 개구리

☐ from [frəm] 전 ~에서, ~으로부터

☐ front [frʌnt] 명 앞

☐ fruit [fruːt] 명 과일

☐ full [ful] 형 가득 찬, 가득한

☐ fun [fʌn] 명 즐거움, 재미, 장난

☐ function [fʌŋkʃən] 명 기능, 행사

☐ furniture [fə́ːrnitʃər] 명 가구

☐ future [fjúːtʃər] 명 미래

G

☐ gain [gein] 동 얻다 명 이익

☐ gap [gæp] 명 차이, 간격

☐ garden [gáːrdn] 명 정원

☐ gate [geit] 명 문

☐ gather [gǽðər] 동 모으다, 모이다

☐ gentle [dʒéntl] 형 온화한, 순한 ; 조용한

- ▢ gentlemen [dʒéntlmən] 명 신사
- ▢ get [get] 동 얻다, 받다
  ※ 과거·과거 분사형 got [gat]
- ▢ ghost [goust] 명 유령
- ▢ gift [gift] 명 선물, 타고난 재주
- ▢ giraffe [dʒərǽf] 명 기린
- ▢ girl [gə:rl] 명 소녀
- ▢ give [giv] 동 주다 ※ 과거형 gave [geiv]
- ▢ glad [glæd] 형 기쁜, 즐거운
- ▢ glass [glæs] 명 유리, 컵
- ▢ glasses [glæsiz] 명 안경
- ▢ glove [glʌv] 명 장갑
- ▢ go [gou] 동 가다 ※ 과거형 went [went]
- ▢ goal [goul] 명 목표, 골, 득점
- ▢ gold [gould] 명 금
- ▢ golf [galf] 명 골프
- ▢ good [gud] 형 좋은, 훌륭한
- ▢ grade [greid] 명 등급, 성적, 학년
- ▢ grammar [grǽmər] 명 문법
- ▢ grand [grænd] 형 웅대한, 화려한
- ▢ grandfather [grǽndfa:ðər] 명 할아버지
- ▢ grandparent [grǽndpɛərənt] 명 조부모
- ▢ grape [greip] 명 포도
- ▢ grave [greiv] 명 무덤
- ▢ gray [grei] 형 회색의 명 회색
- ▢ great [greit] 형 큰, 거대한, 엄청난
- ▢ green [gri:n] 형 녹색의 명 녹색
- ▢ grocery [gróusəri] 명 식료품 잡화점
- ▢ ground [graund] 명 땅, 지면
- ▢ grow [grou] 동 자라다, 성장하다
- ▢ guard [ga:rd] 동 ~을 지키다
- ▢ guess [ges] 동 추측하다
- ▢ guest [gest] 명 손님
- ▢ guide [gaid] 동 안내하다 명 가이드
- ▢ gym [dʒim] 명 체육관

- ▢ habit [hǽbit] 명 버릇, 습관
- ▢ hair [hɛər] 명 털, 머리털
- ▢ half [hæf] 명 반, 절반
- ▢ hamburger [hǽmbə̀:rgər] 명 햄버거
- ▢ hand [hænd] 명 손
- ▢ handicapped [hǽndikæpt]
  형 신체적인 장애가 있는 명 장애인들
- ▢ handle [hǽndl] 명 손잡이
- ▢ handsome [hǽnsəm] 형 잘생긴
- ▢ hang [hæŋ] 동 걸다, 매달다

- ▢ happen [hǽpən] 동 일어나다, 발생하다
- ▢ happy [hǽpi] 형 행복한
- ▢ hard [ha:rd] 형 어려운, 단단한 부 열심히
- ▢ harm [ha:rm] 동 해치다 명 손해
- ▢ hat [hæt] 명 모자
- ▢ hate [heit] 동 미워하다, 싫어하다
- ▢ have [hǽv] 동 가지고 있다, ~을 먹다
  ※ 과거·과거 분사형 had [hǽd]
- ▢ he [hi] 대 그는, 그 사람은
- ▢ head [hed] 명 머리
- ▢ headache [hedeik] 명 두통
- ▢ health [helθ] 명 건강
- ▢ hear [hiər] 동 듣다
- ▢ heart [ha:rt] 명 심장, 가슴, 마음
- ▢ heating [híːtiŋ] 명 난방(장치)
- ▢ heaven [hévən] 명 하늘, 천국
- ▢ heavy [hévi] 형 무거운
  ※ heavy(원급) – heavier(비교급) – heaviest(최상급)
- ▢ heel [hi:l] 명 뒤꿈치
- ▢ height [hait] 명 높이, 신장
- ▢ hello [helóu] 감 여보세요, 안녕(하세요)
- ▢ help [help] 동 돕다, 거들다 명 도움
- ▢ helping [hélpiŋ] 명 도움
- ▢ her [hər] 대 그녀를, 그녀의
  ※ she의 목적격, 소유격
- ▢ here [hiər] 부 여기에, 지금
- ▢ hero [híərou] 명 영웅, 주인공
- ▢ hi [hai] 감 안녕
- ▢ hide [haid] 동 ~을 숨기다
- ▢ high [hai] 형 높은
  ※ high(원급) – higher(비교급) – highest(최상급)
- ▢ hill [hil] 명 언덕, 비탈, 경사
- ▢ him [him] 대 그를 ※ he의 목적격
- ▢ hiphop [hiphàp] 명 힙합
- ▢ his [hiz] 대 그의 ※ he의 소유격
- ▢ hit [hit] 동 치다, 때리다
- ▢ hobby [hábi] 명 취미
- ▢ hold [hould] 동 잡다
- ▢ holiday [hálədèi] 명 휴일, 휴가
- ▢ home [houm] 명 집, 가정
- ▢ homework [hóumwə̀:rk] 명 숙제
- ▢ honest [ánist] 형 정직한
- ▢ hospital [háspitl] 명 병원
- ▢ hot [hat] 형 더운, 뜨거운
- ▢ hotel [houtél] 명 호텔
- ▢ hour [auər] 명 시간, 한 시간
- ▢ house [haus] 명 집
- ▢ how [hau] 부 어떻게
- ▢ however [hauévər] 부 그러나
- ▢ huge [hju:dʒ] 형 거대한
- ▢ hundred [hʌndrəd] 명 100
- ▢ hungry [hʌŋgri] 형 배고픈
- ▢ hunt [hʌnt] 동 사냥하다, 찾다
- ▢ hurry [hə́:ri ; hʌri] 동 서두르다, 재촉하다
- ▢ husband [hʌzbənd] 명 남편

I

☐ I [ai] 대 나는, 내가

☐ ice [ais] 명 얼음

☐ idea [aidí:ə] 명 생각, 개념, 아이디어

☐ if [if] 접 만약 ~이라면

☐ ill [il] 형 병든

☐ immediately [imí:diətli] 부 곧, 즉시

☐ important [impɔ́:rtənt] 형 중요한

☐ in [in] 전 ~안에, ~으로, ~에

☐ indeed [indí:d] 부 실로, 참으로

☐ information [ìnfərméiʃən] 명 정보

☐ insect [ínsekt] 명 곤충

☐ inside [ínsàid] 전 ~의 안쪽에

☐ instead [instéd] 부 대신에

☐ instrument [ínstrəmənt] 명 기구, 도구, 악기

☐ intelligent [intèlədʒənt] 형 지적인, 똑똑한

☐ interesting [íntərəstiŋ] 형 흥미 있는

☐ Internet [intərnet] 명 인터넷

☐ into [intə ; intu] 전 ~의 안에, ~으로

☐ introduce [íntrədjù:s] 동 소개하다

☐ invade [invéid] 동 침략하다

☐ invite [inváit] 동 초대하다

☐ involve [inválv] 동 포함하다, 관련되다

☐ it [it] 대 그것이, 그것을

☐ item [áitəm] 명 물품, 항목

J

☐ jacket [dʒǽkit] 명 재킷

☐ jazz [dʒæz] 명 재즈

☐ jean [dʒi:n] 명 청바지

☐ jewel [dʒú:əl] 명 보석

☐ job [dʒab] 명 일, 직업

☐ jogging [dʒágiŋ] 명 조깅

☐ join [dʒɔin] 동 ~에 가입하다

☐ joke [dʒouk] 명 농담

☐ journey [dʒə́:rni] 명 여행

☐ joyful [dʒɔ́ifəl] 형 즐거운, 기쁜

☐ judge [dʒʌdʒ] 명 재판관, ~을 재판하다

☐ juice [dʒu:s] 명 주스

☐ July [dʒu:lái] 명 7월

☐ June [dʒu:n] 명 6월

☐ junior [dʒú:njər] 형 나이 어린

☐ just [dʒʌst] 부 바로, 단지

K

- ▢ keep [ki:p] 동 계속하다, 유지하다
- ▢ key [ki:] 명 열쇠, 핵심
- ▢ kick [kik] 동 ~을 차다
- ▢ kind [kaind] 형 친절한 명 종류
- ▢ kitchen [kítʃən] 명 부엌
- ▢ knife [naif] 명 나이프, 식칼
- ▢ know [nou] 동 알다
- ▢ knowledge [nálidʒ] 명 지식
- ▢ Korea [kərí:ə] 명 한국
- ▢ Korean [kərí:ən] 형 한국의, 한국인의 명 한국인

L

- ▢ lady [léidi] 명 숙녀, 부인
- ▢ lake [leik] 명 호수
- ▢ lamb [læm] 명 새끼 양
- ▢ lamp [læmp] 명 등, 램프
- ▢ large [la:rdʒ] 형 큰, 넓은
- ▢ last [læst] 형 최후의, 마지막의
- ▢ late [leit] 형 늦은
- ▢ laundry [lɔ́:ndri] 명 세탁물, 빨래
- ▢ lazy [léizi] 형 게으른, 나태한
- ▢ leaf [li:f] 명 잎 ※ 복수형 leaves [li:vz]
- ▢ leap [li:p] 동 뛰다
- ▢ learn [lə:rn] 동 ~을 배우다
- ▢ learning [lə́:rniŋ] 명 학문, 학습
- ▢ leave [li:v] 동 ~을 떠나다
- ▢ leaving [li:viŋ] 명 나머지, 잔여
- ▢ left [left] 명 왼쪽 형 왼쪽의, 좌측의
- ▢ leg [leg] 명 다리
- ▢ lemon [lémən] 명 레몬
- ▢ lend [lend] 동 ~를 빌려 주다
- ▢ less [les] 부 보다 적게
- ▢ lesson [lésn] 명 수업
- ▢ let [let] 동 시키다
- ▢ letter [létər] 명 편지, 글자
- ▢ library [láibrèri] 명 도서관
- ▢ life [laif] 명 생명
- ▢ light [lait] 명 빛 형 가벼운
  ↔ heavy 형 무거운
- ▢ like [laik] 동 좋아하다 형 같은 접 ~처럼
- ▢ line [lain] 명 선, 줄
- ▢ lip [lip] 명 입술
- ▢ listen [lísn] 동 듣다

- ▢ literature [lítərətʃər] 명 문학, 문예
- ▢ little [lítl] 형 작은
- ▢ live [liv] 동 살다
- ▢ livingroom [líviŋrù:m] 명 거실
- ▢ lock [lak] 명 자물쇠
- ▢ lonely [lóunli] 형 고독한, 혼자뿐인
- ▢ long [lɔ:ŋ] 형 긴
  ※ long(원급)–longer(비교급)–longest(최상급)
- ▢ look [luk] 동 보다, 바라보다
- ▢ loose [lu:s]
  동 느슨해지다, 풀다 형 느슨한, 풀려난
- ▢ lose [lu:z] 동 잃다
- ▢ loud [laud] 형 시끄러운 부 큰 소리로
- ▢ lounge [laundʒ] 명 라운지, 로비 동 빈둥거리다
- ▢ love [lʌv] 명 사랑 동 사랑하다
- ▢ low [lou] 형 낮은, 적은 ↔ high 형 높은
- ▢ loyal [lɔ́iəl] 형 충직한, 충성스러운
- ▢ luck [lʌk] 명 운, 행운
- ▢ lunch [lʌntʃ] 명 점심(식사)

- ▢ machine [məʃí:n] 명 기계, 기구
- ▢ mad [mæd] 형 미친, 성난
- ▢ magazine [mægəzí:n] 명 잡지
- ▢ magic [mǽdʒik] 명 마법, 매력
- ▢ mail [meil] 명 우편 동 부치다
- ▢ main [mein] 형 주요한, 주된
- ▢ major [méidʒər] 동 전공하다
- ▢ make [meik] 동 ~을 만들다
  ※ 과거·과거 분사형 made [meid]
- ▢ making [méikiŋ] 명 만들기, 제작
- ▢ man [mæn] 명 남자
- ▢ many [méni] 형 많은, 다수의
- ▢ map [mæp] 명 지도
- ▢ March [ma:rtʃ] 명 3월
- ▢ market [má:rkit] 명 시장
- ▢ marry [mǽri] 동 결혼하다
- ▢ match [mætʃ] 명 성냥 ; 경기
- ▢ math [mæθ] 명 수학
  ※ mathematics [mæθəmǽtiks] 명 수학
- ▢ matter [mǽtər] 명 문제 동 중요하다
- ▢ May [mei] 명 5월
- ▢ mayor [méiər] 명 시장
- ▢ me [mi] 대 나를, 나에게 ※ I의 목적격
- ▢ meal [mi:l] 명 식사
- ▢ mean [mi:n] 동 ~을 의미하다
- ▢ meat [mi:t] 명 고기
- ▢ medal [médl] 명 메달, 훈장
- ▢ medicine [médəsin] 명 의학, 약

□ medium [míːdiəm] 형 중간의
□ meet [miːt] 동 만나다
□ meeting [míːtiŋ] 명 만남
□ member [mémbər] 명 한 사람, 회원
□ memory [méməri] 명 기억, 추모
□ mention [ménʃən] 동 언급하다
□ menu [ménjuː] 명 메뉴, 식단
□ message [mésidʒ] 명 메시지, 전갈
□ metal [métl] 명 금속
□ middle [mídl] 형 한가운데의, 중앙의
□ middle school [mídl skuːl] 명 중학교
□ milk [milk] 명 우유
□ mind [maind]
명 마음, 정신 동 언짢아하다, 신경쓰다
□ minute [mínit] 명 분, 잠깐
□ mirror [mírə(r)] 명 거울, 모범
□ miss [mis] 동 ~를 놓치다, 그리워하다 명 실수
□ mix [miks] 동 섞다
□ mom [mam] 명 엄마
□ moment [móumənt] 명 순간, 지금
□ Monday [mʌ́ndei] 명 월요일
□ money [mʌni] 명 돈
□ monkey [mʌŋki] 명 원숭이
□ month [mʌnθ] 명 달, 한 달, 1개월
□ moon [muːn] 명 달
□ more [mɔːr] 형 더 많이
□ morning [mɔ́ːrniŋ] 명 아침, 오전
□ most [moust] 형 가장 큰(많은), 최대의
□ mother [mʌðər] 명 어머니
□ mountain [máuntən] 명 산
□ mouse [maus] 명 생쥐
□ mouth [mauθ] 명 입, 말
□ move [muːv] 동 움직이다, 이동하다
□ movement [múːvmənt] 명 움직임, 운동
□ movie [múːvi] 명 영화
□ much [mʌtʃ] 형 많은
□ museum [mjuːzíːəm] 명 박물관
□ music [mjúːzik] 명 음악
□ must [məst ; mʌst] 동 ~해야 한다
□ my [mai] 대 나의 ※ I의 소유격
□ myself [maisélf] 대 나 자신

N

□ nail [neil] 명 손톱, 못
□ name [neim] 명 이름
□ narrow [nǽrou] 형 좁은
□ nation [néiʃən] 명 국민, 국가

- ▢ nature [néiʧər] 명 자연, 본성
- ▢ near [niər] 부 가까이 형 가까운
- ▢ nearby [niərbái] 부 가까운 곳에 형 가까운 곳의
- ▢ nearly [níərli] 부 거의, 대략, 하마터면
- ▢ neck [nek] 명 목
- ▢ need [ni:d] 명 필요 동 ~이 필요하다
- ▢ neighbor [néibər] 명 이웃 사람 형 이웃의
- ▢ neither [ní:ðər] 부 ~도 아니고 ~도 아니다
- ▢ net [net] 명 그물
- ▢ never [névər] 부 조금도 ~않다, 결코
- ▢ new [nju:] 형 새로운↔old 형 오래된
- ▢ newspaper [nu'zpei,pər] 명 신문
- ▢ next [nekst] 형 다음의
- ▢ nice [nais] 형 훌륭한, 친절한, 즐거운
- ▢ night [nait] 명 밤, 저녁
- ▢ nine [nain] 명 9
- ▢ noon [nu:n] 명 정오
- ▢ normal [nɔ́:rməl] 형 표준의, 보통의
- ▢ nose [nouz] 명 코
- ▢ not [nát] 부 아니다, 않다
- ▢ note [nout] 명 메모, 기록
- ▢ nothing [nʌθiŋ] 명 무(無) 대 아무것도 ~ 아니다
- ▢ now [nau] 부 지금
- ▢ nowadays [náuədèiz] 부 오늘날에는, 현재는
- ▢ number [nʌmbər] 명 숫자, 수
- ▢ nurse [nə:rs] 명 간호사

O

- ▢ o'clock [əklák] 부 …시 ※ 6 o'clock 6시
- ▢ object [ábdʒikt] 명 물건, 목적
- ▢ ocean [óuʃən] 명 대양
- ▢ of [əv] 전 ~의
- ▢ off [ɔ:f ; af] 부 떨어져서
- ▢ offer [ɔ́:fər] 동 ~을 제공하다
- ▢ office [ɔ́:fis] 명 사무실
- ▢ often [ɔ́:fən] 부 종종, 자주
- ▢ old [ould] 형 늙은, 나이든, 낡은, 오래된
  ※ old(원급)－older(비교급)－oldest(최상급)
- ▢ Olympic [əlímpik] 형 올림픽 대회의
- ▢ on [ən] 전 위에, ~에 접하여
- ▢ once [wʌns] 부 한 번
- ▢ one [wʌn] 형 하나의, 한 개의
- ▢ onion [ʌnjən] 명 양파
- ▢ only [óunli] 부 단지 ~만, 겨우, 유일한
- ▢ open [óupən] 동 열다 형 열린
- ▢ opening [óupəniŋ] 형 처음의
- ▢ opinion [əpínjən] 명 의견
- ▢ or [ər] 접 또는, 혹은

- ▢ orange [ɔ́ːrindʒ] 명 오렌지
- ▢ order [ɔ́ːrdər] 명 주문, 명령, 순서
- ▢ origin [ɔ́ːrədʒin] 명 기원, 출처, 유래
- ▢ other [ʌðər] 형 다른
- ▢ our [auər] 대 우리의 ※ we의 소유격
- ▢ out [aut] 부 밖에, 외출하여
- ▢ outside [áutsàid] 명 바깥쪽
- ▢ over [óuvər] 전 ~위에, 위쪽으로
- ▢ overweight [óuvərwèit] 형 중량 초과의
- ▢ own [oun] 형 자기 소유의, 자기 자신의

P

- ▢ p.m. [píːèm] 오후 ※ post meridiem의 약어
- ▢ pain [pein] 명 고통, 아픔
- ▢ paint [peint] 명 페인트 동 그리다, 칠하다
- ▢ painter [péintər] 명 화가
- ▢ pair [pɛər] 명 한 쌍, 한 켤레
- ▢ pan [pæn] 명 냄비
- ▢ pants [pænts] 명 바지
- ▢ paper [péipər] 명 종이
- ▢ pardon [páːrdn] 동 용서하다
- ▢ parent [pɛ́ərənt] 명 부모
- ▢ park [paːrk] 명 공원
- ▢ parking [páːrkiŋ] 명 주차
- ▢ part [paːrt] 명 부분, 일부
- ▢ pass [pæs] 동 통과하다, 지나가다
- ▢ passport [pǽspɔːrt] 명 여권
- ▢ past [pæst] 형 지나간, 과거의
- ▢ patient [péiʃənt] 명 환자 형 참을성이 있는
- ▢ pay [pei] 동 지불하다 명 지불, 보수
- ▢ peace [piːs] 명 평화
- ▢ pear [pɛər] 명 배(과일)
- ▢ pen [pen] 명 펜
- ▢ pencil [pénsəl] 명 연필
- ▢ people [píːpl] 명 사람들
- ▢ percent [pərsént] 명 퍼센트, 백분율
- ▢ perfect [pə́ːrfikt] 형 완전한, 완벽한
- ▢ person [pə́ːrsn] 명 사람, 인간
- ▢ personal [pə́rsənl] 형 개인의
- ▢ pet [pet] 명 애완동물
- ▢ piano [piǽnou] 명 피아노
- ▢ pick [pik] 동 고르다
- ▢ picnic [píknik] 명 소풍
- ▢ picture [píktʃər] 명 그림
- ▢ piece [piːs] 명 한 조각
- ▢ pig [pig] 명 돼지
- ▢ pity [píti] 명 동정, 연민
- ▢ place [pleis] 명 장소

- ▢ plan [plæn] 명 계획
- ▢ planet [plǽnit] 명 행성
- ▢ plant [plænt] 명 식물, 공장
- ▢ plate [pleit] 명 접시
- ▢ play [plei] 명 연극, 놀이 동 놀다
- ▢ pleasant [plézənt] 형 즐거운, 기분 좋은
- ▢ please [pli:z] 부 제발, 부디
- ▢ pleasure [pléʒər] 명 즐거움, 기쁨
- ▢ pocket [pákit] 명 주머니
- ▢ poem [póuəm] 명 시, 운문
- ▢ poet [póuit] 명 시인
- ▢ point [pɔint] 명 점, 요점
- ▢ police [pəlí:s] 명 경찰, 경찰관
- ▢ poor [puər] 형 가난한, 빈곤한
- ▢ pop [pap ; pɔp] 명 대중음악
- ▢ popular [pápjulər] 형 인기 있는, 대중적인
- ▢ possible [pásəbl] 형 가능한
- ▢ postman [póustmən] 명 우체부
  ※ mailman [meilmæn] 명 우체부
- ▢ potato [pətéitou] 명 감자
- ▢ power [páuər] 명 힘, 능력, 영향력
- ▢ practice [prǽktis] 명 연습 동 실행하다
- ▢ pray [prei] 동 빌다, 기도하다
- ▢ present [préznt] 명 선물 형 현재의, 출석한
- ▢ press [pres] 동 ~을 누르다
- ▢ pretty [príti] 형 예쁜, 귀여운
- ▢ price [prais] 명 값, 가격
- ▢ prince [prins] 명 왕자
- ▢ prize [praiz] 명 상, 상품, 상금
- ▢ problem [prábləm] 명 문제
- ▢ proud [praud] 형 자랑스러워하는
- ▢ proverb [právə:rb] 명 속담, 격언
- ▢ pumpkin [pʌ́mpkin] 명 호박
- ▢ puppy [pʌpi] 명 강아지, 새끼
- ▢ push [puʃ] 동 밀다
- ▢ put [put] 동 ~을 두다, 놓다
- ▢ puzzle [pʌzl] 명 수수께끼

- ▢ quarrel [kwɔ́:rəl] 명 싸움
- ▢ quarter [kwɔ́:rtər] 명 4분의 1, 15분
- ▢ queen [kwi:n] 명 여왕
- ▢ question [kwéstʃən] 명 질문, 의문
- ▢ quick [kwik] 형 빠른
- ▢ quiet [kwáiət] 형 조용한, 고요한
- ▢ quite [kwait] 부 완전히
- ▢ quiz [kwiz] 명 간단한 시험, 퀴즈

R

- ▢ rabbit [rǽbit] 명 토끼
- ▢ race [reis] 명 경주
- ▢ racket [rǽkit] 명 라켓
- ▢ radio [réidiòu] 명 라디오
- ▢ railroad [reilroud] 명 철도
- ▢ rain [rein] 명 비 동 비가 오다
- ▢ rainbow [réinbòu] 명 무지개
- ▢ raise [reiz] 동 ~을 올리다
- ▢ rapid [rǽpid] 형 빠른
- ▢ read [ri:d] 동 읽다
- ▢ reading [rí:diŋ] 명 독서, 읽기
- ▢ ready [rédi] 형 준비가 된
- ▢ real [rí:əl] 형 진실의, 진짜의
- ▢ really [rí:əli] 부 정말로
- ▢ reason [rí:zn] 명 이유, 까닭
- ▢ record [rikɔ́:rd] 동 ~을 기록하다
- ▢ red [red] 명 빨강 형 붉은
- ▢ refrigerator [rifrídʒərèitər] 명 냉장고
- ▢ relative [rélətiv] 명 친척
- ▢ remember [rimémbər] 동 생각해 내다, 기억하다
- ▢ repair [ripɛ́ər] 동 ~을 수선하다
- ▢ repeat [ripí:t] 동 반복하다
- ▢ report [ripɔ́:rt] 명 보고(서) 동 보고하다
- ▢ rest [rest] 명 휴식
- ▢ restaurant [réstərənt] 명 식당
- ▢ result [rizʌlt] 명 결과
- ▢ return [ritə́:rn] 동 돌아가다
- ▢ reuse [ri:jú:z] 동 ~을 다시 사용하다, 재생하다
- ▢ rice [rais] 명 쌀
- ▢ rich [ritʃ] 형 부유한, 돈 많은 ↔ poor 형 가난한
- ▢ ride [raid] 동 타다
- ▢ right [rait] 형 옳은, 정당한, 바른
- ▢ ring [riŋ] 동 울리다 명 반지, 고리
- ▢ river [rívər] 명 강
- ▢ road [roud] 명 길, 도로
- ▢ rock [rak] 명 바위, 록 음악
- ▢ role [roul] 명 역할, 배역
- ▢ roof [ru:f] 명 지붕
- ▢ room [ru:m] 명 방
- ▢ rule [ru:l] 명 규칙, 습관
- ▢ run [rʌn] 동 달리다
- ▢ runny [rʌni] 형 콧물이 나는

S

- ▢ sad [sæd] 형 슬픈
- ▢ safe [sief] 형 안전한 ↔ dangerous 형 위험한
- ▢ salad [sǽləd] 명 샐러드
- ▢ sale [seil] 명 판매
- ▢ salt [sɔ:lt] 명 소금
- ▢ same [seim] 형 같은
- ▢ sample [sǽmpl] 명 견본
- ▢ sand [sænd] 명 모래
- ▢ sandwich [sǽndwiʧ] 명 샌드위치
- ▢ Saturday [sǽtərdi ; sǽtərdèi] 명 토요일
- ▢ save [seiv] 동 ~을 구하다
- ▢ saw [sɔ:] 명 톱
- ▢ say [sei] 동 ~을 말하다
  ※ 과거 · 과거 분사형 said [sed]
- ▢ school [sku:l] 명 학교, 수업
- ▢ science [sáiəns] 명 과학
- ▢ scissors [sízərz] 명 가위
- ▢ score [skɔ:r] 명 득점 동 ~을 득점하다
- ▢ scramble [skrǽmbl] 동 ~을 마구 뒤섞다
- ▢ sea [si:] 명 바다, 해양
- ▢ search [sə:rʧ] 동 ~을 찾다
- ▢ season [sí:zn] 명 계절
- ▢ seat [si:t] 명 자리, 좌석
- ▢ second [sékənd] 형 제2의
- ▢ secret [sí:krit] 형 비밀의
- ▢ see [si:] 동 ~을 보다
- ▢ select [silékt] 동 ~을 고르다
- ▢ sell [sel] 동 팔다
- ▢ send [send] 동 보내다
- ▢ sense [sens] 명 감각 동 ~을 느끼다
- ▢ series [síəri:z] 명 일련, 연속, 시리즈
- ▢ serve [sə:rv] 동 봉사하다
- ▢ seven [sévən] 명 7
- ▢ shade [ʃeid] 명 그늘, 응달
- ▢ shall [ʃəl ; ʃǽl] 동 ~일 것이다
- ▢ shape [ʃeip] 명 모양, 형상
- ▢ she [ʃi:] 대 그 여자는
- ▢ ship [ʃip] 명 배(선박)
- ▢ shirt [ʃə:rt] 명 셔츠
- ▢ shock [ʃak] 명 충돌, 충격
- ▢ shoe [ʃu:] 명 구두
  ※ 신발 한 켤레를 의미할 때는 'shoes'라 쓴다.
- ▢ shop [ʃap] 명 가게, 상점
- ▢ short [ʃɔ:rt] 형 짧은, 키가 작은 ↔ long 형 긴
- ▢ should [ʃəd ; ʃud]
  동 ~할 것이다, 아마 ~일 것이다
- ▢ shoulder [ʃóuldər] 명 어깨
- ▢ shout [ʃaut] 동 외치다, 큰 소리로 부르다

영 어

- ▢ show [ʃou] 동 보이다, 보여 주다
- ▢ shower [ʃáuər] 명 소나기, 샤워, 샤워실 동 샤워를 하다, 퍼붓다
- ▢ shy [ʃai] 형 수줍은, 부끄러운
- ▢ sick [sik] 형 병든
- ▢ side [said] 명 측면
- ▢ sigh [sai] 동 한숨 쉬다
- ▢ sight [sait] 동 ~을 보다 명 시력
- ▢ sign [sain] 명 기호 동 ~에 서명하다
- ▢ silent [sáilənt] 형 조용한
- ▢ silly [síli] 형 어리석은
- ▢ similar [símələr] 형 비슷한
- ▢ simple [símpl] 형 단순한, 간단한
- ▢ since [sins] 전 ~부터 접 ~한 이후로
- ▢ sing [siŋ] 동 노래하다
- ▢ single [siŋgl] 형 단 하나의, 단일의
- ▢ sir [sər] 명 선생님, 님, 귀하
- ▢ sister [sístər] 명 언니, 누나, 여동생
- ▢ sit [sit] 동 앉다
- ▢ sitting [sítiŋ] 명 앉기
- ▢ six [siks] 명 6
- ▢ sixty [síksti] 명 60
- ▢ size [saiz] 명 크기, 치수
- ▢ skate [skeit] 동 스케이트를 타다
- ▢ skin [skin] 명 피부, 가죽
- ▢ skirt [skə:rt] 명 치마
- ▢ sky [skai] 명 하늘
- ▢ sleep [sli:p] 동 잠자다 명 수면
- ▢ sleeping [slí:piŋ] 명 수면 형 자고 있는
- ▢ sleepy [slí:pi] 형 졸리는
- ▢ slice [slais] 명 얇은 조각 동 ~을 얇게 베다
- ▢ slow [slou] 형 느린
- ▢ slowly [slóuli] 부 천천히, 느리게
- ▢ small [smɔ:l] 형 작은 ↔ big 형 큰
- ▢ smart [sma:rt] 형 영리한
- ▢ smell [smel] 동 ~를 냄새 맡다, ~을 찾아내다
- ▢ smile [smail] 동 미소를 짓다, 웃다
- ▢ smoke [smouk] 명 연기 동 담배를 피우다
- ▢ smooth [smu:ð] 형 매끄러운
- ▢ snack [snæk] 명 가벼운 식사, 한 입
- ▢ snake [sneik] 명 뱀
- ▢ snow [snou] 명 눈
- ▢ snowman [snoumæn] 명 눈사람
- ▢ snowy [snóui] 형 눈이 오는
- ▢ so [sou:] 접 그래서
- ▢ soccer [sákər] 명 축구
- ▢ sock [sak] 명 양말
- ▢ soft [sɔ:ft] 형 부드러운 ↔ hard 형 단단한, 딱딱한
- ▢ some [səm] 형 얼마간의, 어떤
- ▢ something [sʌ́mθiŋ] 대 어떤 것
- ▢ sometime [sʌ́mtàim] 부 언젠가, 어떤 때
- ▢ somewhere [sʌmhwɛər] 부 어딘가에
- ▢ son [sʌn] 명 아들

- ▢ song [sɔ́:ŋ] 명 노래
- ▢ soon [su:n] 부 곧, 빨리
- ▢ sorry [sári ; sɔ́:ri] 형 가엾은, 후회하는
- ▢ sound [saund] 명 소리, 음
- ▢ sour [sauər] 형 시큼한, 불쾌한
- ▢ south [sauθ] 명 남쪽
- ▢ space [speis] 명 공간, 우주
- ▢ speak [spi:k] 동 말하다
- ▢ speech [spi:ʧ] 명 연설, 담화
- ▢ speed [spi:d] 명 속도, 빠름
- ▢ spend [spend] 동 보내다, 쓰다, 소비하다
- ▢ spoon [spu:n] 명 숟가락
- ▢ sport [spɔ:rt] 명 스포츠, 운동
- ▢ spring [spriŋ] 명 봄
- ▢ stage [steidʒ] 명 무대, 단계
- ▢ stamp [stæmp] 명 우표
- ▢ stand [stænd] 동 서 있다, 일어서다
- ▢ star [sta:r] 명 별
- ▢ start [sta:rt] 동 출발하다, 시작하다
- ▢ starting [stá:rtiŋ] 명 출발, 개시
- ▢ state [steit] 명 상태, 형편, 모양
- ▢ station [stéiʃən] 명 정거장, 역
- ▢ stay [stei] 동 머무르다
- ▢ steak [steik] 명 스테이크
- ▢ stick [stik] 명 막대기 동 ~을 찌르다
- ▢ still [stil] 형 여전히, 아직도
- ▢ stone [stoun] 명 돌
- ▢ stop [stap] 동 ~을 그만두다, 멈추다
- ▢ store [stɔ:r] 명 가게
- ▢ storybook [stɔ́:ribùk] 명 이야기책
- ▢ straight [streit] 형 곧은, 일직선의
- ▢ strawberry [strɔ́:bèri] 명 딸기
- ▢ street [stri:t] 명 거리
- ▢ stress [stres] 명 스트레스, 강조, 압박
- ▢ strike [stráik] 동 치다, 부딪치다
- ▢ strong [strɔ:ŋ] 형 강한, 센
- ▢ student [stju:dnt] 명 학생
- ▢ study [stʌdi] 명 공부 동 ~을 공부하다
- ▢ subject [sʌbdʒikt] 명 주제, 과목
- ▢ subway [sʌbwéi] 명 지하철
- ▢ such [səʧ: ; sʌʧ] 형 이러한, 그러한
- ▢ suddenly [sʌdnli] 부 갑자기
- ▢ sugar [ʃúgər] 명 설탕
- ▢ suit [su:t] 명 정장, 한 벌
- ▢ summer [sʌmər] 명 여름
- ▢ sun [sʌn] 명 태양, 해
- ▢ Sunday [sʌndei] 명 일요일
- ▢ sunlight [sʌnlait] 명 햇빛
- ▢ sunny [sʌni] 형 햇빛 밝은
- ▢ supper [sʌpər] 명 저녁식사(만찬)
- ▢ sure [ʃuər] 형 물론, 확실한
- ▢ surf [sə:rf] 동 파도타기를 하다
- ▢ swim [swim] 동 헤엄치다, 수영하다

T

- ▢ table [téibl] 명 식탁, 테이블
- ▢ tag [tæg] 명 꼬리표
- ▢ tail [teil] 명 꼬리
- ▢ take [teik] 동 잡다, 가지다, 데려가다
  ※ 과거형 took [tuk]
- ▢ taking [téikiŋ] 명 잡기, 획득
- ▢ talk [tɔ:k] 동 말하다
- ▢ talking [tɔ́:kiŋ] 명 대화, 토론
- ▢ tall [tɔ:l] 형 키가 큰
- ▢ tape [teip] 명 테이프
- ▢ taste [teist] 동 맛을 보다
- ▢ taxi [tǽksi] 명 택시
- ▢ tea [ti:] 명 차
- ▢ teach [ti:ʧ] 동 가르치다
- ▢ teacher [tí:ʧər] 명 교사
- ▢ teaching [tí:ʧiŋ] 명 가르치기, 교수
- ▢ team [ti:m] 명 팀, 조, 동료
- ▢ teaspoon [tí:spù:n] 명 티스푼, 찻숟가락
- ▢ tear [tiər] 명 눈물
- ▢ teen [ti:n] 형 10대의(13~19세)
- ▢ telephone [téləfòun] 명 전화, 전화기
- ▢ tell [tel] 동 말하다
  ※ 과거·과거 분사형 told [tould]
- ▢ ten [ten] 명 10
- ▢ tennis [ténis] 명 테니스
- ▢ tenth [tenθ] 형 제10의, 열 번째의
- ▢ terrible [térəbl] 형 끔찍한, 심한
- ▢ test [test] 명 시험, 테스트
- ▢ than [ðən ; ðǽn] 접 ~보다
- ▢ thank [θæŋk] 동 ~에게 감사하다
- ▢ that [ðæt] 대 그것, 저것
- ▢ the [ðə] 관 그
- ▢ theater [θí:ətər] 명 극장
- ▢ their [ðər ; ðέər] 대 그들의, 그것들의
- ▢ them [ðəm ; ðém] 대 그들을, 그것들을
- ▢ then [ðen] 부 그때(에), 그러고 나서
- ▢ there [ðər ; ðέər] 부 거기에, 그곳에서
- ▢ therefore [ðέərfɔ̀:r] 부 그러므로, 그러니
- ▢ these [ði:z] 대 이것들은, 그때
- ▢ they [ðei] 대 그들은, 그것들은
- ▢ thin [θin] 형 얇은
- ▢ thing [θiŋ] 명 물건, 것
- ▢ think [θiŋk] 동 ~을 생각하다
- ▢ third [θə:rd] 형 제3의, 세 번째의
- ▢ thirst [θə:rst] 명 갈증
- ▢ thirty [θə́:rti] 명 30
- ▢ this [ðis] 대 이것
- ▢ though [ðou] 접 ~에도 불구하고, ~이지만

- ▢ thousand [θáuzənd] 명 1000, 천 명
- ▢ three [θri:] 명 3
- ▢ throat [θrout] 명 목구멍
- ▢ through [θru:] 전 ~을 관통하여
- ▢ throwing [θróuiŋ] 명 던짐, 투척
- ▢ Thursday [θə́:rzdei] 명 목요일
- ▢ tiger [táigər] 명 호랑이
- ▢ till [tíl] 전 ~까지
- ▢ time [taim] 명 시간
- ▢ tip [tip] 명 정보, 힌트
- ▢ tired [taiərd] 형 피곤한
- ▢ title [táitl] 명 제목, 표제
- ▢ to [tu] 전 ~에, ~까지, ~으로
- ▢ today [tədéi] 명 오늘
- ▢ together [təgéðər] 부 함께, 같이
- ▢ toilet [tɔ́ilit] 명 욕실, 변기
- ▢ tomorrow [təmɔ́:rou] 명 내일
- ▢ tonight [tənáit] 명 오늘 밤
- ▢ too [tu:] 부 ~도 또한, 게다가
- ▢ tooth [tu:θ] 명 이, 치아
- ▢ toothache [tú:θèik] 명 치통
- ▢ top [tap] 명 꼭대기, 정상
- ▢ touch [tʌʧ] 동 만지다, 연락하다
- ▢ tour [tuər] 명 여행 동 다니다
- ▢ toward [tɔ:rd ; təwɔ́:d] 전 ~쪽으로, ~을 향하여
- ▢ tower [táuər] 명 탑, 고층건물
- ▢ town [taun] 명 읍, 시
- ▢ traditional [trədíʃənl] 형 전통적인, 전통의
- ▢ travel [trǽvəl] 동 여행하다
- ▢ tree [tri:] 명 나무
- ▢ triangle [tráiæŋgl] 명 삼각형
- ▢ trick [trik] 명 속임수, 장난
- ▢ trip [trip] 명 여행
- ▢ true [tru:] 형 진실의
- ▢ try [trai] 동 노력하다, 시도하다
  ※ 과거·과거 분사형 tried [traid]
- ▢ turn [tə:rn] 동 돌다
- ▢ turtle [tə́:rtl] 명 거북
- ▢ twice [twais] 부 두 번, 2회
- ▢ type [taip] 명 유형, 양식

- ▢ ugly [ʌgli] 형 추한, 불쾌한
- ▢ umbrella [ʌmbrélə] 명 우산, 보호
- ▢ uncle [ʌŋkl] 명 삼촌
- ▢ under [ʌndər] 전 ~의 아래에
- ▢ understand [ʌndərstǽnd] 동 이해하다
- ▢ unless [ənlés] 접 ~을 제외하고, ~이 아닌 한

☐ until [əntíl] 전 ~까지

☐ up [ʌp] 부 위로, 위쪽으로

☐ upset [ʌpset] 동 ~을 뒤엎다

☐ use [juːz] 동 사용하다, 쓰다

☐ useful [júːsfəl] 형 유용한, 쓸모 있는

☐ usually [júːʒuəli] 부 대개, 보통

☐ vacation [veikéiʃən] 명 방학, 휴가

☐ valley [vǽli] 명 계곡, 골짜기

☐ various [vέəriəs] 형 여러 가지의, 다양한

☐ vase [veis] 명 꽃병

☐ vegetable [védʒətəbl] 명 야채

☐ very [véri] 부 매우, 대단히

☐ violin [vàiəlín] 명 바이올린

☐ visit [vízit] 동 방문하다

☐ voice [vɔis] 명 목소리, 의견

☐ volleyball [válibɔ̀ːl] 명 배구

☐ wait [weit] 동 기다리다

☐ wake [weik] 동 잠이 깨다

☐ walk [wɔːk] 동 걷다

☐ wall [wɔːl] 명 벽

☐ want [want ; wɔːnt] 동 ~을 원하다
※ 과거·과거 분사형 wanted [wántid ; wɔ́ːntid]

☐ war [wɔːr] 명 전쟁

☐ warm [wɔːrm] 형 따뜻한

☐ wash [waʃ ; wɔːʃ] 동 씻다, 세탁하다

☐ waste [weist] 동 낭비하다

☐ watch [watʃ] 동 지켜보다

☐ water [wɔ́ːtər ; wátər] 명 물

☐ watermelon [wɔ́ tərme,lən] 명 수박

☐ way [wei] 명 길, 방법, 방향

☐ we [wi] 대 우리

☐ weak [wiːk] 형 약한 ↔ strong 형 강한

☐ wear [wεər] 동 ~을 입고 있다

☐ weather [wéðər] 명 날씨, 일기

☐ wedding [wédiŋ] 명 결혼식

☐ Wednesday [wénzdei] 명 수요일

☐ week [wiːk] 명 주

☐ weekend [wiːkend] 명 주말

☐ weight [weit] 명 무게, 중량

☐ welcome [wélkəm] 명 환영 감 환영합니다

☐ well [wel] 부 잘, 운 좋게, 건강한

☐ west [west] 명 서쪽, 서양, 서부

☐ wet [wet] 형 젖은

☐ what [hwət] 대 무슨, 어떤 것, 무엇

☐ whatever [hwʌtévər]
대 (~하는) 것은 무엇이든, 어떤 ~ 일지라도

☐ when [hwən] 부 언제, 때

☐ where [hwεər] 부 어디에, 어디로, 장소

☐ which [hwiʧ] 대 어느 쪽, 어느 것

☐ white [hwait] 형 흰색의 명 흰색

☐ who [huː] 대 누구

☐ whoever [huːévəːr]
대 누구든 … 하는 사람(들), 누가 … 하든

☐ whose [huːz] 대 누구의, 누구의 것

☐ why [hwai] 부 왜, 어째서

☐ wide [waid] 형 넓은

☐ wife [waif] 명 아내, 부인

☐ wild [waild] 형 야생의

☐ will [wil] 동 ~할 것이다
※ 과거형 would [wəd ; wúd]

☐ win [win] 동 이기다, ~을 얻다
※ 과거·과거 분사형 won [wʌn]

☐ window [wíndou] 명 창문

☐ windy [wíndi] 형 바람이 부는

☐ wing [wiŋ] 명 날개

☐ winter [wíntər] 명 겨울

☐ wish [wiʃ] 동 바라다

☐ with [wíð ; wíθ] 전 ~와 함께, ~을 가지고

☐ without [wiðáut] 전 ~없이

☐ woman [wúmən] 명 여자

☐ wonderful [wʌndərfəl] 형 멋진, 놀랄 만한

☐ wood [wud] 명 나무, 목재

☐ word [wəːrd] 명 단어, 말

☐ work [wəːrk] 명 일, 직업 동 일하다

☐ world [wəːrld] 명 세상, 세계

☐ worry [wə́ːri] 동 걱정하다

☐ write [rait] 동 쓰다
※ 과거 분사형 written [rítn] 씌어진

☐ wrong [rɔ́ːŋ] 형 나쁜, 잘못된

☐ year [jiər] 명 연, 연도, 연령

☐ yellow [jélou] 형 노란색의 명 노란색

☐ yesterday [jéstərdèi] 부 어제

☐ yet [jet] 부 아직

☐ you [ju] 대 당신, 너

☐ young [jʌŋ] 형 젊은, 어린 ↔ old 형 늙은
※ young – younger – youngest
(원급) (비교급) (최상급)

☐ your [jər ; júər] 대 너희들(당신들)의

☐ yourself [juərsélf] 대 너(당신) 자신

※ 두 단어의 의미 관계가 나머지 셋과 다른 것을 고르시오. (1~4)

01 ① easy – easily ② pretty – prettily
③ friend – friendly ④ happy – happily

02 기출 ① tall – high ② old – young
③ long – short ④ large – small

03 기출 ① body – hand ② color – blue
③ animal – pig ④ winter – summer

04 ① paint – painter ② sing – singer
③ teach – teacher ④ cook – cooker

05 두 단어의 관계가 적절하지 않은 것은?
① shirt – cooking ② car – driving
③ pencil – writing ④ knife – cutting

01
①, ②, ④는 형용사 – 부사의 관계이고, ③은 명사 – 형용사의 관계이다.
① 쉬운 – 쉽게 ② 예쁜 – 예쁘장하게
③ 친구 – 친숙한 ④ 행복한 – 행복하게

02
①은 유의어 관계이고, ②, ③, ④는 반의어 관계이다.
① 큰 – 높은 ② 나이든 – 어린
③ 긴 – 짧은 ④ 큰 – 작은

03
①, ②, ③은 한 단어의 의미가 다른 쪽의 의미에 포함되거나 부분을 이루는 포함관계인데 반해, ④는 대등관계이다.
① 몸 – 손 ② 색깔 – 파란색
③ 동물 – 돼지 ④ 겨울 – 여름

04
①, ②, ③은 동사와 동사로부터 파생된 사람의 관계이다.
① 그리다 – 화가
② 노래하다 – 가수
③ 가르치다 – 선생님
④ 요리사, 요리 – 요리 도구

05
① 셔츠 – 요리 ② 자동차 – 운전
③ 연필 – 쓰기 ④ 칼 – 자르기

ANSWER
01. ③ 02. ① 03. ④ 04. ④ 05. ①

06 다음 중 나머지 셋과 관계가 먼 것은?

① apple ② banana
③ orange ④ table

※ 다음 단어들을 모두 포괄할 수 있는 것으로 가장 적절한 것을 고르시오. (7~9)

07

rainy, sunny, foggy, windy, snowy

① color ② animal
③ season ④ weather

08 기출

apple, banana, orange, strawberry

① fruit ② animal
③ country ④ weather

09 기출

golf, badminton, swimming, football

① food ② music
③ sports ④ flowers

06
① apple(사과), ② banana(바나나), ③ orange(오렌지)는 과일(fruit)이다.
④ table(탁자)

07
날씨를 나타내는 단어들이다.
① 색깔 ② 동물
③ 계절 ④ 날씨
rainy 형 비가 오는
sunny 형 화창한
foggy 형 안개가 낀
windy 형 바람 부는
snowy 형 눈이 오는

08
apple(사과), banana(바나나), orange(오렌지), strawberry(딸기)를 포괄하는 것은 fruit(과일)이다.
① 과일 ② 동물
③ 나라 ④ 날씨

09
golf(골프), badminton(배드민턴), swimming(수영), football(축구)를 포괄하는 것은 sports(스포츠)이다.
① 음식 ② 음악
③ 스포츠 ④ 꽃

ANSWER
06. ④ 07. ④ 08. ① 09. ③

10 다음 중 나머지 세 단어를 포함하는 것은?

① arm ② ear
③ foot ④ body

10
arm(팔), ear(귀), foot(발)을 포함하는 것은 body(몸)이다.
① 팔 ② 귀
③ 발 ④ 몸

11 다음 단어 중 복수형은?

 기출

① man ② wife
③ tooth ④ children

11
① 남자
② 부인
③ 이, 치아
④ 아이들, 어린이들

12 다음 중 명사의 복수형이 잘못 연결된 것은?

① dish – dishes ② baby – babys
③ potato – potatoes ④ sheep – sheep

12
② baby – babies

13 다음 중 그림과 단어를 잘못 짝지은 것은?

①

tree

②

grapes

③

chair

④

flower

13
① tree(나무)
② grapes(포도)
③ umbrella(우산)
④ flower(꽃)

chair 명 의자

ANSWER
10. ④ 11. ④ 12. ② 13. ③

14 다음 그림의 날씨를 바르게 표현한 것은?

① sunny
② snowy
③ rainy
④ windy

15 밑줄 친 단어의 의미가 나머지 셋과 다른 것은?

기출

① How kind he is!
② It is very kind of you.
③ He is gentle and kind.
④ What kind of movie do you like?

16 다음 빈칸에 공통으로 들어갈 말은?

기출

• Go straight and you can't _______ it.
• My friend, Tom, will go back to his country. I'll _______ him a lot.

① get ② lose
③ miss ④ find

14

비가 오고 있는 그림이다.

① 화창한 ② 눈이 오는
③ 비가 오는 ④ 바람이 부는

15

① How kind he is!
그는 얼마나 친절한가!
② It is very kind of you.
매우 친절하시군요.
③ He is gentle and kind.
그는 점잖고 친절하다.
④ What kind of movie do you like?
당신은 어떤 종류의 영화를 좋아하나요?

16

• Go straight and you can't miss it.
직진하세요. 그러면 분명히 찾으실 겁니다.

can't miss는 '놓칠 수가 없다'라는 의미로, '분명히 발견한다'는 뜻이다.

• My friend, Tom, will go back to his country. I'll miss him a lot.
내 친구 탐은 그의 나라로 돌아갈 것입니다. 나는 그가 많이 그리울 거예요.

동사 miss는 '놓치다, 그립다, 그리워하다'는 의미가 있다.

ANSWER

14. ③ 15. ④ 16. ③

Chapter 02 시험에 잘 나오는 숙어

A

- a glass of milk 한 잔의 우유
  He drinks a glass of milk before breakfast.
  그는 아침식사 전에 우유 한 잔을 마신다.
- a kind of ~ 일종의
  It is a kind of telephone.
  이것은 전화의 일종이다.
- a lot of 많은
  You can save a lot of money.
  당신은 많은 돈을 절약할 수 있다.
- according to ~에 의하면
- a pair of gloves(shoes)
  장갑(신발) 한 켤레
- after school 방과 후에
  Why don't we go to the game after school?
  방과 후에 게임하러 가는 게 어때?
- all right 좋아 = O.K.
- all the time 언제나, 그동안 내내
  Many of them want to listen to this all the time. 그들 중 많은 사람들이 이것을 항상 듣고 싶어 한다.
- and so on ~등등, 기타
  There are various kinds of this ; pop, jazz, rock, hiphop, and so on.
  이것에는 팝, 재즈, 록, 힙합 등 다양한 종류가 있다.
- arrive in(at) ~에 도착하다 = reach
- ask for 요청하다
  He wants to ask for help.
  그는 도움을 청하고 싶다.
- at last 드디어, 마침내
- at least 적어도
- at once 즉시, 동시에

B

- be able to ~할 수 있다 = can
- be afraid of ~을 두려워하다
- B as well as A A는 물론 B도
  He is honest as well as kind.
  그는 친절할 뿐만 아니라 정직하기도 하다.

☐ be busy ~ing ~하느라고 바쁘다

☐ be careful of ~을 조심(주의)하다

☐ be covered with ~으로 덮여 있다

☐ be different from ~와 다르다

☐ be famous for ~로 유명하다
= be known for
New York is famous for the Statue of Liberty.
뉴욕은 자유의 여신상으로 유명하다.

☐ be from ~출신이다
I'm from Canada. 나는 캐나다 출신이다.

☐ be full of ~로 가득 차 있다 = be filled with
My bag is full of money.
내 가방은 돈으로 가득 차 있다.

☐ be going to 동사원형 ~할 것이다 = will
I'm going to make our parents happy.
나는 부모님을 행복하게 만들 것이다.

☐ be good at ~를 잘하다
I'm good at cooking Italian food.
나는 이탈리아 음식을 잘 만든다.

☐ be interested in ~에 흥미(관심)를 갖고 있다
My brother is interested in cooking.
내 동생은 요리에 관심이 있다.

바로바로 CHECK

빈칸에 공통으로 들어갈 알맞은 말은?

• What are you looking ______?
• Korea is famous ______ taekwondo.

① at ② to
③ for ④ from

☐ be late for ~에 늦다
Don't be late for school. 학교에 늦지 마라.

☐ be looking for ~를 찾고 있다
I'm looking for a shirt. 나는 셔츠를 찾고 있다.

☐ be pleased with ~로 기뻐하다

☐ be proud of ~을 자랑스러워하다
I am so proud of her.
나는 그녀가 정말 자랑스럽다.

☐ be ready for ~를 준비하다

☐ believe in ~의 존재를 믿다

☐ belong to ~에 속하다, ~의 것이다

☐ between A and B A와 B 사이에

☐ both A and B A도 B도

☐ by + 교통수단

by air (plane) 비행기로
by bus 버스로
by ship 배로
by train 기차로
by subway 지하철로

I go to school by subway.
나는 지하철을 타고 학교에 간다.

☐ by oneself 혼자 = alone

C

□ cannot ~ without ~없이 ~할 수 없다

□ cheer up 힘내

□ come back 돌아오다 = return

□ come from ~의 출신이다, …에서 생겨나다
I come from Korea. 나는 한국에서 왔다.

□ come home 집에 돌아오다
What time did you come home yesterday?
어제 몇 시에 집에 돌아왔니?

□ come out 나오다, (꽃이) 피다
Many flowers come out in this season.
이 계절에 많은 꽃들이 핀다.

D

□ do one's best 최선을 다하다

□ don't worry 걱정하지 마라

E

□ each other (둘이) 서로
Players kick the ball to each other.
선수들은 서로에게 공을 찬다.

□ either A or B A나 B 둘 중의 하나

□ enough to + 동사 ~하기에 충분한

□ excuse me 실례합니다

F

□ fall off 떨어지다

□ feel blue 우울하다, 울적하다

□ feel like ~ing ~하고 싶은 생각이 나다

□ for example 예를 들면

□ from A to B A에서 B까지(장소 · 시간)

G

□ get in 들어가다

□ get on ~을 타다

□ get off ~에서 내리다

□ get some rest 약간의 휴식을 취하다
You should get some rest. 너는 좀 쉬어야 한다.

□ get up 일어나다
I always get up at seven. 나는 항상 7시에 일어난다.

□ give up 포기하다

□ go ~ing ~하러 가다
Why don't we go fishing together?
같이 낚시하러 가지 않을래?

□ go back 돌아가다
He will go back to his country.
그는 그의 나라로 돌아갈 것이다.

□ go on a picnic 소풍을 가다
I like to go on a picnic with my family.
나는 가족과 함께 소풍 가기를 좋아한다.

□ go out 외출하다, 밖으로 나가다

□ go straight 곧장 가다
Go straight two blocks and turn right.
두 블록 직진하셔서 오른쪽으로 도세요.

□ go to bed 자다, 취침하다
I go to bed at ten. 나는 10시에 잔다.

□ grow up 성장하다, 어른이 되다
I want to be a write when I grow up.
나는 커서 작가가 되기를 원한다.

H

□ had better 동사원형 ~하는 것이 낫다
You had better take medicine for two days.
당신은 이틀간 약을 먹는 것이 좋겠다.

□ happen to ~에게 일어나다, 우연히 ~하다

□ have a cold 감기에 걸리다
I have a cold. 나는 감기에 걸렸다.

□ have a great(good) time
즐거운 시간을 보내다

□ have a headache 두통이 있다
I have a headache and a cough.
나는 두통이 있고 기침을 한다.

□ have a seat 앉다
Please have a seat and turn off your cellular phones. 자리에 앉고, 휴대 전화를 꺼 주십시오.

□ have a quarrel with ~와 싸움을 하다

- ▢ **have lots of fun** 재미있게 지내다
  We will have lots of fun.
  우리는 재미있게 지낼 것이다.
- ▢ **have to** ~해야 한다 = must
  I have to finish my homework.
  나는 숙제를 끝내야 한다.
- ▢ **help oneself** 자기 스스로 하다
- ▢ **help oneself to** 자유로이 먹다
  Help yourself to this cake.
  이 케이크를 마음껏 드세요.
- ▢ **help with** ~을 돕다
- ▢ **Here you are / Here it is** 여기 있습니다.
- ▢ **how about ~ing?** ~하는 게 어때?
  How about going to the dentist?
  치과에 가는 게 어때?
- ▢ **how far** 어디까지, 어느 범위까지
- ▢ **how long~** 얼마나 오래
  How long do you sleep a day?
  하루에 얼마나 자나요?
- ▢ **how many~** 얼마나 많은
  How many books do you read?
  몇 권의 책을 읽나요?
- ▢ **how much~** 얼마만큼, 어느 정도
  How much money do you spend?
  돈을 얼마나 쓰나요?
- ▢ **how often~** 얼마나 자주
  How often do you go hiking?
  얼마나 자주 하이킹하니?
- ▢ **how old~** 몇 살~
  How old is he? 그는 몇 살입니까?
- ▢ **how to use** 어떻게 사용하는지
  Would you tell me how to use the MP3 player?
  이 MP3 플레이어를 어떻게 사용하는지 가르쳐 줄래?
- ▢ **hurry up** 서두르다

I

- ▢ **I'd like to** ~하고 싶다
  I'd like to borrow some books.
  나는 책 몇 권을 빌리고 싶다.
- ▢ **in front of** 앞에
- ▢ **in my shoes** 내 입장이라면
  If you were in my shoes, what would you do?
  만약 당신이 내 입장이라면, 어떻게 할 건가요?
- ▢ **in time** 시간에 맞게
- ▢ **Is it OK~** ~해도 괜찮겠습니까? = Is this OK~
  Is it OK if I work here?
  내가 여기에서 일해도 괜찮겠습니까?
- ▢ **It's time for~** ~할 시간이다
  It's time for lunch. 점심 먹을 시간이다.

□ kind of 약간은, 어느 정도

□ listen to ~을 듣다
I listen to the radio. 나는 라디오를 듣는다.

□ live in ~에 살다
I live in Seoul with my family.
나는 가족과 함께 서울에 산다.

□ long time no see 오래간만이다

□ look after ~을 돌보다 = take care of

□ look at ~을 보다
Look at my arms. 내 팔을 봐라.

□ look for ~을 찾다, 구하다
I'm looking for skirt. 나는 치마를 찾고 있다.

□ look forward 앞쪽을 보다

□ look forward to ~을 기대하다

□ look like ~할 것 같다

□ look on the bright side
밝은 면을 보다, 긍정적으로 생각하다

□ look over ~을 대충 훑어 보다

□ make a mistake 실수하다

□ make a phone call 전화를 걸다
We usually use it to make a phone call.
우리는 보통 전화 걸 때 그것을 사용한다.

□ make sure
반드시 (~하도록) 하다, (~임을) 확인하다
Make sure you have enough light.
빛이 충분한지 확인하라.

□ may as well ~하는 편이 낫다

□ more and more 점점 더, 더욱더

□ My pleasure 천만에요. 제가 더 고마워요.

N

- near at hand 가까이에
  Have pens or pencils near at hand.
  펜과 연필을 가까이에 두어라.
- need not ~할 필요가 없다
  You need not leave your own room.
  당신은 당신의 방을 떠날 필요가 없다.
- neither A nor B A도 아니고 B도 아니다
  He is neither kind nor honest.
  그는 친절하지도 정직하지도 않다.
- no matter what happens 무슨 일이 있어도
  No matter what happens, I'll help you.
  무슨 일이 있어도 나는 너를 도울 것이다.
- no problem 문제없다, 괜찮다
- not only A but also B A뿐만 아니라 B도
  = B as well as A
  He is not only kind but also honest.
  그는 친절할 뿐만 아니라 정직하다.

O

- of course 물론
- on foot 걸어서, 도보로
  She goes to work on foot.
  그녀는 걸어서 출근한다.
- on Sundays 일요일마다
  He goes to church on Sundays.
  그는 일요일마다 교회에 간다.
- on time 제시간에, 정각에
- on your right(left) 당신의 오른쪽(왼쪽)에
  It's on your right(left).
  당신의 오른쪽(왼쪽)에 있습니다.
- one of ~중 하나(한 사람)
  This is one of the most popular sports in Korea.
  이것은 한국에서 가장 인기 있는 스포츠 중 하나이다.
- once more 한 번 더
- once upon a time 옛날에
- one day (과거 · 미래의) 언젠가[어느 날]
  One day Tom took the subway.
  어느 날 탐은 지하철을 탔었다.

P

- play an important role in ~에서 중요한 역할을 하다
  Today, the Internet plays a very important role in our lives. 오늘날 인터넷은 우리 생활에서 매우 중요한 역할을 하고 있다.
- pick up 줍다, 들다
  Pick up your phone right now! 지금 당장 전화기를 드세요!
- put on 입다, 쓰다, 신다 = wear
  Don't forget to put on your coat. 코트 입는 것을 잊지 마라.

R

- right away 즉시, 당장 = at once
- right now 지금 곧
- run away 도망가다, 달아나다

- see you soon 곧 만나자
- send a message 메시지를 보내다
  We can send a message with it. 우리는 그것으로 메시지를 보낼 수 있다.
- sing a song 노래를 부르다
  They will sing a song for me. 그들은 나를 위해 노래를 부를 것이다.
- so long 안녕 = goodbye
- some day (미래의) 언젠가
- speak to ~에게 말하다
- stand for ~을 나타내다, 상징하다
  UN stands for the United Nations. UN은 국제 연합을 나타낸다.
- stand in line 줄서서 기다리다
  You should stand in line. 줄서서 기다려야 한다.

T

- take a bath 목욕하다
  I take a bath. 나는 목욕을 한다.
- take a deep breath 깊이 숨 쉬다, 심호흡하다
  We can take a deep breath of fresh air in the forests.
  우리는 숲에서 신선한 공기를 들이마실 수 있다.
- take a picture 사진을 찍다
- take a rest 쉬다, 자다
  People take a rest on the bench.
  사람들은 의자에 앉아 휴식을 취한다.
- take a shower 샤워하다
  So, take shorter shower.
  그러므로 샤워를 짧게 하자.
- take a trip 여행하다
  Minsu's grandparents took a trip to New York. 민수의 조부모님은 뉴욕으로 여행을 갔다.
- take a walk 산책하다
  Min-su and Su-jin took a walk with a dog yesterday. 민수와 수진이는 어제 개와 함께 산책했다.
- take care of 돌보다 = care for, look after
  We should take care of them.
  우리는 그들을 돌봐야 한다.
- take medicine 약을 먹다
- take off (옷, 모자 등을) 벗다, 이륙하다
- talk about ~에 관해 이야기하다
  I talked about you. 나는 네 이야기를 했다.
- thank A for B A에게 B에 대하여 감사하다
- thank you for ~을 고마워하다
  Thank you for helping me. 도와줘서 고맙습니다.
- thanks to ~덕분에
- there is (are)~ ~가 있다
  There is a book on the bed.
  침대 위에 책이 있다.
  There are two cats under the chair.
  의자 밑에 고양이 두 마리가 있다.
- too … to ~ 너무 …해서 ~할 수 없다
  He is too tired to go outside.
  그는 너무 피곤해서 밖에 나갈 수 없다.
- turn off ~를 끄다, 잠그다
  She didn't turn off the light.
  그녀는 불을 끄지 않았다.
- turn on ~를 켜다, 나오게 하다
  Turn on the lights, please. 불 좀 켜 주세요.
- turn right(left) 오른쪽(왼쪽)으로 돌다
  Turn right(left) at the second corner.
  두 번째 코너에서 오른쪽(왼쪽)으로 도세요.
- twice a week 일주일에 두 번
  We will have classes twice a week.
  우리는 일주일에 두 번 수업을 할 것이다.

- wait for ~을 기다리다
  I'll wait for him forever.
  나는 영원히 그를 기다릴 것이다.
- watch out 조심해라
- what kind of 어떤 (종류의) ~
  What kind of sports do you like?
  어떤 스포츠를 좋아하나요?

바로바로 CHECK

다음 빈칸에 공통으로 들어갈 말은?

- Thanks ______ your help.
- Time waits ______ no man.

① in ② by ③ for ④ with

- work for ~에서 일하다
  I work for a company. 나는 회사에서 일한다.
- would like to ~하고 싶다
  I would like to borrow some books.
  나는 몇 권의 책을 빌리고 싶다.
- would you like to + 동사원형 ~하시겠어요?
  Would you like to have some more cookies?
  과자 좀 더 드실래요?
- would you mind + 동명사 …해 주실래요?
  Would you mind using your phone?
  당신의 전화를 사용해도 되겠습니까?

- you're welcome 천만에요.

① get up ② wash ③ comb ④ have/eat ⑤ leave ⑥ walk
⑦ have ⑧ eat/have ⑨ get ⑩ do ⑪ play ⑫ enjoy ⑬ go

01 다음 그림과 관련 있는 것은?

① see a movie
② listen to music
③ take a bath
④ paint a picture

01
① 영화를 보다
② 음악을 듣다
③ 목욕을 하다
④ 그림을 그리다

02 표지판의 설명으로 알맞은 것은?

① No left turn
② No U-turn
③ No right turn
④ No swimming

02
① 좌회전 금지
② 유턴 금지
③ 우회전 금지
④ 수영 금지

※ 다음 빈칸에 공통으로 들어갈 말을 고르시오. (3~7)

03

• Look _____ the girl over there.
• We have lunch _____ noon.

① in　② on
③ for　④ at

03
•Look at the girl over there.
저기 있는 소녀를 봐.
•We have lunch at noon.
우리는 정오에 점심을 먹는다.

look at~ ~을 보다
at noon 정오에

ANSWER
01. ② 02. ③ 03. ④

04

- This house belongs _____ my brother.
- She is too young _____ see the movie.

① to ② on
③ at ④ for

04
- This house belongs to my brother.
이 집은 나의 형의 것이다.
- She is too young to see the movie.
그녀는 너무 어려서 그 영화를 볼 수 없다.

belong to ~에 속하다, ~ 소유이다
too~to 너무 ~해서 ~할 수 없다

05 기출

- Excuse me, I'm _____ for a backpack.
- My mom is _____ at the flowers in the garden.

① taking ② looking
③ making ④ finding

05
- Excuse me, I'm looking for a backpack.
실례합니다만 저는 배낭을 찾고 있어요.
- My mom is looking at the flowers in the garden.
제 엄마는 정원의 꽃들을 보고 있어요.

look for ~를 찾다

06

- The glass is full _____ water.
- His parents are proud _____ him.

① of ② for
③ at ④ with

06
- The glass is full of water.
컵은 물로 가득 차 있다.
- His parents are proud of him.
그의 부모님은 그를 자랑스러워한다.

be full of ~로 가득 차다
be proud of ~을 자랑으로 여기다

07 기출

- We should be ready _____ final exams.
- Korea is famous _____ kimchi and K-pop.

① to ② of
③ for ④ from

07
- We should be ready for final exams.
우리는 기말 시험을 준비해야만 한다.
- Korea is famous for kimchi and K-pop.
한국은 김치와 K-pop으로 유명하다.

be ready for ~를 준비하다
be famous for ~로 유명하다

ANSWER
04. ① 05. ② 06. ① 07. ③

※ 다음 빈칸에 들어갈 말로 알맞은 것을 고르시오. (8~10)

08

Welcome _____ Korea.

① for ② to
③ in ④ on

09

__________ or you'll be late for class.
(서둘러, 그렇지 않으면 수업에 늦을 거야.)

① Get off ② Grow up
③ Get up ④ Hurry up

10

I go to school _____ bus.

① by ② in
③ at ④ to

11 빈칸에 공통으로 들어갈 말로 가장 적절한 것은?

• Sara is listening _____ music.
• Hello, can I speak _____ John?

① in ② to
③ at ④ with

08

Welcome to Korea.
한국에 온 걸 환영합니다.

welcome to 환영하다

09

① 내리다
② 어른이 되다, 성숙하다
③ 일어나다
④ 서두르다

Hurry up or you'll be late for class.

10

「by + 교통수단」은 '~를 타고'의 의미이다.

I go to school by bus.
나는 버스를 타고 학교에 간다.

11

• Sara is listening to music.
사라는 음악을 듣고 있다.
• Hello, can I speak to John?
안녕하세요, 존과 이야기할 수 있을까요?

listen to 듣다
speak to ~에게 말하다

ANSWER
08. ② 09. ④ 10. ① 11. ②

쓱쓱 실력 점검하기

단원 마무리 문제

※ 두 단어의 의미 관계가 나머지 셋과 다른 것을 고르시오. (1~2)

01 ① bus – buses ② boy – boys
③ do – does ④ house – houses

02 ① safe – dangerous ② easy – difficult
③ weak – strong ④ clean – clear

03 대표 단어와 나열된 단어가 바르게 짝지어진 것은?

① color – spring, summer, fall, winter
② subject – yellow, blue, brown
③ season – English, math, science, music
④ sports – baseball, golf, soccer, swimming

04 주어진 그림들을 모두 포함하는 것은?

① flower ② animal
③ fruit ④ family

01
①, ②, ④는 단수 – 복수의 관계이다.
① 버스 – 버스들
② 소년 – 소년들
③ 하다 – 'do'의 3인칭 단수형
④ 집 – 집들

02
④는 유의어 관계이고, ①, ②, ③은 반의어 관계이다.
① 안전한 – 위험한
② 쉬운 – 어려운
③ 몸이 약한 – 힘이 센
④ 깨끗한 – 맑은

03
④ sports(스포츠) : 야구, 골프, 축구, 수영

04
돼지, 소, 개, 토끼는 동물(animal)이다.
① 꽃 ② 동물
③ 과일 ④ 가족

ANSWER
01. ③ 02. ④ 03. ④ 04. ②

영 어

05 다음 중 단어의 뜻이 잘못 연결된 것은?

① good – 좋은　② dark – 밝은
③ hate – 미워하다　④ happy – 행복한

06 다음에서 묘사하는 과일은?

> It is long and yellow. Monkeys like it very much.

① mango　② lemon
③ banana　④ orange

07 다음 설명에 해당하는 동물은?

> • It is very tall.
> • It has a very long neck.

① tiger　② elephant
③ turtle　④ giraffe

※ 다음 대화의 빈칸에 들어갈 단어로 알맞은 것을 고르시오. (8~9)

08

> A : What's your _______?
> B : I like playing computer games.

① job　② name
③ hobby　④ music

05
② dark(어두운)
※ bright(밝은)

06
바나나(banana)에 대한 설명이다.
It is long and yellow. Monkeys like it very much.
그것은 길고 노랗다. 원숭이들은 그것을 아주 많이 좋아한다.

07
기린에 대한 설명이다.
① 호랑이　② 코끼리
③ 거북이　④ 기린
• It is very tall. 그것은 아주 크다.
• It has a very long neck.
그것은 아주 긴 목을 가지고 있다.

08
A : What's your hobby?
너의 취미는 뭐니?
B : I like playing computer games.
나는 컴퓨터 게임하는 것을 좋아해.

ANSWER
05. ②　06. ③　07. ④　08. ③

09

A : What's your favorite food?
B : I like _______.

① green　② pizza
③ soccer　④ English

※ 다음 글의 빈칸에 들어갈 알맞은 것을 고르시오. (10~11)

10

_______ starts in March in Korea. It is warm. It is the season of flowers and new leaves.

① Spring　② Summer
③ Fall　④ Winter

11

Hello, everybody. I'm Bill. I like writing very much. So I want to be a _____ when I grow up.

① cook　② doctor
③ singer　④ writer

※ 다음 대화의 빈칸에 들어갈 단어로 알맞은 것을 고르시오. (12~13)

12

A : Hello. May I _______ to Susan?
(여보세요. 수잔 좀 바꾸어 주세요.)
B : She's not in. Who's calling, please?

① work　② speak
③ keep　④ come

09

A : What's your favorite food?
당신이 좋아하는 음식이 무엇이에요?
B : I like pizza.
나는 피자를 좋아합니다.

10

한국에서 3월에 시작하는 계절은 봄이다.

① 봄　② 여름
③ 가을　④ 겨울

봄은 한국에서 3월에 시작된다. 봄은 따뜻하다. 봄은 꽃과 새싹의 계절이다.

11

글쓰기를 좋아한다는 내용으로 보아 작가가 되고 싶어 한다는 것을 알 수 있다.

① 요리사　② 의사
③ 가수　④ 작가

안녕하세요, 여러분. 나는 빌입니다. 나는 글쓰기를 무척 좋아합니다. 그래서 나는 커서 작가가 되고 싶습니다.

12

A : Hello. May I speak to Susan?
수잔 좀 바꾸어 주세요.
B : She's not in. Who's calling, please?
지금 자리에 없어요. 누구시죠?

ANSWER
09. ② 10. ① 11. ④ 12. ②

13

A : What subject do you like?
B : I like _______ best.

① cheese ② English
③ horse ④ summer

14 다음 빈칸에 공통으로 들어갈 말은?

• It's cold outside. Put _____ your coat.
• We play baseball _____ Sundays.
• It's time for the news. Turn _____ the TV, please.

① off ② at
③ on ④ to

15 다음 빈칸에 들어갈 말로 옳게 짝지어진 것은?

• I am interested _____ computers.
• My sister looked _____ the baby.

① on – for ② at – in
③ from – for ④ in – after

13

A : What subject do you like?
당신은 무슨 과목을 좋아하십니까?
B : I like English best.
나는 영어를 가장 좋아합니다.

14

• It's cold outside. Put on your coat.
밖이 추워요. 코트를 입으세요.
• We play baseball on Sundays.
우리는 일요일마다 야구를 한다.
• It's time for the news. Turn on the TV, please.
뉴스 할 시간이에요. TV를 켜 주세요.

put on 입다
go on 계속해서 ~하다
turn on 켜다 ↔ turn off 끄다

15

• I am interested in computers.
나는 컴퓨터에 흥미가 있다.
• My sister looked after the baby.
내 여동생은 아기를 돌보았다.

be interested in ~에 관심(흥미)이 있다
look after ~을 보살펴 주다

ANSWER
13. ② 14. ③ 15. ④

중졸 검정고시
영어

2025년 1월 10일 개정판 발행
2012년 1월 19일 초판 발행

편 저 자 검정고시 학원연합회
발 행 인 전 순 석
발 행 처 정 훈 사
주 소 서울특별시 중구 마른내로72 421호
등 록 2-3884
전 화 737-1212
팩 스 737-4326